黄埔军校人物传记系列丛书
广东革命历史博物馆　编

抗日烽火铸军魂

抗战时期黄埔军校教官研究

陈予欢　著

SPM
南方出版传媒
广东人民出版社
·广州·

图书在版编目（CIP）数据

抗日烽火铸军魂：抗战时期黄埔军校教官研究 / 陈予欢著．—广州：广东人民出版社，2020.6（2023.7 重印）
（黄埔军校人物传记系列丛书）
ISBN 978-7-218-14221-0

Ⅰ．①抗… Ⅱ．①陈… Ⅲ．①黄埔军校—军官—人物研究 Ⅳ．①K825.2

中国版本图书馆 CIP 数据核字（2020）第 038885 号

KANGRI FENGHUO ZHU JUNHUN：KANGZHAN SHIQI HUANGPU JUNXIAO JIAOGUAN YANJIU
抗日烽火铸军魂：抗战时期黄埔军校教官研究
陈予欢 著

出 版 人： 肖风华

责任编辑： 陈其伟
装帧设计： 彭 力
责任技编： 吴彦斌 周星奎

出版发行： 广东人民出版社
地 址： 广州市越秀区大沙头四马路 10 号（邮政编码：510199）
电 话：（020）85716809（总编室）
传 真：（020）83289585
网 址： http://www.gdpph.com
印 刷： 三河市华东印刷有限公司
开 本： 787mm×1092mm 1/16
印 张： 18.5 **字 数：** 225 千
版 次： 2020 年 6 月第 1 版
印 次： 2023 年 7 月第 2 次印刷
定 价： 42.00 元

如发现印装质量问题，影响阅读，请与出版社（020-85716849）**联系调换。**
售书热线： 020-85716833

《黄埔军校人物传记系列丛书》编委会

序

对黄埔军校的有关研究从军校建校之初就已萌始，不过作为一门“显学”走入公众视野，还是主要集中在改革开放后的新时期内，尤其是黄埔军校同学会（总会）及各地黄埔军校同学会成立后，对黄埔军校的专门研究及资料性积累工作进入了一个百花齐放的新局面。与此同时，1984 年 6 月黄埔军校旧址纪念馆成立，对黄埔军校文物资料的收集和整理工作也就此展开，研究成果相继呈现。正是这一起步阶段打下的良好基础，为我们当下更深入地进行黄埔军校相关研究和宣传工作提供了便利。经过数十年的发展，黄埔军校研究成果已经蔚然大观，不一而足。黄埔军校已不再是作为一个特殊的时代产物局促在狭隘的历史角落里，而是化为一个承载了更多历史内涵和民族精神的历史象征，传世流芳。其包罗万象的丰满身躯，日益受到学界及社会各界的关注和认同，各界对其探究与认知的兴趣与日俱增。

关于黄埔军校的研究地位，各界尚未达成一致意见，但基本认同对黄埔军校的研究能放大还原许多历史事件的细节，既有益于微观史学的研究，也裨益于大历史观研究的范畴。黄埔军校存续的历程正处于中华民族风云交汇、多灾多难的历史时期中，其跌宕起伏的变迁史既随着近代中国变革的洪流而动，也在这一洪流中发挥了自己独特的作用。管中窥豹，一叶知秋，各方家都能在某些历史时期内和历史事件中找到黄埔军校的印记，尤其是那些受过军校教育和生活洗礼的万千师生的身影。

“时势造英雄”，英雄也会创造出属于自己的时代。从黄埔军校走出去的万千师生以其鲜活而富有朝气的新形象、新勇气，在大革命、民族解放战争等斗争风暴中砥砺前行，展现出符合时代发展要求的优秀中华儿女的风采。在黄埔军校生中，人民解放军中获少将以上军衔的有近40人，其中上将以上有徐向前、林彪、陈赓、许光达、罗瑞卿、周士第、陈明仁、杨至成、宋时轮、张宗逊、陈伯钧、郭天民等；国民党军方面，任兵团司令以上职务的有60余人，其中最著名的有胡宗南、杜聿明、宋希濂、关麟征、黄杰、桂永清、郑洞国、邱清泉、王耀武、胡琏、廖耀湘等。这些优秀师生代表终使“将帅摇篮”得以功成名就，万千军校师生也以他们为楷模，与母校共荣辱，与祖国同患难，与民族齐抗争，他们每个人都像一枚枚在革命与斗争的烈火中重生的顽石，共同镶嵌在了黄埔军校的荣耀之门上。回顾他们的人生，或褒或贬，无关成就高低，只是风采不同，他们有着一个共同的身份认同——“我是一名黄埔军人”。因此，我们有必要通过对这一人物群体进行专门研究，去寻找他们在不同历史时期、不同历史事件、不同社会领域中所承担的重要角色和走过的历史足迹，在寻找群体印记与个人记忆的过程中，去展现他们共性与个性并存的黄埔人生，见证他们火与血的人生传奇。

这套《黄埔军校人物传记系列丛书》正是在这种理念感召下，由时任广州市市长陈建华提议立项的，我馆抽调业务骨干成立工作小组负责具体工作，聘请黄埔军校研究专家对丛书的选题、审稿等进行指导。2014年6月，在黄埔军校建校九十周年庆典之际，我馆通过与广东人民出版社签订《〈黄埔军校人物传记系列丛书〉出版意向协议书》，正式启动了此套传记丛书的出版工作。

值此丛书出版之际，我谨代表广东革命历史博物馆，希冀借助这一套丛书的出版，能使黄埔军校研究在某些方面突破既有的樊篱，进入到更广阔的研究空间和历史视野中，也希望能通过丛书的出版在专业研究者和社会大众之间搭建起一个“认识黄埔、铭记黄埔”的分享平台，共同感恩历史，关爱当下，继往开来，期待丛书作者们能“记一方之言，激千秋之爱憎”，“鉴人明事”，深入发掘黄埔军校的那些人和那些事，不仅从更丰富的层面上展现黄埔群英风采，也从更具个性化的角度凸显黄埔精神，使读者从中获得对黄埔军校更深刻、更强烈的感知。

广东革命历史博物馆馆长　杨琪

目　录

开篇语

本书以历史档案资料为依据，以黄埔军校本校和部分分校人物在14年抗战中的事迹为纵横，从历史演进轨迹入手，将黄埔军校对于现代军事成长的作用及其早期发展脉络进行梳理阐述，记述抗战烽火岁月中黄埔军校部分教官人文事迹，以黄埔教官人物视角观察军校人文岁月变迁。本书可说是一部黄埔军校抗战历程与教官研究之参考工具书，也是研究黄埔军校成长历史及军校教育现代化之新作。

黄埔军校作为现代中国著名军校，以其称誉世界、长存中国之军事魅力，在现代中国军事史上留有凝重辉煌一页。时至今日，黄埔军校过往风采与轶事，仍旧是热心史事读者之无尽话题。回顾14年抗日岁月，黄埔军校师生与“黄埔精神”，在国、共两党的抗战部队均留下深刻的历史印记，海峡两岸近年着重对“黄埔精神”在抗日战争艰苦岁月上升为“民族精神”这一史实，进行了历史与现实的诠释与弘扬。其实黄埔军校史迹及其人物，是一个十分宽泛的军事课题，内容涵盖了政治、军事、社会、教育等方方面面，甚至成为老少皆知的军事话题。

黄埔军校于1924年6月16日创办于广州长洲岛，历史上先后称为中国国民党陆军军官学校、中央军事政治学校，迁移南京、成都后称中央陆军军官学校，无论军校校名如何更迭变换，仍旧以“黄埔军校”闻名世界，成为世界著名的四所军校之一，在现代中国历史上留下了深刻印记。我们在尊重历史、理解历史、认识历史的前提下，客观、全面、细致地考察黄埔军校的外部环境与内部因素，包括如何看待黄埔军校与其他兵科学校的关系，当时的军事教育现代化情况，适应抗战准备与积极为抗战前线输送军事人员等等。军事教育的遗产是可以超越时代的，忽视乃至舍弃这方面遗产，则可能导致新的历史遗憾。

中国抗日战争从1931年“九一八事变”开始至1945年8月15日结束，总共经历了14年。在这段时期，中央陆军军官学校总共开办了十二期，即第九期至第二十期。随着军事与战局的发展，从黄埔军校本身还繁衍发展出9所分校以及数十所专科兵种军事学校。如果将孙中山先生“办校治军思想”比作是黄埔军校的灵魂，笔者认为，主导和掌握黄埔军校的“教职员官佐（以下统称教官）群体”这一领导集团，则是黄埔军校的脊梁，同时又是中国国民党在大陆赖以创建、统领和驾驭国民革命军的“脊梁”。本书试图以平日整理和积累的资料为基础，通过分析、比较、考量、探讨等途径，对第九至第二十期黄埔军校教官的基本情况、历史作用与影响，作出初步考释。

第一章　教官的基本情况

第一节　教官的缘起与发祥

黄埔军校自1924年1月筹备始，教职官佐的选拔就提上议事日程，最初的教官主体，依次为中国留学日本陆军士兵官学校、云南讲武堂、保定陆军军官学校、陆军大学历期毕业生，还有一些各地讲武堂出身的军官任学员队队长、区队长。[①] 从第一期起，教官分为战术教官、兵器教官、地形教官、教官四种。[②] 第二期增设各兵科主任教官（或称教官主任），例如战术教官主任、工兵主任教官等。第三期增设政治讲师、学（兵）科主任、技术教官等。[③] 第四期增设政治学教官、经理教官、马术教官、劈刺教官、音乐教官、无线

---

① 湖南省档案馆校编：《黄埔军校同学录》，湖南人民出版社，1989年，第1页“教职员通讯录”。

② 中国第二历史档案馆供稿，华东工学院编辑出版部影印：《黄埔军校史稿》第一册，档案出版社，1989年，第202页。

③ 湖南省档案馆校编：《黄埔军校同学录》，湖南人民出版社，1989年，第35、36页。

电教官、教练官等。[①] 第五期增设筑城教官、英文教官、俄文教官、日文教官等。[②] 迁移南京的中央陆军军官学校第六期增设筑城交通教官、军事教官、体操教官、迫击炮教官、旗语教官等，仍留黄埔军校本校的国民革命军军官学校第六期增设军制教官、电信教官、辎重教官、卫生学教官等。[③]

1931 年“九一八”事变后，在日军侵略威胁下，军事装备和训练之提升与强化更为迫切了，南京中央陆军军官学校第九期开始有德国籍军事顾问和教官，[④] 在军事训练与军校教育方面引进德国元素，最高军事当局试图在军事现代化方面迈进一大步。于是从第十期开始，增设战车教官、航空教官、机械教官、数理教官、法学教官等。[⑤] 与此同时，军校的校务委员会通过修改《中央陆军军官学校组织法》，也由原来限定的九名员额扩大为十六名，意在吸收除中央嫡系将领外的各地军事首脑加入。军校在第十三期增设重兵器教官、瓦斯教官、化学教官、交通教官、爆破教官、汽车教官等贴近现代化军事训练和装备的专业技术人员。[⑥] 第十四期入伍生训练与正式入学，是在抗日战争全面爆发的隆隆炮火声中进行的，军事教育与训练随即转入战时需要，为输送初

---

① 湖南省档案馆校编：《黄埔军校同学录》，湖南人民出版社，1989 年，第 71—75 页。

② 湖南省档案馆校编：《黄埔军校同学录》，湖南人民出版社，1989 年，第 147、148页。

③ 湖南省档案馆校编：《黄埔军校同学录》，湖南人民出版社，1989 年，第 316、317页。

④ 湖南省档案馆校编：《黄埔军校同学录》，湖南人民出版社，1989 年，第 443 页。

⑤ 湖南省档案馆校编：《黄埔军校同学录》，湖南人民出版社，1989 年，第 462 页。

⑥ 湖南省档案馆校编：《黄埔军校同学录》，湖南人民出版社，1989 年，第 563—564 页。

级军事人才，准备长期抗战，扩大军校招生范围，先后在陕西汉中、湖南武岗、江西瑞金设置分校，增加招生数量。①

第二节　黄埔军校的隶属沿革

根据国民政府军事委员会对于军事业务之分工，黄埔军校迁移南京后的延伸——中央陆军军官学校，由广州时期直隶军事委员会管辖，改为国民政府直属部门——训练总监部统辖，由军事委员会分管。1928 年 11 月22 日颁布的《训练总监部条例》第一条规定："训练总监部掌管全国军队及所辖学校教育，并国民军事教育事宜。"② 第三条规定："训练总监部总务厅，步兵、骑兵、炮兵、工兵、辎重兵，并设政治训练处、国民军事教育处、军学编译处。" 1929 年 2 月 5 日国民政府训练总监部颁布的《中央陆军军官学校组织要领及条例》第三条"陆军军官学校设委员七人至九人，由（国民）政府指派组织校务委员会"③，规定校务委员会是中央陆军军官学校最高领导机构，同时规定教官的选拔任用需经校务委员会签署决议备案。抗日战争全面爆发后，根据最高国防会议决议一切军事事宜统归军事委员会管辖，再根据战时需要，国民政府于 1938 年 1 月 1 日明令设置"军事训练部"，取代原先的训练总监部职能。《军事委员会修正军事训练部组织法》第一条规定："军事训练部直隶军事委员会，主管全国陆军教育训练之规划、督导、校阅。所属各军事学

① 凤山陆军军官学校编：《陆军军官学校》，台北陆军印刷厂，1980 年，第 122 页。

② 中国第二历史档案馆编：《中华民国史档案资料汇编》第五辑第一编军事（一），江苏古籍出版社，1994 年，第 59 页。

③ 中国第二历史档案馆编：《中华民国史档案资料汇编》第五辑第一编军事（一），江苏古籍出版社，1994 年，第 329—332 页。

校教育之规划、督导、考核、建设、改进，国民军事教育之规划、督导、视察、校阅诸事宜。”①

黄埔军校早期组织的递嬗

以总理、校长制肇始，以校务委员会为最高组织机构可分为三个阶段，见表1－1。

表1－1　黄埔军校名称、领导者及期别沿革一览表

<table>
<tr><th>军校全称</th><th>军校首脑</th><th>军校期别</th></tr>
<tr><td>陆军军官学校、中国国民党陆军军官学校</td><td>总理：孙文
校长：蒋介石
党代表：廖仲恺</td><td>第一至三期</td></tr>
<tr><td>中央军事政治学校</td><td>校长：蒋介石
党代表：汪精卫</td><td>第四至五期</td></tr>
<tr><td>南京中央陆军军官学校</td><td>校长：蒋介石
教育长：何应钦</td><td rowspan="2">第六期</td></tr>
<tr><td>国民革命军军官学校（广州本校）</td><td>校长：蒋介石
副校长：李济深
代校务：何遂</td></tr>
<tr><td>国民革命军黄埔军官学校（广州本校）</td><td>校长：蒋介石
代校务：何遂</td><td>第七期</td></tr>
</table>

① 中国第二历史档案馆编：《中华民国史档案资料汇编》第五辑第一编军事（二），江苏古籍出版社，1994年，第137页。

南京时期组织机构

南京中央陆军军官学校设立之宗旨是培养陆军初级军官，成立之初直隶军事委员会。组织机构采取校长制，[①] 校本部设校长一人，为全校最高领导。1928 年 3 月 24 日南京国民政府正式任命蒋介石为校长，李济深为副校长，教育长为何应钦。1928 年 11 月 10 日改隶军事委员会训练总监部。1929 年 1 月为配合国民革命军编遣事宜，由校长制改为委员制，即校务交由校务委员会及教育长管理。[②] 1929 年 7 月 1 日起正式施行校务委员制。

表 1－2　南京中央陆军军官学校校务委员及期别沿革一览表

军校全称	校务委员会委员	教育长	军校期别
南京中央陆军军官学校	蒋介石（校长兼常务委员）、何应钦（常务委员）、胡汉民、张学良、阎锡山（常务委员）、朱培德、唐生智	张治中	第七期
南京中央陆军军官学校	蒋介石（校长兼常务委员）、胡汉民、何应钦、吴敬恒、戴季陶、朱培德、李济深、张学良、张治中（兼教育长）、汪精卫、唐生智、钱大钧（兼武汉分校教育长）	张治中	第八期

① 容鉴光主编：《黄埔军官学校校史简编》，台北“国防部”印刷厂，1986 年，第 120 页。

② 容鉴光主编：《黄埔军官学校校史简编》，台北“国防部”印刷厂，1986 年，第 123 页。

（续表）

军校全称	校务委员会委员	教育长	军校期别
南京中央陆军军官学校	蒋介石（校长）、汪精卫、吴稚晖、戴季陶、何应钦、朱培德、唐生智、张学良、张治中（兼教育长）	张治中	第九期
南京中央陆军军官学校	蒋介石（校长）、汪精卫、胡汉民、戴季陶、吴稚晖、何应钦、朱培德、程潜、刘湘、唐生智、张学良、阎锡山、冯玉祥、龙云、陈诚、余汉谋、张治中（兼教育长）	张治中	第十期
南京中央陆军军官学校	蒋介石（校长）、汪精卫、胡汉民、戴季陶、吴稚晖、阎锡山、冯玉祥、何应钦、程潜、唐生智、陈诚、刘湘、龙云、余汉谋、张治中	陈继承	第十一期
南京中央陆军军官学校	蒋介石（校长）、汪精卫、胡汉民、戴季陶、吴稚晖、冯玉祥、阎锡山、程潜、唐生智、何应钦、李宗仁、白崇禧、陈诚、刘湘、龙云、余汉谋、张治中	陈继承	第十二期
南京中央陆军军官学校	蒋介石（校长）、汪精卫、胡汉民、吴稚晖、戴季陶、冯玉祥、阎锡山、何应钦、李宗仁、白崇禧、程潜、唐生智、张治中、陈诚、龙云、余汉谋	陈继承	第十三期

迁校成都时期组织机构

抗战全面爆发后，国民政府于1937年7月26日颁布南京中央陆军军官学校西迁令。[①] 依据史料记载，中央陆军军官学校决定向西南地区迁移，绝非临时应急措施，而是为长期抗战计议、培育军事干部人才之具体作为、延续黄埔精神之历史任务。中央陆军军官学校校本部筹备整体迁移事端就绪，即于1937年8月16日由南京本校通光营房出发，在敌机袭扰及酷热天气下昼夜行军，于8月25日抵达安徽芜湖，改乘轮船赴九江，分驻海会寺、德安、湖口等地，照常向学员授课实施教学计划。1937年11月12日起迁移武汉，分驻武昌左旗、桥口、三菱行，照常实施教学计划。1937年12月13日南京陷落后，军校奉命续迁移四川，选址璧山县凤来驿、河边场和铜梁县虎峰场、安居镇、教场坝等地。因两县地域狭隘，为恢复南京本校规模，1938年11月底南京本校抵达成都，全校教学器材设备，均安全抵达成都，[②] 遂与原成都分校（前被定名为第三分校）并编为中央陆军军官学校校本部。[③] 直隶军事委员会军事训练部管理。

---

① 容鉴光主编：《黄埔军官学校校史简编》，台北"国防部"印刷厂，1986年，第200页。

② 台北中国国民党党史史料编纂委员会编：《黄埔建军三十年概述》，台北"中央"文物供应社，1954年，第48页。

③ 容鉴光主编：《黄埔军官学校校史简编》，台北"国防部"印刷厂，1986年，第206页。

表1－3　成都中央陆军军官学校校务委员及期别沿革一览表

军校全称	校务委员会委员	教育长	军校期别
成都中央陆军军官学校	蒋介石（校长）、汪精卫、吴稚晖、戴季陶、冯玉祥、阎锡山、何应钦、唐生智、程潜、李宗仁、白崇禧、龙云、余汉谋、陈诚、张治中、邓锡侯、徐永昌	陈继承	第十四期
成都中央陆军军官学校	蒋介石（校长）、吴稚晖、戴季陶、冯玉祥、阎锡山、何应钦、唐生智、程潜、李宗仁、白崇禧、邓锡侯、龙云、余汉谋、陈诚、张治中	陈继承	第十五期
成都中央陆军军官学校	蒋介石（校长）、戴季陶、何应钦、吴稚晖、唐生智、冯玉祥、张治中、阎锡山、程潜、邓锡侯、陈诚、余汉谋、龙云、李宗仁、白崇禧	陈继承	第十六期
成都中央陆军军官学校	蒋介石（校长）、戴季陶、吴稚晖、冯玉祥、阎锡山、何应钦、程潜、李宗仁、白崇禧、陈诚、龙云、余汉谋、张治中、唐生智、邓锡侯	陈继承 万耀煌 万耀煌	第十七期 第十八期 第十九期
成都中央陆军军官学校	蒋介石（校长）、吴稚晖、戴季陶、冯玉祥、阎锡山、何应钦、程潜、李宗仁、白崇禧、陈诚、龙云、余汉谋、张治中、唐生智、邓锡侯	关麟征	第二十期

第三节 抗战时期教官概览

黄埔军校第九至第二十期的教官组成，经表格化处理后，大体区分为教官（包含军事学科与担任术科训练之队官）、官佐（担任术科与训练之辅助人员）和职员（必需的辅助功能）三大部分。按照湖南省档案馆校编的《黄埔军校同学录》中的“教职员名单”，黄埔军校校本部（广州、南京和成都）第九至第二十期教官总计有 5783 人次。根据笔者搜集整理的各时期各地之分校“教官名单”，则有教官 5807 人，这部分人员绝大多数系少校以上教官或中队至总队长级军官。由于目前尚缺现成的数据资料，因此本书运用的均系笔者长期积累整理的基础资料。根据这两份教官名单，笔者通过计算机处理形成了《中央陆军军官学校校本部及各分校第九至第二十期教官一览表》，形成了本书进行考量分析的基础素材。

国民革命军中的“黄埔系”，有“黄埔师系”和“黄埔生系”之分。前者由在黄埔军校效力的教官、队官以及校军中的一部分军官构成；后者则由黄埔军校历届毕业生，特别是前六期毕业生构成。本书着重对前者进行分析和比较。

表 1－4　黄埔军校广州、南京、成都时期
校本部第九至第二十期教官统计

期别	教官（人）	官佐（人）	职员（辅助功能）（人）	累计（人）
第九期	54	34	20	108
第十期	239	64	76	379

（续表）

期别	教官（人）	官佐（人）	职员（辅助功能）（人）	累计（人）
第十一期	117	59	58	234
第十二期	88	38	36	162
第十三期	132	37	57	226
第十四期	495	86	68	649
第十五期	333	49	80	462
第十六期	604	94	132	830
第十七期	672	124	119	915（141 人调离）
第十八期	614	77	29	720
第十九期	256	80	38	374
第二十期	605	69	50	724
合计	4209	811	763	5783

表1－4所列为广州、南京、成都时期校本部教官：一是各科（类）教官，二是直接参与军事训练的各科（类）学员队官（军校出身），三是查明系军校出身的军事与政治训练部门训育人员等。

第四节　教官的出身背景

教官无疑是军校办学的基本要素，也是其教育质量的决定因素，对于教官的选拔任用，历来受到最高军事当局重视。根据国民政府颁布的《军事委员会审定陆海空军各军事学校等次表训令》（军事委员会铨官字第6351号）“查学资为调制资序之要素，而学校等次又为决定学资之准则”①，其中规定陆军各军事学校学资等次，亦为军校教官选拔任用之参照，具体见表1-5。

表1-5　陆军各学校学资等次一览表

种类	等次	毕业学校名称
甲种学资	第一类	陆军大学，各国陆军大学
	第二类	陆军步兵学校，各国陆军兵科专门学校，陆军骑兵学校，陆军炮兵学校，陆军工兵学校，陆军通信兵学校，陆军辎重兵学校，陆军机械化学校，陆军特种兵联合分校
	第三类	中央陆军军官学校及各分校，各国陆军军官学校，保定陆军军官学校，各国陆军各兵科军官学校，宪兵学校，军需学校，军医学校，兽医学校，中央陆地测量学校
乙种学资	第四类	云南讲武堂，东北讲武堂，山东陆军讲武堂，大本营陆军讲武堂，江北陆军速成学校，广东陆军讲武堂，广东陆军速成学校，韶关讲武堂，北方军官学校，湖南讲武堂，重庆军官学校，贵州讲武堂，四川讲武堂，北洋陆军速成学校，江苏陆军速成学校，江南陆师学堂，西北陆军干部学校，西北高级军事学校，山西斌业学校，第二军军官学校，第二集团军军官学校，各军师干部训练团

① 中国第二历史档案馆编：《中华民国史档案资料汇编》第五辑第二编军事（一），江苏古籍出版社，1994年，第577—579页。

（续表）

种类	等次	毕业学校名称
乙种学资	第五类	云南高等军事学校，湖北武昌高等军事学校，各省陆军高等军事学校，陆军部陆军讲武堂，保定陆军讲武堂，贵州武备学堂，浙江武备学堂，安徽武备学堂，江苏武备学堂，江西武备学堂，江南武备学堂，广西全省陆军讲武堂，江南陆军讲武堂，浙江陆军讲武堂，安徽陆军讲武堂，汕头陆军讲武堂，陕西陆军讲武堂，广东陆军讲武堂，各省陆地测量学校，各省将弁学堂，滨宁军官讲习所，黑龙江军官养成所，吉林军官教练处，东北宪兵教练处，两江宪兵教练处，各省陆军军官讲习所，各省陆军随营学校，各省陆军干部学校，各省陆军军官团，各战区干部训练团，各军师军官教育团，西北游击干部训练班，西南游击干部训练班

因表1－5系1943年9月28日制发，将某些老牌军校，如保定陆军军官学校等排序等次后移，主要是因为保定陆军军官学校最后一期第九期生毕业时间为1923年8月，时过20年许多学员尤其是早期生已迟暮老态，属现代军校渐次淘汰的情形。

研究黄埔军校抗日战争时期14年之教官出身背景问题，没有现成完整的资料借鉴，间有学者撰文论述，也以前六期广州黄埔军校时期为主。为了作进一步考量与研究，笔者将手头基础资料，整理成数种统计表格资料，为黄埔军校教官群体勾勒出一幅素描。

表 1 – 6　黄埔军校教官军校出身背景表

出身	数量	占比（%）	备注
保定陆军军官学校	433	3.73	
陆军大学	298	2.57	
留学外国陆军大学	26	0.22	
日本陆军士官学校	45	0.39	
云南讲武堂	17	0.15	
东北讲武堂	35	0.3	
留学外国军事专科学校	27	0.23	
国内其他军事学校	181	1.56	
黄埔军校	9993	86.19	
留学外国高等学校	177	1.53	
国内高等学校生	302	2.61	
高等教育班生	60	0.52	
校本部及分校教官总数	11594	100	

根据表 1 – 6，在出身、人数占比等方面，至少可以得出以下答案：

一是在军事学科和术科方面的教官比例，保定陆军军官学校生明显高于其他军校，陆军大学生充任教官的数量与比例次之，日本陆军士官学校生再次之，留学外国陆军大学生、云南讲武堂生、东北讲武堂生以及留学外国军事专科学校生，则处于第三群体。

二是黄埔军校出身的教官，以 86.19% 占据绝对优势。黄埔军校自身历年培养的学生，成长壮大为教官群体的主体部分，源自决策当局的重视和培植，是加速军队乃至军校“黄埔化”的结果，也是民国历史发展的必然趋势；处于基数较大的国内其他军事学校生，其中许多成员的第一军校学历仍为黄埔军校，而且这类学校不少后来成为黄埔军校派生的专科军事学校。占据其他军事学校半壁山河的是在清末民国初期创始于各地或由各省军阀创办的武备学堂、讲武堂、将弁学堂等等。

三是随着民国时期科技与教育的发展，军事教育逐渐融入了现代科学技术与自然科学常识。黄埔军校从南京时期起，设立了包含上述内容的普通学科以及外国语训练科目。与此同时，一大批外国著名高等院校留学生，回国担任黄埔军校自然科学学科教官；国内高等院校生及专科院校生，也大批进入黄埔军校任教官，其中不少人还担任门类繁多的政治学教官；担任教官的另一群体，是黄埔军校自身培训的高等教育班生，这部分人主要源于服务各地方军阀部队，具有实战经验和军事术科的职业军人，他们进入黄埔军校短期学习训练后留任教官。

第二章　教官的教育背景

据《辞海》，“素质”指人或事物在某些方面的本来特点和原有基础。素质还是人的心理发展的生理条件，但不能决定人的心理内容和发展水平。现代领导科学认为，领导者还应当具有四方面基本素质：自知之明，开拓与创新的持续进取心，善于决断的胆识与魄力和宽厚的包容精神。作为黄埔军校脊梁的教官群体，在军校发展初期的北伐国民革命中就成为执政党、国家和军队的领导集团，并且继续发挥“教官群体”培植与繁衍的效应，显然是与它的领导者所具有的素质分不开的。

黄埔军校教官群体，是由当时中国几所著名军校培养出来的表现最突出的群体，和一部分留学外国高等院校和军事专科学校“海归派”组成的。就是这一特殊群体，为抗日战争时期培植了源源不断的军官人才，在民国军事教育史上留下了浓重的痕迹。

（一）教官中的保定陆军军官学校生

保定陆军军官学校创办于1912年10月，它的前身保定陆军武备学堂创办于1903年，是中国近现代历史上第一所正规军官学校。它所培养的近万名学生，以及先后在该校任教官、队官者组成的“保定系”将帅群体，在后来中国的军事政治舞台上纵横捭阖，扮演着重要的角色，留下了深远的历史影响，至今遗音未绝。近年来的“黄埔热”带动了“保定热”，有关“保定军校”的话题更是“余音绕梁”，难绝于世。

根据笔者掌握的资料，1931—1945年间先后在黄埔军校校本部及各分校担任教官（队官）的保定陆军军官学校生，总计有433名。这个数字显然高于在黄埔军校任教官的其他军校生数量，原因有三：首先是保定陆军军官学校学员基数较大；其次是保定陆军军官学校同学录以及教官的存史资料较完整；再次是因为保定军校早期生，包括其前身保定陆军

保定陆军军官学校旧址纪念馆

武备学堂、保定陆军速成学堂生出道较早，雄踞要津，师生效应络绎不绝。实际上，笔者掌握的保定军校（含保定陆军速成武备学堂、保定通国陆军速成学堂等校）学员教官名单总共包括 10171 人，目前有记载的在黄埔军校任教者仅占其 4.26%。但是与在黄埔军校任教的其他军校生人数相比，则明显高出许多，从另一侧面说明保定军校的教学质量在当时是一流的。

在黄埔军校教官群体中，著名的“保定生”除校长蒋介石外，还有教授部主任王柏龄等一大批人。蒋介石的“八大金刚”也均在军校任教，成立教导团和党军后更成为军队主官。这一时期黄埔军校中的“保定系”，几年光景就崛起为国民革命军、中央军的核心集团，为国民党执政打下了基础。同期任教于黄埔军校各分校的“保定生”，有南宁分校的白崇禧、黄绍竑、夏威等，长沙分校的何键、李品仙、刘建绪等，武汉分校的邓演达、张治中等。第二时期应当是“保定生”教官在各地分校蓬勃发展的时期。黄埔军校迁移南京复办后，最高军政当局为了加速军队“黄埔化”进而“中央化”，陆续开办了多所黄埔军校分校，这段时期总计有 421 名保定军校生担任教官，加上前一时期留在军校续任的，保持相当阵容的教官队伍，说明保定军校生此时还是供不应求，这一时期还设立了中央陆军军官学校校务委员会，将所有最高层将官（包括一级上将，部分为二级上将）囊括为校务委员（其中有五名是保定生），1931 年“九一八”事变后，随着战局发展与军事扩张，一部分曾任黄埔军校教官的“保定生”，得以出任军队主官或成为高级参谋幕僚人员，在军队繁衍壮大成为独树一帜的“保定系”。抗日战争全面爆发后，军校被迫迁移武汉和成都续办，在黄埔军校任教的保定军校生人数下降为 317 名，说明客观情况发生了变化，一是早期任教的保定军校生教官，有部分到抗日战争后期年龄已过半百甚至近六十了；二是黄埔军校物质待遇虽稳定，但与作战部队相比则较为清苦，且升迁机会每况愈下，因而不少教官转移部队做参谋幕僚或在后勤任职；三是在任保定军校生教官，随着军事教育的发展，逐渐被黄埔军校自身培养的年轻教官，以及留学外国军事专科学校的“海归派”所取代，说明“保定系”除部分人员仍居军事高层或军队主官高参外，留在黄埔军校的则是日薄西山，逐渐成为历史。

纵观保定军校生在黄埔军校任教的这14年（1931—1945），我们从列表中呈现的保定军校生教官的任职、年资和变迁情况，结合军校教育历史发展轨迹，可以窥探那个时代的情形，推测出许许多多内在缘由和外部因素。据统计，在黄埔军校任教（职）10年以上的教官约占总数五分之一，例如张崇甫、武颂和、徐弥高、董芳、程钟奇等从第六期开始任教官至第二十三期，其中跨越黄埔军校南京、成都两段时期的有：白耀圆任教第六至十九期，刘贵璋任教第六至十八期，刘道经任教第七至二十三期，孙乃彬任教第八至二十三期，张铁英任教第八至二十期，戴锡椿任教第八至二十二期，林之廉任教第五至十八期，陈克斋任教第二至十六期，还有在军校任教第十期的还有20多人。上述主要是黄埔军校校本部教官。

保定陆军军官学校毕业生任黄埔军校教官（433名）

按姓氏笔画为序：丁德成、于如兰、于克昌、于希贤、于国汉、万耀煌、及瑾墀、马世禄、马衍诰、马傅浩、马瑞图、王元吉、王云、王甲三、王同和、王宇章、王宇澂、王秀豪、王怀英、王奇祥、王国华、王昌文、王金书、王金波、王学材、王治澜、王定邦、王荫桐、王南屏、王树珊、王迺卿、王思源、王庭瑞、王炳章、王晋康、王家裕、王楚修、王赫然、韦师洛、区维琳、文成章、方颐、计国用、计宗汉、邓裕群、邓锡侯、邓慕斌、邓熙祺、孔庆林、艾菁、石振纲、申自鑫、叶宝珊、叶实棠、叶绍良、叶蓬、田澍畿、史双兴、白云峰、白汝震、白伯涛、白奎增、白崇禧、白德恭、白耀圆、宁其骏、宁季泰、冯焯勋、曲峥、吕济、朱云青、朱有淮、朱成梁、朱怀冰、朱昌、朱宗海、朱振华、朱涟芳、朱维庄、朱鼎、朱锡麟、仲跻翰、任援道、华克格、刘士毅、刘少华、刘化夷、刘允明、刘永祚、刘永襄、刘刚德、刘华俊、刘寿康、刘芹生、刘秉诚、刘宗懋、刘绍先、刘贵璋、刘俊九、刘础、刘海波、刘继屏、刘鸿逵、刘绪福、刘斐然、刘道经、刘滋荣、刘濂、刘曜载、刘骧、齐丽屏、齐灿、齐尚贤、关义之、关延年、关森茂、关嘉彬、关麟书、池步云、汤尧、许乃章、许廷杰、许寿恒、孙乃彬、孙光祖、孙国平、孙海同、孙景先、孙毓熊、严光盛、严明、杜世桢、杜益谦、杜肇斌、巫建淮、杨之敬、杨子忱、杨文麒、杨正坤、杨兆麟、杨卓修、杨秉一、杨怡、杨请缨、杨恕、杨潼、李士芳、李天杰、李元、李少初、李化南、李文鸣、李东甫、李芝浦、李百堃、李延寿、李庄、李讴一、李如枫、李枢、李承岳、李荫清、李钟龄、李祖荫、李晋阶、李振云、李恩瀛、李涛、李崑山、李赓杰、李道荣、李裕机、李腾、李德裕、吴石、吴希明、吴树森、吴铮、吴锡权、吴锡钧、吴镇三、邱吉士、邱策、何振武、余汉谋、余伯良、余斌、邹镜清、应高岗、汪联芳、汪强、沈荣吉、沈勇、沈祥、宋毅然、张与仁、张万杰、张万璞、张天骥、张世荣、张甲龄、张光、张庆瀛、张昆、张昆霜、张国势、张国选、张性之、张治中、张经、张拯、张钟林、张俊夫、张振镛、张峻岳、张铁英、张海门、张家彦、张崇甫、张章图、张鸿儒、张联辉、张裕桐、张新三、张新斋、张敩濂、陈天锡、陈公侠、陈以良、陈汉雄、陈芝馨、陈光弼、陈同禄、陈志平、陈克斋、陈克球、陈秉玉、陈秉乾、陈治单、陈定荣、陈诚、陈树军、陈俊三、陈炼秋、陈继承、陈联璧、陈瑞、陈锦超、陈鹤龄、武颂和、武锡增、苗庆年、苗锡纯、范翊霆、范锡庚、林之廉、林志岳、林克濂、林家训、林黄胄、林琪瑞、林琳、林颖昌、欧阳杰、欧阳骢、易龙、罗邦、罗张、罗寅亮、罗植椿、金毓朴、郄攀桂、周齐祀、周宗德、周承琨、周保华、周恒年、周振镛、周维桢、周楫、周磐、郑大章、郑仰榕、郑志澜、郑树庭、郑起涛、郑涛、单长胜、宗汉英、郎万有、郎瑞珊、赵元亨、赵凤藻、赵成甲、赵英麟、赵珩、赵海泉、赵幹臣、赵德驹、荣鸿胪、胡承志、胡畏三、胡骏龄、胡德骧、南金、段禄春、侯光龙、侯英才、侯振先、俞寿鹤、俞星槎、恽福云、闻蓝田、姜汝震、姜学海、姜宝德、洪绪辅、祖耀时、祝绍周、贺肇升、秦国干、秦超武、袁奉先、袁槿、索耀华、贾文铨、贾振藩、钱纲明、徐亚杰、徐权、徐弥高、徐祖贻、徐祖洪、徐培根、徐超、徐毅、高中、高玉堂、高汉宗、高有为、高光祺、高庆瑞、高植明、高鼎新、郭广炎、郭丹、郭凤瑞、郭汉章、郭光洽、唐子巍、唐生智、唐光霁、唐冠英、唐继鏻、唐维勤、陶国瑞、陶泽凯、黄天骢、黄玉亮、黄廷贵、黄伟东、黄克德、黄昌言、黄秉铎、黄炎、黄钺、黄得仲、黄慧生、萧允清、萧师何、萧叔萱、萧昌运、萧豪、梅铸、曹鉴清、曹儒澡、盛藻华、常韻皋、崔维乾、鹿东生、章亚俊、章履和、章耀波、商震、梁亚雄、梁辉祖、彭武敭、葛纯、董芳、董岳山、董慎、董源清、蒋介石、蒋永兹、蒋调午、韩汉英、韩光墀、韩英锟、韩叔平、韩宗琦、韩恩瀚、朝敬铭、惠济、程绍岩、程钟奇、程鸿烈、程维藩、傅正理、傅全续、傅伯良、鲁曜晟、赓绍九、童元亮、游葆瀛、谢云、谢婴白、虞屺瞻、鲍文樾、蔡国华、熊友三、熊克念、熊耀东、樊殿杰、黎宝志、黎荫荣、潘锦、薛天祐、薛逢源、薄峻昌、戴锡椿、魏其庆、魏鸿。

由于黄埔军校校长蒋介石是保定陆军速成学堂第一期炮兵科学员，因此历届保定陆军军官学校生相继有不少人在民国军政界担当要职。当时在北洋军和地方军阀中，一部分保定生早在清末民初就已成为带兵主官，“保定系”曾是当时军界朝野“最吃得开”的几个军人派系之一，这段时期保定军校学历“含金量”见涨，成为许多地方军阀部队或军校中升迁的“敲门砖”。在上述这部分人引荐和带动下，黄埔军校前六期就有371名保定军校生任教，还占据了军校许多重要的中上层位置。许多优秀的保定军校生教官，还成为黄埔军校军事学科和术科的主要教学力量，为黄埔军校教学内容和形式的“中国化”，为推进军事教育“现代化”，为黄埔军校教学质量和提高，发挥了重要作用。黄埔军校教官群体中保定军校生基数较大，由此可以确信其影响与作用是最为广泛和突出的。

（二）教官中的陆军大学生

陆军大学创始于1906年，是中国近现代史上第一所最高军事学府，是军事教育制度较完善、设施较先进、历时最长的高等军事学校及国防研究机构。陆军大学虽名为“陆军”，但实为综合性高等军事学府，旨在培养能统辖三军的高级军事指挥和参谋人才。它的设立与发展，是我国高等军事教育现代化的开端及里程碑，为长期封闭的中国军事教育领域，注入了世界先进的军事学术思想和军事技术知识。陆军大学从创立到1949年迁移台湾止，经历了43年，各期毕业生总计有5100余名。

由于是高级军事学校，他的学员之前已经受初中级军校教育，因此陆军大学学员本身未能形成独立的军事派系，但是陆军大学学员有许多在军队中担当军事指挥主官或高级参谋重任。抗日战争爆发后，随着军事与战局发展，陆军大学学员逐步受到重用，一部分还进入最高军事机构参与战略策划、军队编制及调遣、军制军令的拟定与颁发等工作，不同程度地影响着国防建设乃至战争进程。

原陆军大学教学主楼

根据资料显示，1931—1945年间总计有298名陆军大学学员曾在黄埔军校任职，这个数量仅次于保定军校生。实际上，在民国时期，陆军大学学员一直受到军事当局重用，主要原因有三方面：一是鉴于高级军校学历缘故，军事素养相对较高；二是随着军事（军阀）集团的战争需要，早期陆军大学学员多入高级军事机构任职，抗战全面爆发前后的中后期学员有一部分人逐渐获任部队军、师以上主官、高参职位，直接参与战争战役的指挥和谋划；三是由于起点较高，陆大学员毕业后到黄埔军校任教官，较多担负高级管理职责或军事学科高级战术教官，较少担任一般性队（教）官职责。例如：第八期起设立的中央陆军军官学校校务委员会委员中，陆军大学学员有3名；第六期还有副校长及代校务各1名。此外，还担任黄埔军校校本部及分校副主任、处长、步骑炮工辎交科长、总队附和高级教官等。因此，在黄埔军校教官中，毕业于陆军大学者具有层次高、总量多、素质优等特点，是黄埔军校教官群体中层级较高也是最重要的组成部分。

由于陆军大学正则班前九期设于北京，早期生中的前七期多为北方人，第八期生基本上是东北军军官入读，而且陆军大学学员总数远少于保定军校，因此任黄埔军校教官者大大少于保定军校生。这与两所军校创办情况有关。黄埔军校北迁南京复办后，开始了军校的大发展时期，1931年至1937年陆军大学学员入校任教人数大增，据初步统计有280名，此期间除校本部大规模扩张外，开设于各地的分校也蓬勃兴起，陆军大学学员大量被黄埔军校吸纳为教官。与同时期在校的保定军校生教官相比，虽然在人数总量上少些，但由于陆军大学的“金字招牌”响亮好听，应届毕业的陆军大学学员显然也要比老气横秋的保定军校生教官富有才学和朝气。从这一时期开始，陆军大学学员无论是在军队还是军校，逐渐被采纳和重用。特别是抗日战争全面爆发后，黄埔军校中的陆军大学生教官，仍然保持有201名的阵容，对培养和训练应战时需要的大批初级军官，起到不容忽视的作用。

陆军大学生任黄埔军校教官（298 名）

按姓氏笔画为序：卜汉池、万里、万良玉、万梦麟、万耀煌、上官玉书、马连桂、马嗣良、王化兴、王石凤、王廷宣、王旭夫、王青云、王学韬、王治岐、王振斅、王基华、王维侃、王景宋、王锡钧、文文修、方仲吾、邓锡洸、甘丽初、石垓、龙韬、卢天鹏、卢性翘、叶渡、史双兴、史国钧、史经、丘宗武、宁绪声、冯玉祥、冯龙、冯其昌、冯春申、冯璜、皮宗敏、皮震、邢定陶、成刚、成竹、吕汝瑾、吕承文、朱大中、朱亚英、朱执钧、朱宗海、朱施民、朱锡麟、伍坚生、华金祥、庄成良、庄重、刘云楷、刘永祚、刘永襄、刘任、刘庆曾、刘钊铭、刘体乾、刘伯龙、刘启雄、刘国运、刘明善、刘咏尧、刘秉诚、刘金舜、刘宗宽、刘祖舜、刘海波、刘璞、汤尧、许元干、许午言、许让玄、孙伯先、孙景贤、严光盛、严啸虎、苏玉衡、杜建时、杜显信、杨大成、杨也可、杨正隆、杨坤寿、杨英畏、杨健、李子敬、李子湘、李正先、李世勋、李华杰、李寿沅、李怀昭、李泽民、李定陆、李振邦、李润滋、李继龙、李惟锦、李绳武、李惠平、李赓铿、李赓濩、李瑞吉、李慎端、吴凤台、吴方正、吴允周、吴丽川、吴宗远、吴起舞、吴致明、吴敬群、吴韬、吴燕荪、岑运应、邱希贺、邱和生、何文鼎、何奇、何葆瑞、佟恩华、邹公瓒、应西、闵铭厚、沈发藻、沈策、宋希濂、宋质坚、迟宝钺、张万杰、张广君、张元伟、张木铭、张少杰、张文心、张世尧、张世希、张训同、张式琦、张汝弼、张国元、张国英、张国选、张岱、张治学、张绍成、张绍勋、张绍恩、张荣宪、张祖正、张勇决、张振镛、张菠岱、张遐年、张鉴桂、陆廷选、陈又新、陈以忠、陈世光、陈众闻、陈芳福、陈克华、陈克球、陈佐武、陈怀勋、陈畅威、陈金城、陈素农、陈倬、陈家炳、陈骏南、陈联璧、陈瑜、陈简中、陈襄谟、邵汉三、武颂和、范汉杰、林兴琳、林家训、林铸年、欧阳无畏、欧阳书、杲春涌、易谦、罗列、岳岑、金式祁、金质、金家藩、周天柱、周齐祀、周恒年、周振强、周铭、周煦龙、周磐、郑炳庚、屈朴、屈先庆、孟吉荣、孟桂森、赵元福、赵振宇、胡长青、胡松林、胡栋成、胡素、柏天民、柳兴镒、钟永祯、钟彬、钟焕武、侯声、侯腾云、俞星槎、祝源开、姚升瀛、姚世瞻、姚植卿、贺湘俊、袁友牧、袁朴、袁行濂、聂干卿、莫我若、莫若国、贾振藩、夏日长、夏嘉富、顾葆裕、徐石琤、徐永昌、徐权、徐达、徐光汉、徐伍、徐克林、徐盛秋、徐鼎威、高植明、高豫章、郭六祥、郭歧、唐井然、涂成武、黄幼勉、黄克德、黄秉铎、黄恢亚、黄冠南、黄维、萧树经、梅铸、龚富春、龚愚、盛克昌、常瑞生、章善渔、彭月翔、彭彝麟、董岳山、韩文焕、韩汉英、韩德考、韩潮、朝敬铭、惠济、覃戈鸣、程开椿、程新民、傅维藩、鲁元、童元亮、曾广武、曾光汉、谢崇琫、蓝卓元、蓝蕊衡、路羽飞、蔡述深、蔡谟忠、管长治、廖以义、廖慷、熊飞鹏、熊克念、熊振汉、樊殿杰、隰可庄、濮始昌。

陆军大学生在黄埔军校大批量地担任教官，这一具备较高军事科学修养的教官群体，无疑对推进军校军事学科和术科教学水平与质量，起到重要作用。况且，陆军大学的教官频繁受聘到黄埔军校授课，黄埔军校任队官、助教者易于考入陆军大学学习，有效提升军校教官学历以及军官素养，这种优势互补、师资互用、人才共享的状况，为黄埔军校教官队伍注入了新鲜活力，也使军事教学贴近实战，多兵种综合配备训练，注重战役指挥与参谋策划。特别是抗日战争全面爆发后，抗战一线部队初级军官大幅度伤亡减员，军校对作战部队初级军官进行实战训练，培养了大量适应实战的军官，对补充前线军官，确实起到了“立竿见影”的效果。在某种意义上，以军事素养较高的陆大学员为主体的黄埔军校教官群体，为抗战部队训练和补充了大批合格初级军官，对抗日战争正面战场的胜利起到了重要作用。

与黄埔军校教官群体有着紧密联系的陆军大学学员，最为著名的是冯玉祥，当年以军事委员会副委员长、中央陆军军官学校校务委员会委员和国民革命军一级上将之身份，入读陆军大学特别班，他认真读书的精神在民国军界传为佳话。此外，陆军大学早期生，后为陆大知名兵学教官的张国元、唐灏青、梅铸、游凤池、谭家骏、戴锡龄等，也先后到黄埔军校高级班（高等教育班）任高级战术教官。

（三）教官中留学外国的陆军大学生

在清末和民国时期，由于日本和欧美发达国家科技与军事的高速发展，留学外国学习军事，特别是进入高等军事院校求学，成为许多官僚与学子梦寐以求的事情，同时也被视为跻身军界高层之捷径。据初步统计，在20世纪40年代末以前，有100多人先后进入日本、德国、英国、意大利、美国和苏联陆军大学（高等军事院校）学习，其中有52人进入日本陆军大学第十三期至第二十期深造，占留洋总人数的50%之多，成为这批人中数量最多的群体。

从黄埔军校发展历史上看，留学外国高等军事学校学成归来，进入军校任职任教的为数不多。据统计只有51人，但却占了留洋总人数的50%。这从另一侧面显示出，黄埔军校在当时军政界固有的影响力。

进入黄埔军校任职任教的这批人，具体分析起来有以下几部分：一是早期毕业生，原先曾任带兵官，进入黄埔军校任教后升迁迅猛，倚仗“黄埔”的牌子成为军界高级将领；二是从军校教官（官佐）做起，逐渐转升为军事机关首脑或封疆大吏省主席；三是以任教官为始终，专心从事军校教育和军事论述，或是难得升迁以老告终。这批与黄埔军校教官“沾边”的人，依靠“黄埔”和“中央军”的牌子，晋升上将的有3人，其中二级上将1人，陆军中将加上将衔1人，逝世后追赠陆军上将1人；晋任陆军中将的有18人。高级将领占该项教官总数的41.2%，留学教官晋升高级将领的比例，在各军校出身的教官群体中居于首位。

1931—1945年间黄埔军校留学教官数量升降幅度比，与保定军校、陆军大学相仿。1931年至1937年27人，抗日战争全面爆发后为21人。实际上到抗日战争胜利后，留学外国高等军事学校的“海归派”，大部分转向高级军事机关或驻外使馆任武官，绝少再有进入黄埔军校或其他军事专科学校任职任教的。

留学外国陆军大学生任黄埔军校教官（26名）

按姓氏笔画为序：朱伟、刘仲荻、孙元良、杜沄、杜建时、杨彬、李永忠、吴石、吴光杰、邱清泉、何成璞、何浩若、张少杰、张乐泉、陈简中、范汉杰、罗张、周嘉彬、赵干尘、贺光谦、徐祖贻、徐培根、盛世才、梁子骏、温应星、谢承瑞。

（四）教官中的日本陆军士官学校生

日本于1874年根据《陆军士官学校条例》正式建立陆军士官学校，首任校长为曾我祐准，由陆军卿直接领导。该校的招生对象、专业设置和学制几经改革。1875年第一期学员入学，招生对象为初中毕业生，学制3年，下设步兵、骑兵、炮兵、工兵4个专业，至1887年共招收11期，培养军官1285名。1889年该校进行教学改革，实行士官候补生制度，招生对象改为高中毕业生，至1945年共招收61期，培养军官36900名。1945年日本投降后，陆军士官学校被撤销。1946年春起，国际军事法庭还利用该校主楼进行审判日本战犯事宜。

前东京日本陆军士官学校旧址正门

《中国人留学日本史》① 译序指出："计自1896年首派留日学生起至1937年抗日战争爆发全面停派止，42年间国人留学日本者总数不下五万人，蔚成中国史上空前运动，而留日运动所造成的一支庞大知识分子大军，对于中国近代政治、军事、教育、文化、思想及学术等方面，均有相当深巨的影响。"然军事留学日本，则未曾有过集中记载与学术反

① ［日］实藤惠实著，谭汝谦、林启彦译：《中国人留学日本史》（修订版），北京大学出版社，2012年。

映，笔者搜集海内外史料编著《中国留学日本陆军士官学校将帅录》一书，并于2013年出版发行。从历史角度审视，日本陆军士官学校在日本“穷兵黩武”的侵略政策的驱使下，为日本军事扩张培养了一大批高级将领，同时也为中国清末民国时期各派军阀势力训练了一大批割据与扩张的将领。从1898年创办第一期中华学生队开始到中国抗日战争全面爆发，总计有近1700名中国学生进入该校学习，许多在后来成为将才，不少人跻身高层统治当局或军事指挥要冲，成为左右朝政或执掌军机的叱咤风云的人物。有的沉沦于军阀混战，有的献身于辛亥革命和北伐、抗日战争，有的参与军机策划争权夺利，有的成为民族罪人和汉奸，有的投身人民解放事业成为功臣，有的流落孤岛或海外销声匿迹。

他们在各个历史时期，在各自服务的政治或军事派系中，形成了“士官系”，与“保定系”“黄埔系”等并存而成鼎足之势，在民国军政界产生了不可忽视的作用与影响。其中一小部分，在抗日战争全面爆发前后，沦为民族罪人和汉奸。在清末民初时期直至全面抗战前，部分中国青年学生本着“以夷制夷，军事救国”的初衷与愿望，将日本陆军士官学校作为留洋首选军校。究其原因一方面是日本在军事技术和教育方面较为领先，另一方面是士官学历“含金量高”，前景看好。大致源于上述缘故，赴日留学热潮此起彼伏，抗日战争全面爆发的炮火才将这股势头打住。

军事领域的留日士官生，许多回国后选择了进入行伍，一部分则进入黄埔军校任职任教，这部分人占了留日士官生总数的7%。留日士官生在黄埔军校还是颇受“青睐”的，因为我国自行创办的保定军校、陆军大学以及其他军校，所用的教程和课本是日本改编的，聘任的军事学科和术科教官也是以日本军官为主。蓦然间回来一批日本士官生执教，着实为军校教育带来了新风和朝气。因此，黄埔军校的日本士官群体，始终是军事教官的重要组成部分。特别是在抗日战争全面爆发后，这些教官对帮助学员了解、认识、应对和抗击日本军队及侵略战争，对黄埔军校的军事学科、术科教育以及学员实战训练等方方面面都起到了不小的作用。

中国留学日本陆军士官学校生任中央陆军军官学校教官（45 名）

按姓氏笔画为序：于庆祥、于厚之、马汝良、王成桂、王昌烈、毛福成、文祺、石杰、龙韬、邢定陶、任得鋆、向的、刘毅超、孙定超、杨仲华、杨兆民、杨秉离、李明灏、李季烈、何应钦、余公武、佘重华、宋正平、张文心、张汝弼、张卓、张轸、陈倬、陈骏南、陈蔚荪、夏嘉富、徐石琤、郭纯中、唐宇纵、唐雨岩、黄连茹、章泽群、阎锡山、蒋公权、蒋桂锴、程潜、傅迪、储造时、赖劭轩、熊恒。

在黄埔军校任职任教的日本陆军士官学校生，最著名的是第一期战术总教官何应钦，在相当长的一段时期里，他是除蒋介石以外的黄埔嫡系中央军的实权人物，“八大金刚”排名第一位，应是军界“士官系”的标杆或旗帜。虽然蒋介石也曾留学日本，是日本陆军振武学校学员和“士官候补生”，但最终没入学。其次是阎锡山、程潜、钱大钧、汤恩伯等军界超重量级人物。老资格的高级将领还有黄慕松、李铎、方鼎英、王俊、张翼鹏、张修敬、吴思豫、张春浦、林振雄等，这批人抗战前在黄埔军校已是赫赫有名的人物。抗日战争前后崛起的高级将领还有李明灏、张轸、李国良、唐星等。纵观教官任职情况，1931—1937 年间有 65 人，全面抗战时期有 38 人。其中战术总教官石杰，从第八期一直做到第二十三期，应是任总教官职位时间最长的。高级教官陈蔚荪从第十三期任至第二十三期，也是士官生教官中任职较长的。

（五）教官中的云南讲武堂生

坐落于云南昆明市中心翠湖西畔的云南讲武堂，始创于1909年8月，1935年9月改为中央陆军军官学校第五分校（昆明分校）后，已与原校有所不同了。云南讲武堂培养了近万名学员，历史上著名的滇军集团的主要军事将领，均出自云南讲武堂。辛亥革命民国肇建、二次革命、护法与护国战争以及支持孙中山广东革命政权、北伐国民革命的历史转折过程中，云南讲武堂生献身报国成仁者数以千计，成功者大多升为高级将领或任军政要职。云南讲武堂毕业生大部分充任滇军或其他部队各级军官，小部分进入黄埔军校从事军事教育和训练。云南讲武堂与早期创立的几所军校齐名，为中华民族军事崛起和国家军事教育现代化，曾产生过重要作用和影响。

云南讲武堂旧址纪念馆正门

云南讲武堂因地处西南一隅，其影响力主要在西南及华南地区，抗战前后才逐渐波及北方。由于云南讲武堂学员参与了近现代中国许多大事，因而云南讲武堂也与黄埔军校有了许多关联。黄埔军校1924年成立之初，就有云南讲武堂学员充任队官教官，虽然目前存史记载的人数不多，只有17

人曾任黄埔军校及个别分校教官，但是其中不乏名人。相对于另外几所近代中国著名军校，云南讲武堂的公开史料最为缺乏，至今仍无整理成书的校史及期科完整的同学录，散见于各类书刊的云南讲武堂名人资料信息，多少让人“雾里看花”，始终难摸底数。据了解，在中央陆军军官学校第五分校任教的云南讲武堂生，肯定不止此数，云南方面抓紧整理史料，于2015年12月出版印行《云南陆军讲武堂同学录》（上、中、下册），为后续研究奠定基础。

云南讲武堂生任中央陆军军官学校教官（17名）

按姓氏笔画为序：万梦麟、邓熙林、龙云、卢汉、朱培德、许让贤、李扩、李范奭、何桐生、张幼贤、张汝弼、张诗教、张浩、姜耀南、倪文炳、唐宇纵、唐淮源。

黄埔军校的云南讲武堂生中，最著名的是第一期教授部副主任叶剑英。叶剑英在国共两党关系史上最重要和引人注目的事迹是他于北伐时期在国民革命军——黄埔嫡系中央军的任职经历，凭借“黄埔”的牌子跻身第一军，并任以第一军第一、二师组成的北伐军总预备队指挥部参谋长（指挥官先后为王柏龄、刘峙）①，新编军第二师代理师长②。这段任职经历虽短暂但留存史册，今天阅读仍觉几分惊叹和荣耀——十大元帅经历当中，曾为黄埔中央嫡系将领的唯叶帅一人。与黄埔军校有“瓜葛”的有朱培德、龙云、卢汉、唐

① 刘峙：《我的回忆》，《近代中国史料丛刊续编》第八十七辑，台北文海出版社有限公司，1982年，第38页。

② 李祯荪主编：《叶剑英风范》，广东旅游出版社，2003年，第22页，蒋介石于1926年11月30日署名签发的《国民革命军总司令部任命状》；刘峙：《我的回忆》，《近代中国史料丛刊续编》第八十七辑，台北文海出版社有限公司，1982年，第43页。

淮源、王右瑜、万梦麟、卢浚泉等；在中国人民解放军行列中有上将陈奇涵，以及两次获得中将军衔（1948 年 9 月和 1955 年 9 月）的曾泽生。与上述几所军校在册教官略有不同，史载云南讲武堂生于黄埔军校建校初期任职任教者所占比重最多，有案可查的 33 人，1931—1937 年间为 17 人，表明随校迁移南京续任的不多，以云南讲武堂后期毕业生充任为主，抗战时期下降为 12 人。

（六）教官中的东北陆军讲武堂生

东北陆军讲武堂创设之前，东北曾有过奉天武备学堂、奉天陆军速成学堂、奉天讲武堂、东三省讲武堂，上述几所学校并没有相互沿革或延续关系，而最早的奉天武备学堂创始于 1898 年，因各种政治历史缘由，断断续续开办。1908 年 10 月改名为东北陆军讲武堂，设立于奉天（今辽宁沈阳）小东边门外。1919 年 3 月再度改名为东三省陆军讲武堂，是以张作霖、张学良为首的奉系军事集团自办的第一所军事学校。从 1898 年创办奉天武备学堂起，至 1931 年“九一八”事变为止，东北地区各个时期讲武堂在 33 年中共培训学员 10250 余名，加上该段时期各种与东北陆军讲武堂相关或在讲武堂名下的机构培训的学员，总计 12960 多名，据此统计，与上述东北军事教育机构有关之学员足有 23210 多名，如再加上各个时期任教之教官及其辅助人员，累计总数应在 23500 名之多。从拥有的军事人才总量来看，东北陆军讲武堂与稍早期的保定陆军军官学校相比，有过之而无不及。

东北陆军讲武堂为了提高奉军初级军官素质，从基础上培养军事人才，教官多聘任北京陆军大学、保定陆军军官学校和日本陆军士官学校出身的军官担当，教学内容、方法和学制时间等，均参照当时现代化程度高于我国军校之日本陆

“九一八”事变前的东北陆军讲武堂正门

军士官学校。因此东北陆军讲武堂在教学内容、规模、质量与影响诸方面，与北京陆军大学、保定陆军军官学校和云南讲武堂齐名，同为我国现代化军事教育的著名军校。东北陆军讲武堂还因设立与办学早于黄埔军校，其闻名于国内军界亦先于黄埔军校。

东北军（奉军）作为我国近现代军事历史上曾经强盛一时的军事集团，于20世纪上半叶在我国北方有过重要历史影响和作用，而东北陆军讲武堂则是培养孕育这一军事集团将帅首脑的军官摇篮。东北陆军讲武堂是我国近代以来第一批正规军事院校之一，是清末民初东北地区规模最大的陆军训练中心。它的诞生，堪称近代以来东北正规军事教育之开端。

东北陆军讲武堂生任中央陆军军官学校教官（35名）

按姓氏笔画为序：丁叔颖、王汉儒、王寿贵、王淞泉、牛来泰、朱灏、任荣甫、刘文魁、刘金奎、刘树楠、杨林兰、李启生、李宗周、李树桂、余国栋、汪寿彭、张学良、张楚卿、张廉春、陈烈新、周希云、郑殿起、孟吉荣、赵我华、胡栋辰、胡品卿、柏峥、姜水润、敖鸿勋、耿硕雄、郭巩、郭锡龄、崔国英、韩升云、韩鸿升。

东北陆军讲武堂生真正与黄埔军校发生联系，是在1928年所谓第二期北伐战争以后。东北讲武堂学员人数较多，而东北军正规部队容量有限，讲武堂毕业生除部分被北方派系军队吸收外，一部分后期毕业学员流向了黄埔军校。鉴于中央陆军军官学校各分校尚无公开出版的校史与同学录，目前史载与黄埔军校有关联的东北陆军讲武堂学员仅搜索到35人。这份名单中有张学良，1928年12月东北易帜不久，他就被聘为中央陆军军官学校校务委员会委员，1935年4月2日晋升一级上将。黄埔军校历任教官名单中，出身东北陆军讲武堂者并没有很有名的，检索起来只有曾任少将的张廉春（1947年11月任）和李铁醒（1948年9月任），其余还有7名曾任上校军官。1931年“九一八”事变后，东北陆军讲武堂自行消亡。“西安事变”后张学良被长期囚禁，东北陆军讲武堂毕业的学生在黄埔军校也难受重用。

（七）教官中的国内其他军事学校生

抗日战争时期的黄埔军校教官群体，除了黄埔军校自身培养的教官，最大一块就是由国内其他专科军事学校学员构成的教官队伍。这支教官队伍共有181名，具有来源广泛、门类齐全、黄埔派生等特点。一是各地各类与军事相关的学校，都获得进入黄埔军校任职任教的资格。笔者粗略计算，黄埔军校中出身国内其他军事学校的教官来自80多所各类军事学校，几乎囊括了民国时期除保定陆军军官学校、陆军大学、云南讲武堂、东北陆军讲武堂以及黄埔军校以外的所有军校。二是由于黄埔军校开办之初，为了迅速培养各类军官，加快地方部队“中央化”步伐，朝着门类齐全的综合性军校发展，在1931年之后，黄埔军校具有前所未有的包容性、统揽性和专制性，包揽了所有与军事相关的学科项目及其教官人员，此时的黄埔军校是军事教育集大成总代理。三是黄埔军校迁移南京复办后，在囊括所有军事项目训练班、研究所基础上，从黄埔军校第九期起，按照科目门类划分出十多所专科军事学校，譬如：步骑炮工辎交、军需、军医、防空、要塞炮兵、警官、政治、战车、航空、陆地测量、机械化、情报、兽医学校等等。

国内其他军事学校毕业生任中央陆军军官学校教官（181名）

按姓氏笔画为序：马烈智、马箭、王云、王日新、王仕杰、王秀豪、王信、王首辰、王维侃、王道南、王锡钧、王德山、毛仙德、方善继、尹丕彰、尹笃行、邓廷璞、邓锐、厉振宗、白耀圆、白鑫、宁博迪、冯家璧、邢震西、成希哲、吕国斌、朱凤藻、朱伟楹、朱向柏、朱声荣、朱钦铨、仲跻翰、刘月鉴、刘书知、刘正宪、刘京南、刘晋华、刘振翰、刘湘、刘楙、关宇衡、关宝珧、苏若水、苏实、苏锡康、杜英基、杜显信、杜绪、杨龙天、杨纪棠、李占杰、李成、李光恒、李华雄、李启生、李侠、李岱峰、李学武、李宗仁、李孟超、李哲民、李家琳、李雪、李智、李斌生、李善闾、李翔龙、李滋新、李猷、吴仁安、吴永康、吴启华、吴纯钊、吴坦安、何桐生、余翰祥、汪维恒、沙则余、沈平坦、沈铁民、张传恕、张志传、张体先、张英振、张国麟、张家彦、张楚卿、陈之洪、陈正贤、陈众闻、陈良、陈拔优、陈绍熙、陈家秀、陈焕炳、陈惠庭、陈蔚荪、林文敷、林复生、林德奕、金中化、周正宗、周求顺、周怀恭、周树彬、周彬、周鸿恩、郑怀贤、屈朴、赵子云、赵本桢、赵国真、胡栋辰、胡继良、钟杰、钟德才、侯怀道、姜西园、秦凤石、袁啸、贾文铨、夏焘、夏逸如、顾鼎、徐凤鸣、徐幼常、徐绍徲、徐钦、徐衡、高文韶、高百荧、高炳文、高涵滋、高震龙、郭释愚、唐咸集、凌辛泉、黄汉愚、黄训芳、黄信深、黄锦辉、黄德煊、萧平波、萧豫、曹安九、曹明山、曹涤凡、崔国光、章亮端、阎宏俊、阎锡山、董劲儒、董彦成、董桂森、蒋乃昭、蒋士焘、蒋岳、韩升云、韩岳天、喻松龄、程潜、傅湘临、鲁泽民、童梓瑞、谢大川、谢希运、谢质生、谢袁谌、蓝其畅、赖成杰、甄杰、雷国华、蔡中柱、蔡正明、廖列夫、廖润生、肇雷、戴文汉、魏成功、魏惹愚、瀛云萍。

这批教官的军校学历，有些是最初学历，有些属第二军校学历，或是任职前后再培训获得的学历。无论如何，他们以此为契机，进入了当时最著名的军校——黄埔军校任职任教，为国家的军事教育、军队管理及个人的仕途荣誉、前程命运注入了可能与机遇。这批人当中，最著名的当数刘湘、李宗仁、蒋鼎文，刘湘以四川军校学历驰骋南北，成为四川乃至西南一霸，抗日战争全面爆发后，军政中心西迁内地，聘任他为中央陆军军官学校校务委员会委员。虽仅是一种荣誉，但在当时舍他其谁呢？李宗仁俗称“李猛子”，凭借广西陆小学历牌子，开创了桂系军事集团。1936 年下半年桂系归附中央后，李宗仁才获任中央陆军军官学校校务委员并一直任至第二十二期。蒋鼎文作为“八大金刚”之一，是黄埔中央嫡系高级将领，也是仅凭浙江讲武堂的牌子，一直干到两个战区司令长官二级陆军上将。俞飞鹏倚仗着仅有的军需军校牌子，进而成为黄埔军校军需部主任，再成为整个民国时期军队和国家的军需运输交通后勤总管，1947 年 1 月在没有中将军衔作起点的情况下直接获任二级陆军上将，说明学历并非晋升的决定因素。此外，还有一大批教官凭借在黄埔军校的任职任教经历，后来成为中将少将军官。如果说上述保定陆军军官学校、陆军大学、云南讲武堂、东北陆军讲武堂以及黄埔军校等军校生任教稍有规律的话，这些其他军校却是无章可循，在任教人数上参差不齐，1931—1937 年间有 68 人，抗战时期猛增至 158 人。鉴于前面所说资料原因，这部分教官主要在黄埔军校校本部任教，对他们的研究仍有待于今后进一步深入。

（八）教官中的留学外国军事专科学校生

这部分留学外国军事专科学校生教官，有别于上述外国高等军事学校生，是黄埔军校十分重要的基础组成部分。1930 年以前，黄埔军校的军事学科和术科教育人才主要是从国内诸军校集聚的教官，教学内容和方式较为老套生硬，高等军事学校的“海归派”大多不愿做基础教学。在上述情况下，这批留学外国军事专科学校生教官填补了空缺，起到了承上启下的功能，发挥了开创性的推进作用。综观全局，他们在任职任教过程中，为黄埔军校输入了外国军队的操典、条例、规则、训练方式，更重要的是，积累了军事基础教学经验。

外国军事专科学校毕业生任教官（27 名）

按姓氏笔画为序：方静波、田国琛、刘立中、刘伯龙、刘秩诚、杨鹏升、李永中、李振元、余万里、宋希濂、林复生、林振元、赵幹尘、胡竞先、侯竞寰、桂永清、徐鼎元、徐缙璜、翁希下、黄霖生、龚愚、彭佩茂、蒋介石、谢婴白、裴烈钧、谭承慨、谭辅烈。

根据资料记载，这部分教官共有27人。这批人不少是已担任中高级职务的黄埔军校前六期学员，后赴外国军事专科学校学习，回国后再入黄埔军校任职任教的。按过去的话说，这批人“根正苗红出身好”，许多是“正儿八经”黄埔中央嫡系部队出身的。例如：宋希濂、桂永清、谭辅烈都是黄埔军校一期生，其中宋希濂和桂永清，后来分别成为统兵一方和主管海军的中央军高级将领。此外，曾任军长的还有谢婴白、刘伯龙、龚愚等，曾任黄埔军校骑兵科长的胡竞先，是国民革命军骑兵兵种的创始人之一，后长期主管骑兵学校和骑兵编练事宜。

此类教官的基数较小，1931—1937 年间有 14 人，全面抗战时期升至 19 人。1931 年后，黄埔军校校本部派生和繁衍出一批军事专科学校，有部分教官调至相应军事专科学校任官或任教，此后一段时期内，毕业回国的军事专科学校生直接进入对应军校任教，这是黄埔军校校本部此类教官逐步减少的主因。

（九）教官中的留学外国高等学校生

随着黄埔军校校本部及其分校的发展与扩张，一大批留学外国名牌大学的学子相继入校任教。这不仅因为一切与军事相关的事物都成为当时战争状态下的“热点”和“中心点”，还因为在学习先进技术、引进外国的新鲜事物、追求现代化等方面，军事领域尤其是军校一马当先，会显得特别“超前”和“新潮”，令人刮目相看。在那个时代，军队乃至军校属于国家优先发展的项目，当时中国一流的人才，许多都进了军校或军队，又由于当时处于抗日战争状态，为了取得抗战胜利，军校教育与军队发展成为当务之急，黄埔军校的影响力和感召力反映出抗战时期的国民心态，也折射出那个时代的历史特征。

根据现存史料，我们发现一批毕业于外国名牌大学，并在国内名牌大学任教的名教授，也加入了黄埔军校的教官行列。在列出的177名教官中，我们不难看出其中绝大多数毕业于外国名牌大学。其中获得著名大学博士学位、双博士学位和硕士学位的有几十名。苏联几所培养革命者的著名大学，在过去印象中，主要是为中国共产党培养和输出人才的，但从表格中可看出，这批毕业生中有相当一部分流向中国国民党，并成为黄埔军校的政治学教官。

留学外国大学毕业生任校本部及各分校教官（177名）

按姓氏笔画为序：丁宣孝、万建时、万锡九、么心一、马振尧、王昊、王家重、王锡三、天浩、牛光甫、毛文麟、文让、文圣律、文亮、邓文仪、邓季雨、邓晏宾、古乡仁、古沅祥、历太康、龙学虞、卢冠群、卢致德、叶道信、叶繁、叶麐、丘正欧、包瀚、宁柏青、吕泽湘、朱念慈、任启珊、向理润、邬竟成、庄竹林、刘一连、刘汉、刘作舟、刘泮珠、刘重农、刘笃、刘秩诚、刘清芬、刘競渡、江图裕、江超西、江雄风、江毓麟、汤美亭、许世镛、许敬六、孙俍工、孙健、孙翰、严士采、杜建时、杨之春、杨作人、杨奋武、李厚徵、李鸿音、李景禧、李穆堂、何时慧、余光烺、余纪忠、汪开元、汪精卫、沈天泽、沈忱甫、宋玉生、宋恩龄、张又惺、张又新、张企留、张良修、张国和、张金德、张学琛、张研田、张奠亚、陆安之、陆更夫、陈功成、陈伊、陈灿章、陈良、陈秉良、陈液华、陈敦德、陈虞、邵力三、范中铎、林云陔、林友石、林伟、林作民、林绍州、林爱民、林赓、林蔚人、罗镇欧、金承禧、周达如、周物竞、周健甫、周蜀灵、郑彦棻、屈凤梧、孟体濂、赵生俶、赵华圣、郝惊涛、胡汉民、胡浦清、哈的尔、侯风、洪世泰、洪传经、洪瑞延、祝百英、贺醒汉、贾克森、夏云沛、夏承法、夏禹勋、顾希平、顾学曾、钱乃治、倪渭卿、徐之海、徐平、徐镇南、殷公武、高克让、高信、郭力三、郭延、唐宇纵、唐崇礼、黄文山、黄逢昌、黄展华、黄辉邦、黄镇中、黄懋撰、黄麟书、萧赞育、梅庆芳、梅养天、曹祖彬、章建新、梁朝威、彭树邦、蒋士焘、蒋益明、韩云峰、韩旺春、程祥荣、税叔钧、傅尚霖、傅溥、童凯、曾任良、谢佐禹、谢婴白、赖希如、蔡日秋、蔡鼎、裴烈钧、端木恺、谭崇夏、谭维汉、熊铭青、黎文渊、滕杰、戴季陶。

据资料显示，除了一部分人以政客身份担任教官讲师外，当时还出现了一批知名的政治学教官，如陈祖康，他是《黄埔军校校歌》的撰词人。还有王启江、向理润、邝振翎、江雄风、余纪忠、张研田、李厚徵、柳克述、洪世泰、贺醒汉、倪文亚、高信、梁干乔、梁朝威、黄麟书、程天放等。黄埔军校一期生邓文仪、顾希平、萧赞育曾任不同时期的政治部（政治训练处）主任。当时著名医生陈魏、卢致德、欧阳慧聪、韩云峰曾出任军校军医处处长，广东省政府主席林云陔也曾任广东军事政治学校副校长兼政治学教官。从1931年起，黄埔军校开设普通学科（自然科学）课程，一部分著名大学毕业的专家，担任相关学科的专科教官，开设例如数学、物理、电工常识、地理、密码通信、防毒化学、航空、机械常识、有线电通信等课程。迁至南京办学后，外国语教育也被纳入教学计划，黄埔军校聘任了一批留学外国大学的专家担任起外语专科教官。抗日战争全面爆发后，为了加强普通学科（自然科学）教育和外国语教育，教官的总量骤然上升。抗日战争后期中央政治学校设立大学部后，政治学教官的聘任与授课由该校承担。

（十）教官中的国内高等院校生

相对于上述外国留学返任教官群体，国内自身培养的大学毕业生，始终是黄埔军校各类学科教官的主干力量。我国高等教育从20世纪20年代后期起，随着国民政府在全国取得形式上的统一，有了长足的发展，到抗日战争全面爆发前，无论是公立、私立还是教会办的新老高等学校，在教学规模上都有了明显的发展与扩充。特别是抗日战争时期，众多的毕业学生流向各类军校。黄埔军校在当时是规模最大的军校，也是吸收人数最多的，所聘任的教官也有一定社会知名度。许多国内外著名大学的高级人才任自然科学学科教官，无疑提高了黄埔军校的社会影响力和声誉，对军校本身的军事教育起到很好的推进作用。我们可以看到，在任教官受教育的学校，几乎囊括了国内著名大学。

黄埔军校的这类在任教官，以社会科学方面的人员为主。政治学教官的人数比例相对较高，同时他们也是国民党统治时期主导军队政治工作方向的主要力量。自然科学学科出身的教官，主要担负普通学科的专科教学，培养和训练初级军官，传授必要的基础科技知识。对这部分人的任职任教情况作总体分析，可知他们在职位等级方面，一般要比留学外国高等院校生教官低些，但是又比其他国内军事专科学校生教官稍高些。

国内高等学校毕业生任黄埔军校教官（302名）

按姓氏笔画为序：丁立人、于隆业、上官业佑、马吉元、王元之、王玉峰、王兆龙、王伯栴、王国材、王衍祚、王浴冰、王植、王辉明、王道城、王裕先、王溪如、区芳浦、车献之、牛光甫、毛羽寰、凤一飞、卞肇玙、文名连、方一志、方为栋、方际运、方善继、邓又根、邓蔚梅、邓璞如、古沅祥、左冠章、石德濂、平相荫、卢致德、卢德亮、卢瀛福、田范清、史兴隆、史美煊、白明善、印永法、兰守谦、宁柏青、冯东阁、冯体元、冯震、朱天佑、朱希仁、朱国桢、朱秉乾、朱起凤、朱撰元、乔荣发、仲起亚、任济民、向理润、邬仪、邬绳武、庄成良、庄明、刘乃俊、刘万、刘元龙、刘长苐、刘公穆、刘文宝、刘正渠、刘汉、刘作舟、刘金生、刘京南、刘宗烈、刘建民、刘承勋、刘振翰、刘健群、刘清芬、刘策勋、刘敦钦、刘新德、孙士鉴、孙玉祥、孙立瀛、孙永庆、孙虎臣、孙定华、孙荣元、孙俍工、孙振宪、孙羲、麦启霖、严士采、苏明山、杜久、杜时闾、杨吉甫、杨仲硕、杨寿标、杨绍西、杨悦祖、杨浩祥、杨彭年、李子平、李文澄、李为谦、李尹莱、李乐山、李扬汉、李至刚、李全福、李邺、李冶民、李君莱、李诗作、李孟仙、李政、李健人、李家骏、李家骥、李超北、李斯彦、李鹏、李碧光、李鑽铮、吴立卓、吴明焕、吴宿光、吴惠文、吴雅之、吴毓才、何学坚、何绍甲、何灌梁、余纪忠、余斌、谷远到、邹志奋、邹松、闵毅成、汪仲钧、汪杨时、汪洋、汪漪之、沈超、沈遵晦、沈膺、张天民、张云鹏、张文明、张以礼、张右龙、张立三、张光达、张访箕、张体先、张国维、张宝荣、张研田、张昭麟、张钦、张原燮、张奠亚、张道良、张椿芳、张嘉明、张懋时、陆致远、陆隆权、陈志明、陈克宁、陈克英、陈励吾、陈良烈、陈秉良、陈治平、陈殊适、陈家琪、陈智豪、陈强立、陈颐庆、陈虞、陈毓汉、陈粹劳、陈肇琳、邵令江、林本、林伟、林昌恒、林绍州、林涪、易水寒、罗万斯、罗文虎、罗宗堂、季源、周乐天、周安国、周洪涛、周惠元、周毓英、周履安、郑彦棻、郑家俊、屈凤梧、孟廉泉、赵文阶、赵浚文、赵善昌、赵儒卿、胡亚衡、胡树藩、胡理如、胡铭仁、钟道存、钟德才、饶钦廉、饶裕、贺之俊、贺炽凡、秦琰、顾竹淇、顾学曾、钱介夫、倪邦杰、徐平、徐恒之、徐铨、徐镇南、殷作桢、高维岳、郭朝魁、唐文播、唐圭璋、唐光勋、涂修、陶鉴、黄兆鹏、黄守中、黄沛、黄受谦、黄家禄、黄楚裳、黄德生、黄懋撰、萧松、萧骏、梅养天、曹砚琴、龚愚、盛长忠、常师贞、崔贤成、崔荣辅、康胤侯、康富言、康福生、章伯钧、章建新、阎天泽、梁一龙、梁中铭、梁朝威、梁鼎铭、彭昌国、彭峰、彭敬、葛建时、蒋公亮、韩文溥、韩荣森、韩钟钦、程天放、程元哲、傅瑞华、傅简克、鲁学淇、曾绍藩、谢天民、谢价屏、谢承燻、谢继善、谢群彬、靳为梁、蓝本、蓝乾恩、赖炽臣、裘桂元、虞执中、蔡声洪、廖世雄、廖列夫、谭可庵、黎子玉、黎泽璇、黎盛东、滕杰、潘公武、潘新藻、魏兆敏、魏应鹏、魏怀质。

在这类高等院校生教官群体当中，不乏著名学者。例如：著名历史题材画家梁氏三兄弟，梁中铭曾任《航空画刊》和《时事日报画刊》主编，创作许多反映抗日救亡的宣传画，后主编《中国抗战大画史》；梁又铭曾任《革命军人画报》主编，兼任国军将士公墓筹委会画师，为抗战阵亡将领创作画传；梁鼎铭是民国时期北伐抗战历史题材著名画家，曾任黄埔军校《革命画报》第一主编，创作的著名宣传油画有《惠州战绩图》《南昌战绩图》《济南战景图》《一二八战役图》《民众力量图》《敌忾同仇图》等，梁氏三兄弟在抗战前后是较有影响的人物。音乐教官林庆培是知名作曲家，是《黄埔军校校歌》谱曲人，歌曲发表后为历届军校师生所传唱。易水寒则是北方知名的多幕话剧作家，先后创作有宣传抗日救亡的《征服》《漠北春秋》《战斗》等。还有在20世纪三四十年代两度出任广东省政府委员兼财政厅厅长的区芳浦，以及到台湾后出任高级军政官职的蒋坚忍和上官业佑等。综上所述，这一群体的教官人数最多，从事军事教育和术科教育，在黄埔军校大发展时期始终占有较高比例。

1938年被日军占领时的南京中央陆军军官学校正门

（十一）教官中的高等教育班生

高等教育班生这一教官群体，是一个较为特殊的群体。首先是面对的学员较特殊，黄埔军校的高等教育班始设于1932年秋，第一至第五期最初主要是召集各军（以非中央嫡系部队为主）的中上级军官（从少校到少将）带职受训，名为补习军事课程，实系分化非中央嫡系部队内部关系。受训学员普遍抱有“镀金”思想，认为进入黄埔军校进修毕业后，可从此摘除“杂牌”“行伍”帽子以保全职位。这批人多数出身行伍，有的原是军需军医人员，还有部分是利用部队主官的裙带关系，以团旅副职名义进来学习的。

高等教育班毕业生返任黄埔军校教官（60名）

按姓氏笔画为序：丁叔颖、马尚志、马德元、王天才、叶子钧、宁柏青、关倬青、刘少华、刘重农、刘啸凡、刘敦钦、刘斌成、刘新德、华鹏、孙聚宽、成希哲、汤美亭、何桐生、余国铨、吴仲卿、吴步云、李成、李梦、李永中、李师白、李启才、李家骏、李振元、李继龙、杨诚、杨月渔、汪寿彭、陈光彬、陈继虞、陈焕炳、周乐天、林振元、姜崇伟、祝英超、胡泽勋、赵我华、赵莹庭、谈其为、梁栋材、梁润鉴、黄诗、黄天蟾、黄寿卿、黄培华、彭建勋、曾光汉、程毅夫、董万兴、蒋景海、韩焰、韩云章、韩鸿升、虞智仁、潘作楷、戴文汉。

抗日战争全面爆发后，黄埔军校从第六期起有所不同，受训学员基本是作战部队的现役中上级军官，具有一定军事学术水平和作战经验，因此该班在黄埔军校及军队中有着特殊地位，在统一战术思想和国防上也有它的特定作用。在教官配备上，相应地任用资历较深、有实战经验的教官，因此一批文化程度较高且有实战经验的军官，从高等教育班学员中脱颖而出充当教官。高等教育班各期班主任都是中央嫡系部队出身的高级将领，相对于其他教官群体，高等教育班生应是资历水平较高的一批教官，但是水平高低与军官任官等级不成正比。

这一教官群体总计有60人，许多教官的任官等级较高，相当一部分是少将、上校级教官。按实际情况并对照《国民政府公报1935年4月—1949年9月颁令任命将官上校及授勋高级军官一览表》，对号入座进行分析，获任少将的只有李继龙（1947 年 11 月获任）、刘世懋（1948 年 9 月获任）两名，获任上校军官的有 11 名。教官中没有较出名的将领，许多人始终在黄埔军校任职任教直至退役的。

第三章　川粤湘省籍教官的地域人文

人文地理总是伴随着地域特色和人文风貌，成为人文文化建设和积淀的多维层面。无论从祖系渊源、政区嬗替看，还是从生产方式、风俗习惯看，人文地理都是中华文明的组成部分。在中华人文文化的大时空内，对人文地理进行不同层级的梳理抉罗，特别是对军事人文地理进行考量与分析，可以从多角度多视觉弘扬近现代中国的人杰地灵，这也是人文历史地理学之重要内容。从表 3 – 1 我们可以看出，自 1931 年开始，在整个抗日战争时期，以籍贯言，各省拥有黄埔军校教官数量居前列者，依次为河北（直隶）、湖南、广东、湖北、江苏、安徽、浙江、四川、江西等省，人数均在 62 名以上，占总数分量最多的是 11.1%，最少的是 6.12%。上述地域的人文概貌，基本反映出清末民国时期人文军事成长之大势与轨迹。

表 3－1　黄埔军校教官分省籍一览表

序号	籍贯	教官数（名）	占比（%）	序号	籍贯	教官数（名）	占比（%）
1	河北（直隶）	112	11.1	15	山西	18	1.77
2	湖南	96	9.47	16	贵州	18	1.77
3	广东	92	9.08	17	辽宁（奉天）	17	1.67
4	湖北	81	7.99	18	吉林	12	1.18
5	江苏	83	8.19	19	陕西	11	1.09
6	安徽	69	6.81	20	黑龙江	5	0.49
7	浙江	69	6.81	21	北京（北平）	5	0.49
8	四川	67	6.61	22	西康	3	0.3
9	江西	62	6.12	23	绥远	3	0.3
10	福建	59	5.82	24	上海	2	0.2
11	山东	34	3.36	25	察哈尔	1	0.1
12	云南	31	3.06	26	热河	1	0.1
13	广西	30	2.96	27	新疆	1	0.1
14	河南	30	2.96	28	台湾	1	0.1
					总计	1013	100

第一节　川籍教官简况

四川地处我国西南内陆，在过去较长时期，一直是我国头号人口大省。在历史上川人以其人口庞大、包容开放、见义勇为三大特色著称于世。特别是在抗日战争时期，四川人表现尤为突出，在中国的抗日军队中，每五六人中便有一名四川人，故有“无川不成兵”之说，先后出川抗战的川军达350万人，抗战期间四川征兵额达到302.5万多人，有64万多人伤亡，其参战人数之多、牺牲之惨烈居全国之首，占全国抗日军队总数的五分之一，是“历史上最大规模的民族战争之大后方的主要基地”①。回顾四川历史，1926年底北伐国民革命之火蔓延至长江以北，四川各路军阀顺应革命大势，同时响应并归附国民政府，全数改编为国民革命军番号。川人入黄埔军校学习任教之高潮，开始于中央陆军军官学校成都分校之设立，蓬勃兴起于抗日战争全面爆发、黄埔军校校本部整体内迁西南之后。整个抗日战争时期，四川雄厚优良的人才资源，源源不断地进入黄埔军校任职任教。由于川籍士子多在抗日战争全面爆发后才入军校任教，起步较晚，职级相应偏低，能任到总队长（附）、处（科）长或高级教官以上职务者较少。限于篇幅，将部分教官列为表3-2：

成都中央陆军军官学校黄埔楼

① 重庆《新华日报》1945年10月8日。

表 3－2　黄埔军校川籍教官一览表

时间	教官姓名
1931—1937	刘湘、罗广文、胡一、曾广芬、王成桂、杨秉离、王公亮、严泽元、杨文琭、柏良、申承基、周惠元、马维骥、夏嘉富、曾晴初、胡友为、向理润、熊仁彦、陈芳福、安汝毅、文圣举、文圣律
1937—1945（全面抗战时期）	邓锡侯、孙元良、罗历戎、马嗣良、周维桢、严啸虎、唐雨岩、康泽、谢崇阶、吕德璋、姚植卿、高中、闵铭厚、严登汉、杨鹏升、郭彦、刘京南、石垓、文祺、骆德荣、万里、王起、王旭夫、徐孔嘉、谢廷献、向的、周雨寰、郭延、李季烈、杨月渔、蓝其畅、雷振、彭子言、李师白、石廷宣、杨恕、陈怀勋、李用章、朱执钧、佘重华、严仲翔、卢赢福、高克让、沈天泽、邬竟成

鉴于川人在中央陆军军官学校任教者众多，仅选择部分教官（16 名）按姓氏笔画顺序介绍：

万　里

万里（1908—1986），南京中央陆军军官学校战术研究班教官。别号克仁，四川夹江人。四川成都联合中学毕业后入东北讲武堂。1928 年 12 月毕业于东北讲武堂，1929 年 1 月任国民革命军第二十八军（军长邓锡侯）司令部参谋处上尉副官、少校参谋，陆军第二十八军第一二六师（师长黄隐）步兵团连长、营长。1932 年 12 月考入南京陆军大学正则班学习，1935 年 12 月毕业，继入陆军大学兵学研究院深造，毕业后留校任兵学教官、兵学研究院研究员。1936 年 1 月起兼任中央陆军军官学校第十三期战术研究班战术教官，主讲“拿破仑战史”等课程。1937 年 3 月 5 日被国民政府军事委员会铨叙厅颁令叙任陆军步兵中校。①1943 年 7 月被国民政府军事委员会铨叙厅颁令叙任陆军步兵上校。1945 年 6 月 28 日被国民政府军事委员会铨叙厅颁令叙任陆军少将。抗日战争胜利后，任川康绥靖主任（邓锡侯）公署参谋处处长、副参谋长。1949 年 6 月协助邓锡侯等与中共党组织取得联系，1949 年 12 月 9 日在四川彭县随部起义。

王公亮

王公亮（1901—1972），南京中央陆军军官学校学员总队大队长。四川叙永人。叙永县立高级中学、四川建国大学、广东西江陆海军讲武堂、广州黄埔陆军军官学校第一期毕业，苏联工兵专门学校、苏联基辅军官学校工兵科、苏联红军大学肄业，中央军官训练团结业。1923 年入广东肇庆西江陆海军讲武堂学习。1923 年经任一凤、符国光介绍加入中国国民党，1924 年春由广东肇庆西江陆海军讲武堂保送入黄埔军校学习。1924 年 6 月考入广州黄埔陆军军官学校第一期第一队学习，1924 年 11 月毕业。分发至黄埔军校教导第一团见习，任排长，随部参加第一次东征。1925 年 10 月任国民党军第一旅步兵营连

① 国民政府文官处印铸局印行：《国民政府公报》第 121 册 1937 年 3 月 6 日第 2296 号颁令，台北成文出版社有限公司，1972 年，第 1 页。

长、营长，随部参加第二次东征战事。1926 年 7 月随部参加北伐战争，任国民革命军第一军第三师步兵团副团长。1926 年 10 月奉派国民革命军第二集团军（总司令冯玉祥）充当联络事宜，后由冯玉祥部选派到苏联学习军事，先后从苏联工兵专门学校、苏联基辅军官学校工兵科、苏联红军大学肄业。1928 年 10 月回国，适逢国民革命军编遣，无安排军职。1929 年春任南京中央陆军军官学校教导总队副大队长。1930 年 8 月 28 日任南京中央陆军军官学校第八期入伍生团（团长惠济）军事训练教官。[①] 1931 年 12 月任南京中央陆军军官学校第十期第一总队第二大队大队长，1932 年 8 月任南京中央陆军军官学校军官训练班上校班附。1933 年 7 月 20 日南京中央陆军军官学校校本部特别党部执行委员会召集第二次全校党员大会，其被推选为中国国民党南京中央陆军军官学校第四届特别党部执行委员会执行委员。[②] 1935 年 2 月任南京中央陆军军官学校教导总队军士教导营营长。1935 年 5 月 1 日被国民政府军事委员会铨叙厅叙任陆军步兵上校。[③] 1936 年 2 月任国民政府财政部税警总团总队长，后任税警总团副总团长，兼任第二支队司令部司令官，1936 年 12 月任税警总团驻青岛海军陆战队司令部司令官。抗日战争全面爆发后，随部参加淞沪会战。1938 年 4 月任军事委员会战时工作干部训练团（战干团）军事总教官，7 月任战时干部训练团代理教育长。1939 年 1 月任成都中央陆军军官学校第十六期第二总队第三大队大队长。1941 年 10 月任军政部第三十

---

① 《黄埔月刊》1930 年 9 月 30 日，“本校要闻目志”。

② 中国第二历史档案馆供稿，华东工学院编辑出版部影印：《黄埔军校史稿》第七册，档案出版社，1989 年，第 189 页。

③ 国民政府文官处印铸局印行：《国民政府公报》第 93 册 1935 年 5 月 1 日第 1730 号颁令，台北成文出版社有限公司，1972 年，第 1 页。

三补充兵训练处处长。1943年任陆军第十三军副军长。1944年2月任陆军第七十八军副军长。1945年7月任中国远征军司令长官部训练监督官。1945年10月获颁忠勤勋章。1946年1月调任军政部第二军官总队总队长。1946年5月获颁胜利勋章。1946年10月任四川川中师管区司令部司令官。1947年7月任国防部部员。1948年9月22日被国民政府军事委员会铨叙厅颁令叙任陆军少将。1949年12月任川陕鄂边区绥靖主任公署西南第一路游击总指挥部第六纵队司令部司令官。1949年12月25日率部在成都参加起义。

王成桂（1899—1937），河北军事政治学校步兵科战术教官（比叙为中央陆军军官学校第七期教官）。原载籍贯四川成都，另载四川华阳。日本陆军士官学校中华学生队第十九期步兵科肄业。[①] 回国后投效军队，历任国民革命军步兵连排长、连长。1931年6月任河北军事政治学校（校长商震）新兵训练团（团长孙定超）步兵第一大队大队长，兼任该校步兵科战术教官。1935年7月10日被国民政府军事委员会铨叙厅颁令叙任陆军步兵少校。[②] 1936年春任陆军第三十二军（军长商震）司令部干部训练团副教育长。抗日战争全面爆发后，任第二十集团军总司令（商震）部第三十二军（军长商震兼）司令部高级参谋，兼任补充第二团团长。1937年10月奉命率部坚守河北正定县城防，与日军激战数

① 郭荣生校补：《日本陆军士官学校中华民国留学生名簿》，《近代中国史料丛刊续编》第三十七辑，台北文海出版社有限公司，1977年，第164页；《中华民国留学生日本陆军士官学校在学（姓别）名簿》记载：在学期间因故退学。

② 国民政府文官处印铸局印行：《国民政府公报》第95册1935年7月11日第1790号颁令，台北成文出版社有限公司，1972年，第1—2页。

日弹尽援绝。1937 年 10 月 8 日与全团官兵壮烈殉国。①

申承基（1899—?），南京中央陆军军官学校工兵科教官。原名麟洲，别号丞基、偌袁，四川忠县人。日本陆军士官学校中华学生队第十九期工兵科肄业，② 中央训练团将官班结业，陆军大学乙级将官班第三期毕业。1928 年 10 月任南京国民革命军总司令部参谋。历任南京中央陆军军官学校第六期第一总队交通兵大队少校大队附，南京中央陆军军官学校第七期第一总队工兵科中校筑城交通教官，后任中央陆军工兵学校地形教官。1936 年 3 月 23 日被国民政府军事委员会铨叙厅颁令叙任陆军工兵中校。③ 抗日战争全面爆发后，任军政部直属独立工兵第十一团副团长、团长，率部参加抗日战事。1943 年 2 月被国民政府军事委员会铨叙厅颁令叙任陆军工兵上校。后任工兵指挥部副指挥官。1945 年 10 月获颁忠勤勋章。1946 年 1 月奉派入中央训练团将官班受训，登记为少将学员（申麟洲），1946 年 5 月结业。1946 年 5 月获颁胜利勋章。1947 年 2 月入陆军大学乙级将官班学习，1948 年 4 月毕业。1948 年 6 月任川东师管区司令部副司令官。1949 年 12 月率部在四川什邡起义。

吕德璋（1903—?），中央陆军军官学校第八分校学员总队总队长。别字叔勋，四川资中人。中央政治学校第一期政治训练班结业。广州黄埔陆军军官学校第二期步兵科毕业。1924 年 8 月考入广州黄埔陆军军官学校第二期步兵科学习，

① 尹丕杰、陈家珍编著：《商震将军》，《河北文史资料》第二十三辑，1987 年，第 124 页。

② 《中华民国留学生日本陆军士官学校在学（姓别）名簿》记载：在学期间因故退学。

③ 国民政府文官处印铸局印行：《国民政府公报》第 105 册 1936 年 3 月 24 日第 2003 号颁令，台北成文出版社有限公司，1972 年，第 3 页。

吕德璋

在校学习期间加入孙文主义学会。1925年2月1日随军校教导团参加第一次东征，进驻广东潮州进行短期训练，1925年5月30日随军返回广州，继返回校本部续学，6月随部参加对滇、桂军阀杨希闵、刘震寰部的军事行动，9月毕业。1926年7月随部参加北伐战争。1927年秋经数名黄埔同学担保始恢复黄埔同学会会员身份，[①] 继而入杭州黄埔失散同学预科大队受训。1928年4月12日任国民革命军总司令部本部教导营第三连连长。[②] 1928年10月任南京中央陆军军官学校第六期训练部官佐，第七期第一总队步兵大队大队附，第八期入伍生团第三连连长。1930年8月28日任南京中央陆军军官学校第八期入伍生团（团长惠济）军事训练教官。[③] 后任中央陆军军官学校第八分校（设于湖北均县）学员总队总队长和南昌中央训练团特训班政治大队中队长。1936年12月15日任四川省第九区保安司令部副司令官。[④] 抗日战争全面爆发后，任四川省行政人员训练所学员大队大队长，四川省军管区司令部新兵补充训练处处长。1945年7月被国民政府军事委员会铨叙厅颁令叙任陆军步兵上校。1945年10月获颁忠勤勋章，1946

① 黄埔同学会《会务月报》第8期，“本月份嫌疑会员注销一览表”，第33页。

② 《国民革命军总司令部公报》1928年第4期，第66页。

③ 《黄埔月刊》1930年9月30日，“本校要闻目志”。

④ 国民政府文官处印铸局印行：《国民政府公报》第118册1936年12月16日第2229号颁令，台北成文出版社有限公司，1972年，第1页。

年5月获颁胜利勋章，任四川省保安司令部西南区荣军垦屯总队总队长。1948年9月22日被国民政府军事委员会铨叙厅颁令叙任陆军少将。任四川省保安司令部副司令官等职。

孙元良

孙元良（1904—2007），南京中央陆军军官学校高等教育班主任。祖籍浙江绍兴，寄居四川华阳。① 国民革命军陆军二级上将孙震之侄。四川成都联合中学毕业，北京法政大学肄业，广州黄埔陆军军官学校第一期、日本陆军士官学校中华学生队第二十一期野战炮兵科毕业。② 幼时入私塾启蒙，18岁时赴南京东南大学附中就读，后入国立政法大学政治科学习。因遭逢战乱年代，19岁放弃大学学业。1924年3月经谭克敏、纪云夔介绍加入中国国民党。1924年5月由李大钊、谭熙鸿、丁惟芬、石瑛举荐投考黄埔军校。1924年6月考入黄埔军校，编入第一期第三队学习。1925年4月参加孙文主义学会，并为骨干成员。1924年10月随部参与平定广州商团叛乱的军事行动，在实战中得到锻炼。毕业后分发军校教导第二团任第一连党代表，后调任该团第三连排长，在第一次东征攻打淡水时负伤。战后升任第一营第一连连长，再历肃清滇、桂军阀杨希闽、刘震寰部之役，参与统一广东战事。1926年7月经顾祝同、王柏龄等推荐任警卫团团长，后任国民革命军第一军第一师第一团团长，率部参加北伐战争及讨伐唐生智部湘军及新桂系军事集团诸役。受刘

① 《中华民国留学生日本陆军士官学校在学（姓别）名簿》，第22页。

② 《中华民国留学生日本陆军士官学校在学（姓别）名簿》第22页记载：在学期间因故退学。

峙等举荐资助留学深造，1927 年 10 月考取公费留学资格，被保送到日本学习军事，考入日本陆军士官学校中华学生队第二十一期学习，1930 年 7 月毕业。回国后，历任教导第一师野战炮兵营营长，陆军第二师第七团团长，国民政府警卫军第一师第一旅旅长。1932 年“一·二八”淞沪抗战时，任陆军第五军（军长张治中）第八十七师第二五九旅旅长，率部在南翔、吴淞、闸北、庙行镇一带抗击日军。后任陆军第八十八师副师长，获颁四等宝鼎勋章。1933 年 1 月 17 日任陆军第八十八师师长，所部装备精良，战斗力较强，配有德籍军事顾问，标榜为国民革命军“陆军模范师”。1935 年 4 月 13 日被国民政府军事委员会铨叙厅颁令叙任陆军少将。其间任南京中央陆军军官学校高等教育班主任，珞珈山中央训练团军政干部班副主任。1936 年 1 月 1 日获颁四等宝鼎勋章。① 1936 年 10 月 5 日被国民政府军事委员会铨叙厅颁令叙任陆军中将。抗日战争全面爆发后，率部参加淞沪会战。1937 年 10 月底率师向西转进，留守闸北的所部第五二四团，在谢晋元率领下据守四行仓库。1937 年 9 月 12 日任陆军第七十二军军长，兼任第八十八师师长，率部参加南京保卫战。是役所部伤亡损失惨重，该师撤离南京时不足千人。撤退时与部队失散，后乔装改扮难民，混迹于金陵女子大学难民营，躲藏一个多月才逃离险境。1938 年 3 月辗转到达武汉后，被撤职查办，拘押达 42 天之久。1938 年 8 月其夫人吴懿辉因病逝世后，赴英国伦敦考察并寓居。1939 年经友人资助，以民生航业普通职员身份，经香港赴英、法、德、意等欧洲各国游历考察。1939 年春奉蒋介石令回国，任第二十军

① 国民政府文官处印铸局印行：《国民政府公报》第 102 册 1936 年 1 月 2 日第 1936 号颁令，台北成文出版社有限公司，1972 年，第 13 页。

团（军团长汤恩伯）副军团长。1944 年春任第二十八集团军总司令部副总司令，第三十一集团军总司令（汤恩伯）部副总司令，同年 7 月 10 日兼任陆军第二十九军军长，率部参加桂柳会战。在都匀、独山一带阻击日军，会合主力部队收复独山、南丹等地，使战局得以稳定，当时被传颂为抗日名将。1945 年 1 月被推选为军队各特别党部出席中国国民党第六次全国代表大会代表。后任陆军第四十七军军长。1945 年 10 月获颁忠勤勋章。1946 年 5 月获颁胜利勋章。任常州镇江地区警备司令部司令官。后任川军第四十一军军长，1947 年任第十六兵团司令部司令官。1948 年 9 月 6 日兼任徐州“剿匪”总司令部前进指挥部（主任杜聿明）副主任。1948 年 11 月率第十六兵团开赴徐蚌地区，与人民解放军作战。所部溃败后，侥幸逃回，经蒋传见后，派往四川重建第十六兵团。1949 年任川鄂绥靖主任公署副主任、代主任。[①] 1949 年 12 月 16 日所部在四川宣布起义，其孤身化装逃脱。辗转香港后于 1950 年 1 月到台湾，被斥责永不录用，从此结束统军任官生涯。

严啸虎（1897—1989），成都中央陆军军官学校高等教育班副主任。别字笑虎，四川华阳人。四川合川军官传习所、四川陆军军官学校炮兵科、陆军大学特别班第一期毕业。早年投效川军，历任川军刘湘部营长、团长、参谋。1928 年任川康边防军第二师第五旅第十五团团长，国民革命军第二十军（军长刘湘）警备旅旅长。1929 年 12 月被保送入陆军大学特别班第一期学习，1931 年 10 月毕业。应邀留南京，任国民政府训练总监部组织训练处少将处长。1933 年随贺耀祖入四川，任军事委员会派驻四川参谋团成员，四川

① 郭卿友主编：《中华民国时期军政职官志》，甘肃人民出版社，1990 年。

特派员（贺耀祖）公署高级参谋，参与对四川军队的整编事宜。1935年11月任四川“剿匪”总司令（刘湘）部暨善后督办公署参谋处处长。后任陆军第二十一军司令部副参谋长，川南师管区司令部司令官。1936年3月10日被国民政府军事委员会铨叙厅颁令叙任陆军步兵上校。[①]1936年10月5日被国民政府军事委员会铨叙厅颁令叙任陆军少将。1936年11月12日获颁五等云麾勋章。[②] 1937年1月任成都警备司令部司令官。抗日战争全面爆发后，任陆军第五十六军第一六四师副师长，军事委员会军事训练部高级参谋兼督训组组长，峨眉山中央军官训练团训练委员会少将衔委员，1942年12月兼任成都中央陆军军官学校高等教育班第十、十一期副主任。1945年10月获颁忠勤勋章，任四川省军政长官公署中将衔参议。1946年5月获颁胜利勋章。1949年12月初任成都防守司令部副司令官，1949年12月9日率部在四川彭县参加起义。[③]

严啸虎

杨文璪（1905—1973），南京中央陆军军官学校步兵队队长。别字文泉，四川江安人。广州黄埔陆军军官学校第二期辎重兵科毕业。1924年8月考入广州黄埔陆军军官学校第

① 国民政府文官处印铸局印行：《国民政府公报》第105册1936年3月11日第1993号颁令，台北成文出版社有限公司，1972年，第1页。

② 国民政府文官处印铸局印行：《国民政府公报》第117册1936年11月13日第2201号颁令，台北成文出版社有限公司，1972年，第8页。

③ 中国人民解放军历史资料编审委员会编：《解放战争时期国民党军起义投诚·川黔滇康藏地区》，解放军出版社，1996年，第817页。

杨文瑔

二期辎重兵科学习，在校学习期间加入孙文主义学会。1925年2月1日随军校教导团参加第一次东征，进驻广东潮州进行短期训练，5月30日随军返回广州，继返回校本部续学，9月军校毕业，分发至国民革命军第一军第二师步兵团见习，任排长。1925年10月随部参加第二次东征。1926年7月随部参加北伐战争，任国民革命军第一军第二师第四旅步兵团连长、营长。1928年1月任国民革命军第一军第二十二师第六十五团中校团附，随部参加第二期北伐战争。1928年11月20日加入励志社。[①] 1929年10月任南京中央陆军军官学校第九期高级班步兵队队附。后任中央教导第一师第一团第三营营长，随部参加中原大战。1931年10月任陆军第五军第八十七师司令部副官处处长。1932年1月随部参加“一·二八”淞沪抗日战事。后任军事委员会保定第三新兵补训处新编步兵第一团团长。1934年12月任“剿匪”军第三路军第二纵队第二师补充旅第一团团长，率部在川西北参与“追剿”红军。1935年6月1日被国民政府军事委员会铨叙厅颁令叙任陆军辎重兵中校。[②] 1936年10月任陆军第二师补充旅第一团团长。抗日战争全面爆发后，任陆军独立第二十旅副旅长，率部参加淞沪会战。后任陆军第六十一师第一八一旅旅长，率部参加徐州会战、武汉会战。1939年4月被国民政府军事委

① 南京励志社《励志》1929年第1期，第31—32页。

② 国民政府文官处印铸局印行：《国民政府公报》第94册1935年6月2日第1757号颁令，台北成文出版社有限公司，1972年，第49页。

员会铨叙厅叙任陆军辎重兵上校。1940 年 2 月任陆军第五十四军第五十师师长。1943 年 1 月任陆军第九十四军副军长，兼任陆军第五十师师长，率部参加鄂北会战、第二至第四次长沙会战。抗日战争胜利后，仍任陆军九十四军副军长，兼任天津警备司令部司令官。1945 年 10 月获颁忠勤勋章。1946 年 5 月获颁胜利勋章。1946 年 11 月被国民政府军事委员会铨叙厅叙任陆军少将。1946 年 7 月任陆军整编第七十五师师长。1946 年 12 月任陆军整编第七十二师师长，率部在华东与人民解放军作战。1947 年 4 月 26 日在山东泰安被人民解放军俘虏，入中国人民解放军第三野战军政治部联络部解放军官教育团学习受训。

杨秉离

杨秉离（1900—?），中央陆军军官学校第四分校（广州分校）特别班教官。四川万县人。南京中央陆军炮兵学校研究班肄业，日本陆军士官学校中华学生队第十九期炮兵科肄业。[①] 回国后，任南京中央陆军军官学校第六期教授部官佐，南京中央党务学校教育副官，中央政治学校军事教官。1932 年 10 月任中央陆军炮兵学校兵器教官，后任南京国民政府参谋本部上校参谋。1936 年 3 月 21 日被国民政府军事委员会铨叙厅颁令叙任陆军炮兵中校。[②] 1937 年 1 月任中央陆军军官学校第四分校（广州分

---

① 《中华民国留学生日本陆军士官学校在学（姓别）名簿》第 40 页记载：在学期间因故退学。

② 国民政府文官处印铸局印行：《国民政府公报》第 105 册 1936 年 3 月 22 日第 2002 号颁令，台北成文出版社有限公司，1972 年，第 2 页。

校）特别班总务组少将衔组长。1938 年 12 月随中央陆军军官学校第四分校迁移广西、贵州等地。1940 年 12 月 5 日被国民政府军事委员会铨叙厅颁令由陆军炮兵中校晋任陆军炮兵上校。[①] 1943 年 4 月 26 日任西康省政府委员（刘文辉兼任主席）。抗日战争胜利后，续任西康省政府委员（刘文辉兼任主席），1949 年 12 月 24 日被免职。其间于 1945 年 10 月获颁忠勤勋章，1946 年 5 月获颁胜利勋章。

杨鹏升（1900—1968），成都中央陆军军官学校高级教官。又名鹏昇，别名泰坤、盖孝、蓬生，四川渠县人。中年号劲草先生，书画署名铁翁。日本陆军士官学校中华学生队第十六期步兵科肄业。[②] 幼年在渠县的义和、黄泥、三汇等乡镇及达县就学。1919 年离开家乡，外出谋业。先任川军余际唐部川江防军总司令部书记官。后任四川陆军第六师

杨鹏升

司令部咨议，川军邓锡侯部第三师司令部上校咨议，四川省清乡督办公署军法处处长。其间兼任简阳护商事务处处长，后经罗文谟介绍加入中国国民党，被邓锡侯委任为金堂县禁烟分局局长。继而任金堂、新都、广汉、温江禁烟统筹处处长。1928 年处理母丧事后，任四川边防军总司令（李家钰）部参谋，兼任重庆特税区主任，重庆烟酒总局秘书。1929 年

① 国民政府文官处印铸局印行：《国民政府公报》第 156 册 1940 年 12 月 7 日渝字第 316 号颁令，台北成文出版社有限公司，1972 年，第 1 页。

② 郭荣生校补：《日本陆军士官学校中华民国留学生名簿》，《近代中国史料丛刊续编》第三十七辑，台北文海出版社有限公司，1977 年。《中华民国留学生日本陆军士官学校在学（姓别）名簿》等未载。现据日文版《中华民国留学日本士官学校人名簿》记载为杨泰堃列名收录。

任讨贼联军总司令（吴佩孚）部政务参赞，被吴佩孚指定为其私人代表，派赴成都鼓吹其政治主张。吴佩孚失势后，任国民革命军第二十军司令部上校秘书，陆军第二十九军训练部主任。1930 年其随日本驻成都领事赴日本，就学于东京明治大学文学系。在日期间与犬养毅和滨口雄幸有交往，并举办个人金石书画展。1932 年 2 月回国到上海，任陆军第五军（军长张治中）司令部上校参谋。1932 年 9 月奉调南京，任中央陆军军官学校中校战术教官。1933 年 11 月任北路“讨逆军”总指挥部中校参谋，派驻陆军第八十八师司令部负责联络事宜。后任陆军第八十八师司令部参谋处处长，曾兼任江罗、泰宁两县县长。1934 年 5 月任东路“讨逆军”第十纵队指挥部参谋处处长，兼任江罗、泰宁、建宁、明溪、陵化五县联防“剿匪”指挥部指挥官。1934 年 8 月任庐山军官训练团上校战术主任教官。1936 年春赴南京，曾兼任南京中央大学艺术系、中央政治学校大学部教授。后返回成都，任川康绥靖主任公署参军。1939 年 2 月任四川川东北行政督察专员，6 月任成都中央陆军军官学校第十五期高级教官。1940 年 12 月 5 日被国民政府颁令叙任陆军步兵上校。① 1941 年 12 月国史馆筹备委员会聘请其为该会名誉顾问。1940 年 12 月被国民政府军事委员会铨叙厅颁令叙任陆军步兵上校。1943 年 12 月 23 日任军事参议院少将参议，1945 年 7 月 24 日被免职。后兼任国民政府粮食部川西军公粮征购处处长。1945 年春任重庆卫戍总司令部参议，同年 5 月再任成都中央陆军军官学校高级教官。抗日战争胜利后，主持在成都中央陆军军官学校开办的“游击干部训练班”，受训

① 国民政府文官处印铸局印行：《国民政府公报》第 156 册 1940 年 12 月 7 日渝字第 316 号颁令，台北成文出版社有限公司，1972 年，第 1 页。

者逾千人。1948 年 1 月 26 日被国民政府军事委员会铨叙厅颁令叙任陆军少将，同时办理退役。1949 年 12 月 25 日随川西北“反共救国”自卫军第二路游击总司令王缵绪率部起义投诚。

罗广文

罗广文（1905—1956），中央陆军军官学校武汉分校炮兵队主任教官。四川忠县人。忠县县立中学毕业，日本东京高等师范学校肄业，日本陆军士官学校中华学生队第二十期炮兵科毕业。留日回国后途经广州，经林振雄举荐，任广州黄埔国民革命军军官学校第七期第二总队教授部中校兵器副主任教官，后任第七期炮兵队队长。1929 年 10 月任中央教导第三师司令部直属炮兵队队长。1930 年秋经人介绍，转任陆军第十八军（军长陈诚）司令部直属炮兵营营长。1931 年夏随部参加对江西中央红军及根据地的第三次“围剿”，1932 年 3 月任陆军第十四师第四十旅司令部参谋主任。1933 年 10 月任陆军第九十八师第二九四旅（旅长方靖）步兵第五八八团团长。1935 年 5 月 16 日被国民政府军事委员会铨叙厅颁令叙任陆军炮兵中校。1936 年 4 月 20 日被国民政府军事委员会铨叙厅颁令叙任陆军炮兵上校。1936 年 5 月 20 日任陆军第九十八师司令部参谋长，[①] 率部驻防湖北宜昌。1937 年 6 月奉派入庐山暑期军官训练团受训，并任第二学员大队（大队长万耀煌）第八中队（中队长甘丽初）分队长。抗日战争全面爆发后，率部参加

① 国民政府文官处印铸局印行：《国民政府公报》第 108 册 1936 年 5 月 21 日第 2053 号颁令，台北成文出版社有限公司，1972 年，第 1 页。

淞沪会战，在月浦、宝山一线阻击日军，所部伤亡过半。1937年10月任陆军第十四师第四十旅旅长，其间所部扩编，转任陆军第五十四军（军长霍揆彰）第十四师第四十二旅旅长。1938年夏率部参加武汉会战。1938年9月日军波田支队使用毒气攻占富池口要塞，因第十八师师长李芳郴溃逃，其接任陆军第十八师副师长、代理师长，撤退后方整训。1939年3月任第十八师师长。1939年4月所部改隶第十八军，率部驻防重庆北碚。1939年7月13日被国民政府军事委员会铨叙厅颁令由陆军炮兵上校晋任陆军少将。[1] 1942年12月任陆军第十八军（军长方天）副军长，率部固守石牌要塞，与精锐日军激战二十余昼夜。1943年8月任陆军第十八军军长，10月10日因鄂西会战石牌战役（1943年5月至6月3日）抗日功勋卓著获颁青天白日勋章。1943年11月率部参加常德会战。1944年8月获颁三等云麾勋章。1944年8月任陆军第八十七军军长，率部参加桂柳会战，1945年3月该军被裁撤。1945年3月任军政部部附，后任中央陆军炮兵学校教育长，未就职。1945年8月被保送入陆军大学甲级将官班学习，1945年11月毕业。1945年10月获颁忠勤勋章。1946年1月任陆军第十四军军长，兼任重庆警备司令部司令官。1946年5月获颁胜利勋章。1946年6月任陆军整编第十师师长，率部参与晋南战事。1947年8月以整编第十师师长代理第四兵团司令部司令官，负责整训余部两旅四团共计8000人，被所部官兵戏称“四兵团，四团兵”。其后第八训练处亦并入其统辖的第十训练处。1948年9月22日被国民政府军事委员会铨叙厅颁令叙任陆军中将。1949年2

---

① 国民政府文官处印铸局印行：《国民政府公报》第141册1939年7月15日渝字第170号颁令，台北成文出版社有限公司，1972年，第4页。

月1日任陆军总司令部第七编练司令部司令官，负责重建机动部队。1949年6月任第十五兵团司令部司令官。1949年12月24日率部1万余人在四川郫县起义，率部乘船赴华东整编，入中国人民解放军华东军区政治部留用及学习。

罗历戎

罗历戎（1901—1991），成都中央陆军军官学校学员总队总队长。原名立荣，[①] 别字显华，后改名历戎，四川渠县人。渠县高等小学、渠县县立中学、广州黄埔陆军军官学校第二期步科毕业，中央军官训练团将官班结业。在黄埔军校学习期间加入孙文主义学会。1925年2月1日随军校教导团参加第一次东征作战，进驻广东潮州短期训练，1925年5月30日随军返回广州，继返回校本部续学，1925年9月军校毕业。分发至国民革命军第一军第一师步兵连见习，任排长，1925年10月随部参加第二次东征。1926年7月随部参加北伐战争，任国民革命军第一军第二十二师步兵营连长、营长。1929年10月任陆军第一师（师长胡宗南）司令部参谋处处长，随部参加中原大战。1930年11月任陆军第一师第二旅第五团团长，陆军第一军第七十八师独立团团长。1935年5月17日被国民政府军事委员会铨叙厅颁令叙任陆军步兵中校。[②] 后任陆军第一师第二旅副旅长。1935年10月任南京中央陆军军官学校第十二期上校教官，后任学员总队总队长。1936年3月25日被免

① 湖南省档案馆校编：《黄埔军校同学录》，湖南人民出版社，1989年。

② 国民政府文官处印铸局印行：《国民政府公报》第93册1935年5月18日第1744号颁令，台北成文出版社有限公司，1972年，第2页。

去第一师第二旅副旅长职。[①] 1936 年 4 月 9 日由陆军步兵中校晋任陆军步兵上校。[②] 后任陆军第一军第一师独立旅旅长，1936 年 10 月任陆军第一军（军长胡宗南）第七十八师（师长丁德隆）副师长。抗日战争全面爆发后，率部参加淞沪会战。1938 年任陆军第八军第四十师师长，率部参加武汉会战外围战。受胡宗南委派筹备中央陆军军官学校第七分校，除原率南京中央陆军军官学校第十二期学员总队 700 余人外，征求南京中央陆军军官学校教育长陈继承批准，将中央陆军军官学校第十五期一个学员总队归其带领赴陕西凤翔，续任中央陆军军官学校第七分校（西安分校）第十五期第四学生总队总队长，率部在陕西凤翔对胡宗南部队初级军官进行教育与训练。1939 年 4 月任中央陆军军官学校第七分校（主任胡宗南）办公厅主任，兼任第七分校毕业生通讯处主任，协助管理军校教务事宜。[③] 1939 年 7 月 13 日被国民政府军事委员会铨叙厅颁令由陆军步兵上校晋任陆军少将。[④] 1942 年 10 月 15 日任陆军第三十六军军长，兼任资简师管区司令部司令官。[⑤] 1945 年 1 月 9 日任第三十四集团军（总司令李文）陆军第三军军长，统辖陆军第七师（师长李用章）、陆军第十二师（师长刘英）等部。1945 年 10 月获颁忠勤勋章。

---

① 国民政府文官处印铸局印行：《国民政府公报》第 105 册 1936 年 3 月 26 日第 2005 号颁令，台北成文出版社有限公司，1972 年，第 1 页。

② 国民政府文官处印铸局印行：《国民政府公报》第 106 册 1936 年 4 月 10 日第 2018 号颁令，台北成文出版社有限公司，1972 年，第 3 页。

③ 杨牧、袁伟良主编：《黄埔军校名人传》下册，河南人民出版社，2005 年，第 1147 页。

④ 国民政府文官处印铸局印行：《国民政府公报》第 141 册 1939 年 7 月 15 日渝字第 170 号颁令，台北成文出版社有限公司，1972 年，第 4 页。

⑤ 唐文彦口述，杨道恢整理：《抗战中的征兵机构——资简师管区》，四川人民出版社，1987 年。

1946 年 1 月仍任陆军第三军军长，率部驻军石家庄。1947 年 10 月 19 日在河北定县被人民解放军包围，战至 1947 年 10 月 22 日第三军伤亡 2000 余人，其中 700 多名官兵阵亡，后在定县清风店附近与第七师师长李用章等被人民解放军俘虏。入华北野战军政治部联络部解放军官教导团学习。

周惠元

周惠元（1902—1961），成都中央陆军军官学校学员总队总队长。四川双流人。天津南开学校、北京高等师范学校肄业，广州黄埔陆军军官学校第一期毕业。1924 年 11 月任黄埔军校校本部政治部指导股指导员，后任第二期政治部政治指导员。1925 年 6 月随部参加对滇、桂军阀杨希闵、刘震寰部的军事行动及第二次东征。1926 年 2 月 2 日参加校长蒋中正、校党代表汪精卫为解决本校党务纠纷起见，召集的中国青年军人联合会、孙文主义学会联席会议。[①] 1926 年 7 月随军参加北伐战争，任北伐东路军第一军政治部政治指导员，随部转战闽浙等省。1927 年受军事委员会委派赴浙江衢州训练新兵，任新兵补充第一团第一营营长，后任第一军教导团第一营营长，随军驻防苏州地区，1929 年随军北上平津。返回南京后，随四川党务特派员曾扩情赴四川，重建地方党务机构。1930 年调任四川第一军第二师司令部教导营营长，同年 5 月随军参加中原大战，参与川军山东曹县和河南兰封、考城一带对冯（冯玉祥）阎（阎锡山）联军战

① 广东革命历史博物馆编：《黄埔军校史料（1924—1927）》，广东人民出版社，1985 年，第 346 页。

事。1930 年 10 月任陆军第十七军（军长曹万顺）政治部主任。1931 年春返回南京，任中央陆军军官学校第八期第二总队上校总队附。1932 年 12 月参与筹备中央陆军军官学校第一分校（洛阳分校），正式成立时任军官训练队学员总队总队长。1934 年 10 月调回南京中央陆军军官学校校本部。1935 年 5 月 20 日被国民政府军事委员会铨叙厅颁令叙任陆军步兵中校。[①] 1935 年 10 月任南京中央陆军军官学校教官队上校组长。抗日战争全面爆发后，随军校迁移西南地区，续任成都中央陆军军官学校第十四期第二总队上校总队附，第十七期第一总队上校战术教官，第十八期第二总队步兵科上校战术教官、少将总队长。1945 年 10 月获颁忠勤勋章。1945 年 12 月兼任中央训练团成都第二十八军军官总队少将总队附。1946 年 5 月获颁胜利勋章。任川康绥靖主任公署少将参军。1946 年 11 月返回双流竞选（制宪）国民大会代表未果。1948 年 1 月 26 日被国民政府军事委员会铨叙厅颁令叙任陆军少将。1949 年 12 月任川康绥靖主任公署少将参军，在四川彭县随邓锡侯部参加起义。

夏嘉富（1903—?），南京中央陆军军官学校特别训练班教务组组长。别字慕陶，四川夹江人。日本陆军士官学校中华学生队第二十一期野战炮兵科毕业。历任绥远军事政治学校炮兵队队附，河北军事政治学校兵器教官。1933 年 7 月任南京中央陆军军官学校特别训练班教务组组长。1933 年 10 月任国民革命军陆军第五师第三十团第二营营长，随部参加绥远抗战。1935 年 7 月 19 日被国民政府军事委员会铨叙厅

① 国民政府文官处印铸局印行：《国民政府公报》第 93 册 1935 年 5 月 21 日第 1746 号颁令，台北成文出版社有限公司，1972 年，第 1 页。

颁令叙任陆军工兵少校。[①] 1937 年 5 月 15 日被国民政府军事委员会铨叙厅颁令叙任陆军炮兵中校。[②] 抗日战争全面爆发后，任陆军第四十三军司令部直属炮兵团团附、团长，率部参加抗日战事。1941 年 12 月任第二十九集团军（总司令王缵绪）陆军第四十四军（军长廖震兼、王泽浚）司令部参谋长。[③] 1943 年 7 月被国民政府军事委员会铨叙厅颁令叙任陆军炮兵上校。后任川军部队司令部参谋长、副司令官等职。

夏嘉富

唐雨岩（1900—1976），成都中央陆军军官学校教育处副处长。四川叙永人。广州黄埔中央军事政治学校第五期炮兵科、日本陆军士官学校中华学生队第二十一期野战炮兵科、中央炮兵学校教官班第一期毕业，中央军官训练团第二期结业。1926 年 3 月入黄埔军校入伍生队受训。1926 年 11 月入第五期炮兵科学习。1927 年 8 月毕业。随部参加北伐战争，历任国民革命军第一军第一师司令部炮兵营排长、连长。后任南京汤山炮兵学校教

唐雨岩

① 国民政府文官处印铸局印行：《国民政府公报》第 95 册 1935 年 7 月 20 日第 1798 号颁令，台北成文出版社有限公司，1972 年，原文为夏嘉福。

② 国民政府文官处印铸局印行：《国民政府公报》第 124 册 1937 年 5 月 17 日第 2355 号颁令，台北成文出版社有限公司，1972 年，第 2 页。

③ 四川省政协文史资料研究委员会、四川省人民政府参事室合编：《川军抗战亲历记》，四川人民出版社，1985 年，第 469 页。

官，同时入炮兵学校教官班第一期学习，1930 年完成学业。1931 年任南京中央陆军军官学校教导总队炮兵团第一营营长，教导第二师司令部参谋处主任。1935 年 6 月 25 日被国民政府军事委员会铨叙厅颁令叙任陆军炮兵少校。① 后任江阴要塞司令部炮兵指挥官。抗日战争全面爆发后，任第二军团司令部炮兵指挥部指挥官，军政部直辖炮兵独立第三团团长。1941 年 12 月转任成都中央陆军军官学校第十八期炮兵科科长，第十九期特科学员总队总队长。1943 年 1 月 23 日被国民政府军事委员会铨叙厅颁令叙任陆军炮兵中校。② 1943 年 2 月被国民政府军事委员会铨叙厅颁令叙任陆军炮兵上校。1944 年 3 月任中央陆军军官学校第二十期教育处副处长，兼第二十一期校本部高级督练官。1945 年任中央陆军军官学校第九分校（新疆分校）训练处处长。1945 年 10 月获颁忠勤勋章。1946 年 5 月获颁胜利勋章。1946 年 5 月奉派入中央军官训练团第二期受训，并任第二中队分队长，1946 年 7 月结业。1946 年 12 月任整编第七十二师（师长杨文璟）新编第十三旅旅长，率部在山东与人民解放军作战。1947 年任陆军整编第七十二师（师长余锦源）参谋长、副师长。1947 年 4 月 27 日在山东泰安被俘。后被宽大释放，返回西北陶峙岳部。1948 年 9 月 22 日被国民政府军事委员会铨叙厅颁令叙任陆军少将。1949 年 9 月随陶峙岳部起义。

康泽（1904—1967），中央陆军军官学校第八分校（设于湖北均县）主任。别字兆民，四川安岳人。双龙乡立初级

---

① 国民政府文官处印铸局印行：《国民政府公报》第 94 册 1935 年 6 月 26 日第 1777 号颁令，台北成文出版社有限公司，1972 年，第 7—8 页。

② 国民政府文官处印铸造局印行：《国民政府公报》第 175 册 1943 年 1 月 23 日渝字第 538 号颁令，台北成文出版社有限公司，1972 年。

小学、安岳县立旧制中学、广州黄埔中国国民党陆军军官学校第三期步兵科、苏联莫斯科中山大学第一期毕业。1927年10月回国到上海，历任中央党务（政治）学校第一期训育干事，1928年5月任国民革命军总司令部参谋，实为蒋介石侍从参谋。1928年12月任陆军第二师（师长顾祝同）政治部主任。1929年2月5日被军事委员

康 泽

会训练总监部政治训练处委任为陆军第二师政治训练处主任。[①] 1929年11月被免去师政治部主任职，转任国民革命军总司令部政治训练处宣传大队大队长，随军参加中原大战。1931年11月参与组建“中华民族复兴社”，1932年3月正式成立时被推选为中华民族复兴社总社中央干事会干事，兼任宣传处处长。1932年夏任南京中国日报社社长。1933年7月设立并任南京中央陆军军官学校特别训练班主任，连任12年。1933年10月任军事委员会南昌行营别动总队总队长，率部参加对江西中央红军及根据地第五次“围剿”及对“福建事变”第十九路军讨伐战事。1934年12月随贺国光入川，任军事委员会四川行营参谋团政治训练处处长。1935年夏兼任禁烟总监部武汉缉私室主任。1935年11月当选为中国国民党第五次全国代表大会代表，并出席第五届第一次全会。1936年1月1日获颁四等宝鼎勋章。[②] 1936年11月2日被国民政府军事委员会铨叙厅颁令叙任陆军少

① 《民国日报》1929年2月9日，“训练总监部新发表之各师政训处主任”。

② 国民政府文官处印铸局印行：《国民政府公报》第102册1936年1月2日第1936号颁令，台北成文出版社有限公司，1972年，第13页。

将。1936年11月12日获颁四等云麾勋章。[1] 1936年12月“西安事变”发生后，参与联络及情报事宜。抗日战争全面爆发前后，奉命参与中国共产党代表联络协商军队改编事宜。[2] 1937年9月至1938年4月任中华民族复兴社第五任中央干事会书记长。1938年2月任军事委员会政治部第二厅厅长。1938年春兼任三民主义青年团中央团部组织处处长及武汉支团部主任、战时青年服务总队总队长。在此期间还兼任内政部青年训导团主任、全国知识青年志愿从军指导委员会常务委员及秘书长、中国国民党中央党部特别委员会委员。1940年1月参与组建并任中央陆军军官学校第八分校（设于湖北均县）主任。1945年1月被三青团中央团部推选为出席中国国民党第六次全国代表大会代表。1945年5月20日当选为中国国民党第六届中央执行委员。其间奉派出国考察各同盟国战后军队复员事宜。1946年5月兼任军事委员会军官训练团第二期政治指导员。1946年11月15日被推选为四川省代表出席（制宪）国民大会。1947年7月党团合并后续任中国国民党第六届中央执行委员，9月13日在中国国民党第六届四中全会上当选为中央执行委员会常务委员。1947年10月任第十五绥靖区司令部司令官，率部驻防襄樊地区。1947年12月22日被国民政府军事委员会铨叙厅颁令叙任陆军中将。1948年5月4日当选为（行宪）第一届立法院立法委员。所部被全歼后，于1948年7月17日襄樊城破后被人民解放军俘虏，入晋冀鲁豫野战军政治部联络部解放军官教导团学习与改造。

---

① 国民政府文官处印铸局印行：《国民政府公报》第117册1936年11月13日第2201号颁令，台北成文出版社有限公司，1972年，第8页。

② 杨牧、袁伟良主编：《黄埔军校名人传》下册，河北人民出版社，2005年，第1318—1320页。

第二节 粤籍教官简况

广东地处沿海，毗邻港澳，开埠较早，近现代行政统辖海南岛与钦廉地区。广东于近代以来，多次开启历史变革风气之先，无论是近代民族资产阶级萌芽时期，还是清末民初之辛亥革命与国民革命时期，广东的文明风气与革命精神，数度处于国内领先地位。首先，孙中山领导的辛亥革命从广东开始，由南至北席卷全国；其次，孙中山倡导的北伐国民革命，也是从广东开始，最终形成全国形式上的统一局面；再次，中国共产党在广东的革命实践，使自身第一次认识到武装斗争和人民军队的重要性，在广州形成的第一次国共合作为中国共产党培养和训练了一批优秀人才，为后来中国革命的成功磨炼和造就了坚强的领导集团。大革命时期诞生于广州的黄埔军校，更成为国共两党武装革命的摇篮。广东籍的黄埔军校教官，在人数上仅次于河北、湖南，排名第三，显示出近现代广东深厚的人才资源。限于篇幅，部分教官见表 3 - 3：

表 3 - 3　黄埔军校粤籍教官一览表

时间	教官姓名
1931—1937	陈济棠、李扬敬、黄慕松、林云陔、范汉杰、张光、张国元、林翼中、黄家濂、梁广谦、黄占春、冯焯勋、曾潜英、吴致明、许廷杰、余华沐、陈克华、丘宗武、何其俊、黄奋锐、温鸣剑、谢昭、吴琪英、高汉宗、贾文铨、梁干乔、区芳浦、刘其宽、陈师、李启颐、欧阳慧聪、吴宏文、车驾龙、郑彬、李友尚、罗植椿、

（续表）

时间	教官姓名
1931—1937	黄麟书、温应星、曾养甫、陈天民、张显歧、杜益谦、马汝良、卢致德、周址、李如枫、郑君晃、冯国勋、叶剑雄、潘奋南、黄为材、卜汉池、梁朝威、马恺和、朱乃瑞、梁岱、林卧薪、林兴琳、汤建威、许烈坛、黄文山、谢云
1937—1945（全面抗战时期）	韩汉英、陈芝馨、谢婴白、钟彬、廖慷、萧豪、萧毓麟、龚志鎏、萧祖强、吴敬群、郑彦棻、陈鞠旅、伍坚生、陈孝强、熊志一、陈骏南、梁冠那、张勇决、邢定陶、陈家炳、余公武、黄百强、韩潮、林象盛、谢元恺、黄文超、麦宗禹、高信、梁大鹏、梁鼎铭

鉴于粤人在黄埔军校任教者众多，仅选择部分教官（17名）按姓氏笔画顺序介绍：

丘宗武

丘宗武（1899—?），南京中央陆军军官学校学员总队总队附。别号发堂，广东澄迈（另载金江市）人。澄迈县立第一高等小学毕业，广东黄埔海军学校肄业，广州黄埔陆军军官学校第一期、日本东京早稻田大学、陆军大学特别班第四期毕业。任入伍生团排长、连长，国民革命军总司令部警卫团营长，补充团团附。1933年任南京中央陆军军官学校第十期第一总队上校总队附。1935年5月20日被国民政府军事委员会铨叙厅颁令叙任陆军步兵中校。[1] 抗日战争全面爆发后，随军校迁移西南地区。1938 年 3 月入陆军大学特别班学习，1940 年 4 月毕业。1941 年 6 月 3 日被国民政府颁令由陆军步兵中校晋任陆军步兵上校。[2] 任成都中央陆军军官学校学员总队总队长，后任江苏省保安司令部参议，鲁苏战区总司令部游击挺进第四纵队司令部副司令官，第十一战区司令长官部干部训练团教育处处长。1945 年 10 月获颁忠勤勋章。1946 年 5 月获颁胜利勋章。1946 年 7 月办理退役。1948 年 12 月任海南防卫总司令部南部防守区司令部副司令官。1950 年 5 月随部到台湾，后移居海外谋生。[3]

伍坚生（1902—1954），中央陆军军官学校第四分校（广州分校）学员总队总队长。原名连生，别字汉存，别号杰存、尚哲，广东恩平人。广州黄埔陆军军官学校第二期步兵科、陆军大学正则班第九期毕业。历任国民革命军第四军第十二师补充团排长、连长，后任国民政府海军局（局长潘文治）政治部（主任余程万）训练科科长，随部参加北伐战争。1927 年 10 月任中国国民党国民革命军独立第四师（师长张贞）特别党部执行委员，陆军新编第一军（军长谭曙卿）独立第一旅（旅长高义）党代表。

伍坚生

① 国民政府文官处印铸局印行：《国民政府公报》第 93 册 1935 年 5 月 21 日第 1746 号颁令，台北成文出版社有限公司，1972 年，第 1 页。

② 国民政府文官处印铸局印行：《国民政府公报》第 161 册 1941 年 6 月 4 日渝字第 367 号颁令，台北成文出版社有限公司，1972 年，第 4 页。

③ 范运晰：《琼籍民国人物传》，海南出版公司，1999 年，第 88 页。

1928 年 12 月考入陆军大学正则班学习，1931 年 10 月毕业。任陆军步兵旅司令部参谋主任，军士训练团团长，京沪卫戍长官公署（司令长官陈铭枢）参谋处（处长张襄）参谋，陆军第三师（师长李玉堂）司令部参谋处主任，赣粤闽湘鄂“剿匪军”北路军总指挥（顾祝同）部第四纵队指挥（李延年）部参谋处处长。1936 年 3 月 6 日被国民政府军事委员会铨叙厅颁令叙任陆军步兵上校。① 1936 年 7 月任中央陆军军官学校广州分校特别班防空教官、学员总队总队长。1937 年 1 月任广东第一集团军总司令部独立第五旅团长、旅长，第一军司令部副官处处长，广东第四路军总指挥部高级参谋等职。抗日战争全面爆发后，历任陆军第六十四军第一五五师司令部参谋长，部队更改番号后，1942 年 10 月任陆军第六十四军第一一三师（师长张显岐）副师长兼政治部主任。1944 年 12 月任第四战区司令长官（张发奎）部高级参谋，第三十五集团军总司令（邓龙光）部高级参谋，陆军第八十师（师长陈琪）司令部参谋长，陆军暂编第二军（军长古鼎华、沈发藻）司令部代理参谋长。1946 年 2 月 1 日办理退役，为广州市在乡军官会少将衔在册会员，登记居住地为广州市大德路西华里 11 号二楼寓所。被推选为广州市在乡军官会、广东伍氏联谊会副主任委员。1949 年夏赴香港，不久返回广州定居。

张光（1895—1969），中央陆军军官学校第四分校（广州分校）炮兵科主任教官。原名谦元，别号尊我，别字自谦，后改名光前，广东梅县（今梅州）人。春华学校、三乡公学肄业，梅州中学、保定陆军军官学校第九期炮兵科、陆

---

① 国民政府文官处印铸局印行：《国民政府公报》第 105 册 1936 年 3 月 7 日第 1990 号颁令，台北成文出版社有限公司，1972 年，第 1—2 页。

军大学正则班第九期毕业。历任粤军第一师第二旅步兵团排长、连附、副官。1925 年 10 月任中央军事政治学校潮州分校校本部教官部少校教官，后任炮兵科教官。1927 年春任国民革命军第四军司令部炮兵大队大队长，炮兵训练班教官。1928 年 12 月考入北京陆军大学学习，1931 年 10 月毕业。任庐山中央训练团总团教官，后返回广州，任广东军事政治学校炮兵科主任教官，广东第一集团军总司令（陈济棠）部炮兵指挥所副主任，第一军（军长余汉谋）司令部炮兵主任。曾任中央陆军军官学校第四分校（广州分校）炮兵科主任教官。1936 年 12 月任广东第四路军第一五七师（师长黄涛）司令部参谋长。1937 年 1 月 19 日军事委员会按照《陆海空军籍条例核改同名军人一览表》记载，改名张光前。① 1937 年 5 月 20 日被国民政府军事委员会铨叙厅颁令晋任陆军炮兵少校。② 抗日战争全面爆发后，续任第四战区第十二集团军（总司令余汉谋）第六十五军（军长李振球）第一五七师（师长黄涛）司令部参谋长，兼任参谋处处长，率部驻防福建漳州地区。1939 年 10 月起任广东军管区司令部征募处处长，惠（州）龙（川）师管区司令部司令官。抗日战争胜利后，任广东省军管区司令部军训督导官，1946 年 7 月退役。1948 年春任闽粤赣边区

张 光

① 国民政府文官处印铸局印行：《国民政府公报》第 119 册 1937 年 1 月 21 日第 2258 号颁令，台北成文出版社有限公司，1972 年，第 12 页。

② 国民政府文官处印铸局印行：《国民政府公报》第 124 册 1937 年 5 月 21 日第 2359 号颁令，台北成文出版社有限公司，1972 年，第 1 页。

"剿匪"总指挥（喻英奇）部顾问。1949 年 5 月 30 日向中国人民解放军闽粤赣边纵队粤东支队投诚，后任中共兴梅地委通讯讲习班军事教员，中国人民解放军粤东支队星火大队军事教练员，星火大队参谋组主任，中国人民解放军闽粤赣边区纵队司令部参谋。

陈天民

陈天民（1906—1947），南京中央陆军军官学校学员总队大队长。别字无怀，广东台山人。台山县海晏乡高等小学、广东高等师范学校附属中学、广州黄埔陆军军官学校第一期、苏联列宁格勒军政学校、南京中央陆军军官学校高等教育班第六期毕业。任南京中央陆军军官学校学员总队中校大队附。1930 年 11 月兼任中央陆军军官学校武汉分校财政监察委员会委员。[①] 1932 年在中华民国国民政府驻苏联大使馆任陆军武官，驻苏联军事代表团成员。1936 年 6 月 16 日被国民政府军事委员会铨叙厅颁令叙任陆军步兵中校。[②] 任南京中央陆军军官学校第十三期学员总队大队长。1937 年 1 月任广东省国民兵军事训练委员会主任委员兼视察员。[③] 抗日战争全面爆发后，任国民政府军政部外军资源处副主任，参谋本部军援办理处副主任。1944 年 1 月任陆军总司令部兵工署处长。1945 年 10 月获颁忠勤勋章。1946 年 1 月奉派入中央训练团

① 《中央陆军军官学校第八期武汉分校工作月刊》1930 年 12 月第 1 期，第 449 页。

② 国民政府文官处印铸局印行：《国民政府公报》第 109 册 1936 年 6 月 17 日第 2076 号颁令，台北成文出版社有限公司，1972 年，第 1 页。

③ 广东省政府秘书处所编：《广东省政府职员录》，1938 年印行。

受训，1946 年 3 月结业后退役。1946 年 5 月获颁胜利勋章。因退役后失去生活来源，贫病交加英年早逝，这引发了 1947 年 7 月 6 日中央训练团部分黄埔军校第一期受训同学赴南京中山陵为600 名将校军官“祭祀哭陵”请愿的事件。① 1947 年 10 月2 日被国民政府军事委员会铨叙厅晋任陆军少将，依少将例抚恤金交付遗属。

陈孝强（1903—1955），中央陆军军官学校第七分校（西安分校）学员总队总队长。别字义责，广东镇平（今蕉岭）人。广州黄埔陆军军官学校第二期炮兵科毕业。1925 年 5 月 30 日随军返回广州，继返回校本部续学，1925 年 6 月随部参加对滇、桂军阀杨希闵、刘震寰部的军事行动，1925 年 9 月毕业。分发至国民革命军第一军第一师见习，1925 年 10 月随部参加第二次东征作战。1926 年 7 月随部参加北伐战争，任国民革命军第一军第一师第二团步兵连排长、连长。1927 年 8 月随部参加龙潭战役。1928 年任国民革命军第一军第二十二师步兵团副营长。1932 年 10 月任鄂豫皖边区“剿匪”第三路第二纵队第一师第二旅第四团第一营营长、团长，率部参加对鄂豫皖边区红军及根据地的“围剿”。1937 年 7 月 10 日被国民政府军事委员会铨叙厅颁令叙任陆军炮兵上校。② 任陆军第八十三军第二七八师副师长，率部参加抗日战事。1938 年 10 月任中央陆军军官学校第七分校（西安分校）学员总队总队长。1942 年 5 月 30 日任陆军预备第八师师长。所部后在太行山被日军围歼，其被俘

① 湖南省岳阳市政协文史资料委员会编：《岳阳文史》第十辑《岳阳籍原国民党军政人物录》，湖南省岳阳晚报出版印刷中心，1999 年，第 201—205 页。

② 国民政府文官处印铸局印行：《国民政府公报》第 127 册 1937 年 7 月 12 日第 2403 号颁令，台北成文出版社有限公司，1972 年，第 1 页。

虏，一度任华北治安军王克敏部副军长。1944 年 1 月 21 日被伪南京国民政府军事委员会任命为参赞武官公署中将参赞武官。[①] 1944 年 7 月 15 日被伪南京国民政府军事委员会发表为首都警备司令（李讴一）部首都警卫第三师师长。[②] 1944 年 8 月 4 日被伪南京国民政府军事委员会任命为驻广州绥靖主任（陈春圃代，褚民谊兼）公署陆军第二十师师长。[③] 1945 年 9 月所部被重庆国民政府军事委员会改编为广东先遣军第一师，仍任师长。1947 年 3 月 26 日被国民政府军事委员会铨叙厅叙任陆军少将。任陆军第一九八师师长，1949 年 5 月所部在陕南被人民解放军歼灭，同年秋到台湾。

陈家炳（1905—1980），中央陆军军官学校第四分校（广州分校）学员总队总队长。又名家火，别字爱光，广东文昌（今海南文昌）人。文教乡成达高等小学、文昌县立中学毕业，广东省立农林专科学校、广州大本营军政部陆军讲武学校、广州黄埔陆军军官学校第一期肄业，陆军大学乙级将官班第三期毕业，中央训练团将官班结业。分发至教导第二团任排长、连长，随部参加第一、第二次东征。1926 年 7 月任国民革命军第六军第十八师步兵连连长，率部参加北伐战争。1927 年任国民革命军第六军第十八师六十七团第一营营长、中校团附。1928 年任国民革命军第四军第十一师独立旅第二团团长，海南守备第一团团长。1932 年兼任广东儋县县长。1934 年任南京中央陆军军官学校第十二期学员总队副

---

① 郭卿友主编：《中华民国时期军政职官志》，甘肃人民出版社，1990 年，第 1958 页。

② 郭卿友主编：《中华民国时期军政职官志》，甘肃人民出版社，1990 年，第 1964 页。

③ 郭卿友主编：《中华民国时期军政职官志》，甘肃人民出版社，1990 年，第 1964 页。

总队长，兼任校本部高等教育班组长。1936 年 3 月 21 日被国民政府军事委员会铨叙厅颁令叙任陆军步兵中校。① 1936 年 7 月返回广东，任中央陆军军官学校第四分校第十三期学员总队总队长。1937 年 6 月 9 日被国民政府军事委员会铨叙厅颁令晋任陆军步兵上校，② 任中央陆军军官学校第四分校（广州分校）第十四期学员总队总队长。抗日战争全面爆发后，任中央陆军军官学校第四分校军官补习总队总队长，第十五期第七学员总队总队长，第十七期第二十三学员总队总队长，军事委员会军事训练部派驻西北督导处副处长，第一军风纪巡察团组长，第一战区司令长官部点验处副处长。1945 年 10 月获颁忠勤勋章。1946 年 1 月入中央训练团将官班受训，登记为少将团员，1946 年 3 月结业。1946 年 5 月获颁胜利勋章。1947 年 2 月入陆军大学乙级将官班学习，1948 年 4 月毕业。任广东粤东师管区司令部副司令官。1949 年任重建后的陆军第三十二军司令部高级参谋。1950 年 1 月任海南防卫总司令部第二路军司令部政治训练处主任，同年 5 月随军撤退到台湾。

范汉杰（1896—1976），中央陆军军官学校教育处处长。原名其迭，别字汉杰，别号韶宾、德政、德正，后以字行，广东大埔人。大埔县三河镇梓里公学、优级师范学校附属小学、广州黄埔陆军军官学校第一期、德国陆军大学、重庆陆军大学甲级将官班第一期毕业。1918 年加入粤军，任援闽粤军总司令（陈炯明）部军事委员。1919 年任福建漳夏公路

① 国民政府文官处印铸局印行：《国民政府公报》第 105 册 1936 年 3 月 22 日第 2002 号颁令，台北成文出版社有限公司，1972 年，第 1—2 页。

② 国民政府文官处印铸局印行：《国民政府公报》第 125 册 1937 年 6 月 10 日第 2376 号颁令，台北成文出版社有限公司，1972 年，第 1 页。

测量队队长。1920年粤军离闽返回广东后，调任两广盐运使（邹鲁）署缉私总稽九江缉私船管带，后任“江平”舰舰长。1921年桂军坚守梧州，粤军久攻未遂，随其堂兄范其务入桂，说服桂军师长刘震寰投诚。1922年6月后，为平定与策反陈炯明部粤军，往返于闽粤桂及香港等地从事情报联络事宜。1923年转任驻粤桂军总司令（刘震寰）部中校参谋、作战课课长、支队长、第六路司令部司令官等职，官阶为上校。1924年6月考入广州黄埔陆军军官学校第一期第四队学习，1924年11月毕业。从军中基层做起，历任黄埔军校教导第一团（团长何应钦）第一营（营长陈继承、刘峙）第五连排长，教导第二团副连长。1925年1月任粤军第一师（师长李济深）司令部少校参谋，同年7月任粤军第一师第一旅（旅长陈铭枢）司令部中校参谋主任，随部参加讨伐滇、桂军阀叛乱的作战。1925年8月国民革命军成立，任第四军（军长李济深）第十师（师长陈铭枢）第二十九团（团长孙华佛）第一营营长，率部参加第二次东征及讨伐广东南路军阀邓本殷战事。1926年7月国民革命军誓师北伐，任国民革命军第四军第十师（师长陈铭枢）第二十九团团长，是黄埔军校一期生中最早升任团长的三人之一（另两名为孙元良、李杲）。北伐途中，率部参加汀泗桥战役和德安马回岭战役。1926年10月攻克武昌后，任国民革命军第四集团军第二方面军（总指挥张发奎）第四军（副军长陈可钰）第十师（师长蒋光鼐）副师长。

范汉杰

1927年春“宁汉分裂”后，随陈铭枢、蒋光鼐等去职，1927年夏赴南京，晋谒蒋介石并受到重用，派任浙江警备师师长，成为黄埔军校一期生担任师长第一人。1927年8月蒋介石下野，浙江警备师被改编，返回广东任国民革命军第八路军总指挥（李济深）部高级参谋。蒋介石重新上台后，奉派赴日本考察政治、军事，继转赴德国留学，先后在德国多所军事学校学习。1931年6月父锡放因病在广州逝世，1931年“九一八”事变爆发后回国，并返乡为父祭奠。1932年1月任第十九路军总指挥（蒋光鼐）部参谋处处长，率部参加“一·二八”淞沪抗战。战后随第十九路军转驻福建驻军，1932年10月任国民政府驻闽绥靖主任公署参谋处处长。1933年参与发起“福建事变”，后任由第十九路军改编的人民革命军第一方面军总司令（蔡廷锴）部（参谋长邓世增）副参谋长，兼任参谋处处长。因其黄埔军校一期生身份，为中央军分化与笼络对象，被说服归附国民政府。[①]“福建事变”后，1934年1月任军事委员会南昌行营高级参谋。1935年1月任陆军第二师（师长黄杰）司令部参谋长，率部驻军河北保定地区。1935年5月20日被国民政府军事委员会铨叙厅颁令叙任陆军步兵上校。[②]1936年1月任财政部税警总团部（总团长黄杰）司令部参谋长，后任南京中央陆军军官学校第十三期教育处处长。1936年9月6日被国民政府军事委员会铨叙厅颁令叙任陆军少将。1936年10月陆军第一师扩编为第一军（军长胡宗南），任副军长，率部驻军陕甘宁边区。1936年11月12日获颁国民革命军誓师十周年

① 胡健国主编：《国史馆现藏民国人物传记史料汇编》第二十八辑，台北“国史馆”，2005年，第225页；刘绍唐主编：《民国人物小传》第十七辑，台北传记文学出版社，1999年。

② 国民政府文官处印铸局印行：《国民政府公报》第93册1935年5月4日第1733号颁令，台北成文出版社有限公司，1972年，第6页。

纪勋章。① 1937年1月调赴南京，任南京中央陆军军官学校高等教育第六期班主任，兼任浙江全省大中学生集训总队总队长。1937年7月再入庐山中央军官训练团受训，并任第二大队（大队长万耀煌）第五中队中队长。

抗日战争全面爆发后，返回陆军第一军参加淞沪会战。②1938年3月任迁移途中的中央陆军军官学校教育处处长，兼任中央陆军军官学校第十四期第二学员总队总队长。1938年9月1日接替胡宗南任陆军第二十七军军长，统辖陆军第四十五师（师长戴民权）、第四十六师（师长戴嗣夏）、预备第八师（师长凌兆垚）等部，率部在豫晋边区及太行山地区进行敌后游击战争。1940年5月8日获颁四等宝鼎勋章。③1940年10月任第一战区司令长官部政治部主任，因在晋东南前线作战未就职。1941年夏率部参加晋南会战。1942年3月任第一战区第三十四集团军总司令（胡宗南兼）部副总司令。1942年6月25日转任第三十八集团军总司令。1944年10月入陆军大学甲级将官班学习，1945年1月毕业。1945年1月被军队各特别党部推选为出席中国国民党第六次全国代表大会代表。1945年1月任第八战区副司令长官（胡宗南）部参谋长，后随胡宗南调任第一战区司令长官部副司令长官兼参谋长。1945年3月8日被国民政府军事委员会铨叙厅颁令叙任陆军中将。1945年5月20日出席中国国民党第六次全国代表大会第一次会议，当选为中国国民党第六届中

① 国民政府文官处印铸局印行：《国民政府公报》第117册1936年11月13日第2201号颁令，台北成文出版社有限公司，1972年，第10页。

② 廖盖隆主编：《中国共产党历史大辞典》（增订本），中共中央党校出版社，2001年，第340页。

③ 国民政府文官处印铸局印行：《国民政府公报》第150册1940年5月11日渝字第256号颁令，台北成文出版社有限公司，1972年，第1页。

央监察委员会监察委员。1945 年 9 月随胡宗南赴郑州参与受降和接收事宜。1945 年 10 月获颁忠勤勋章。1946 年 5 月获颁胜利勋章。

1946 年 5 月 30 日任总参谋部（总长陈诚）参谋次长，兼任军事委员会军官训练团第二期教育长。1946 年 6 月 30 日任陆军总司令（顾祝同）部副总司令。1947 年 3 月任陆军总司令部郑州指挥所主任。1947 年 4 月获颁三等宝鼎勋章。4 月 10 日颁令兼任军事委员会军官训练团第三期教育长。1947 年 6 月 10 日任第一兵团司令部司令官，兼任胶东兵团司令官，率部在沂蒙地区对人民解放军作战。1947 年 7 月被推选为党团合并后的中国国民党第六届中央监察委员会监察委员。1947 年 12 月被免去第一兵团司令官职。1948 年 1 月 1 日获颁二等宝鼎勋章。1948 年 1 月 14 日任冀热辽边区总司令部总司令，率部驻军秦皇岛地区。1948 年 2 月兼任热河省政府主席。1948 年 5 月兼任国民政府东北行辕政务委员会委员，1948 年 6 月免兼热河省政府主席职。1948 年 9 月任东北“剿匪”总司令部副总司令，兼锦州指挥所主任，率部 15 万人防守锦州地区。1948 年 10 月 14 日在去往锦州城东南陈家屯的路上，被人民解放军俘虏。入东北野战军政治部联络部解放军官教育团学习与改造。

郑彬（1904—1981），中央陆军军官学校第四分校（广州分校）工兵研究班副主任。别字铁峰、公诚，别号诚一，广东琼山（今海南琼山）人。私立华美中学、广州黄埔陆军军官学校第二期工兵科、广州中央军事政治学校高级班军事科、陆军大学特别班第四期毕业。1924 年 8 月考入广州黄埔陆军军官学校第二期，在校学习期间加入孙文主义学会。1925 年 2 月 1 日随黄埔军校教导团参加第一次东征，进驻广东潮州进行短期训练，1925 年 5 月 30 日随军返回广州，继

郑 彬

返回校本部续学，1925 年 9 月毕业。分发任国民革命军第一军第一师第六团（团长惠东升）直属工兵队排长，随部参加第二次东征之惠州、河婆战役，在默林作战时脚部负伤。在广州医院治疗痊愈后，1926 年 3 月任第一军第二十师（师长钱大钧）司令部工兵连连长。1926 年 12 月任第一军第二师（师长刘峙）补充团第二营营长。1927 年 10 月考入广州黄埔中央军事政治学校高级研究班军事科学习，1928 年 3 月毕业。留校任爆破教官，后任广州黄埔国民革命军军官学校第六期第二总队工兵科工兵中队队长，第七期教授部中校筑城交通副主任教官，其间编写《工兵爆破学纲要》《心理战术要诀》两书，分别由王俊、郑介民作序。1928 年 7 月 9 日被委派为中国国民党暂编第一师特别党部筹备委员。后获原任黄埔军校教育长李扬敬举荐，1931 年 6 月任广东第一集团军（总司令陈济棠）第三军（军长李扬敬）司令部直属工兵营营长，率部参加对湘粤赣边区红军及根据地的筠门岭“围剿”战事。1932 年 10 月任广东第一集团军总司令部工兵炮兵训练班主任，举办两期共培训 300 多名工兵炮兵初级军官。1934 年 3 月奉派入庐山中央军官训练团受训，1935 年 6 月 1 日被国民政府军事委员会铨叙厅颁令叙任陆军工兵中校。[1] 1936 年 10 月任广东第四路军总指挥（余汉谋）部暨广东绥靖主任公署直属工兵营营长，兼任工兵训练班副主任，中央陆军军官学校第四分

---

① 国民政府文官处印铸局印行：《国民政府公报》第 94 册 1935 年 6 月 2 日第 1757 号颁令，台北成文出版社有限公司，1972 年，第 49 页。

校工兵研究班副主任，其间奉命协助李德言规划构筑广东虎门至汕头沿海国防工事。

抗日战争全面爆发后，任第十二集团军总司令（余汉谋）部直属工兵团团附。后任中央军官训练团高级参谋，第一战区前敌总指挥（薛岳）部高级参谋，随部驻防开封等地，参与南浔战役对日军作战谋划。1938 年 3 月入陆军大学特别班学习，1940 年 4 月毕业。1940 年 4 月任第七战区司令长官部参谋处国防工程科科长，1940 年 9 月任陆军第一五七师（师长练惕生）司令部参谋。1941 年 10 月改任陆军第一六〇师（师长莫福如）步兵第四八〇团团长。1942 年 1 月 30 日被国民政府军事委员会铨叙厅颁令叙任陆军工兵上校。[1] 1943 年 3 月任陆军第六十三军第一五二师（师长陈见田）副师长，后改任陆军第一六〇师（师长莫福如）副师长。1944 年 10 月任中国远征军第二〇四师副师长，率部参加远征印缅抗日战事。1945 年 10 月获颁忠勤勋章。1946 年 5 月获颁胜利勋章。1946 年 9 月奉派入中央训练团受训，登记为陆军少将衔团员。结业后返回广东，任琼崖“剿匪”指挥所副指挥官，兼任琼崖西区指挥部指挥官，率部驻防那大地区。1947 年 9 月 13 日任广东澄迈县县长，[2] 1948 年 6 月 3 日被免职。1948 年 10 月调任广州警备司令部参谋长。1949 年 3 月任陆军第六十四军（军长容有略）司令部参谋长，率部驻防海南岛。1949 年 6 月任陆军第六十四军第一三一师师长，率部驻防广东临高。1950 年 4 月 16 日率部阻击人民解

---

① 国民政府文官处印铸局印行：《国民政府公报》第 166 册 1942 年 1 月 31 日渝字第 436 号颁令，台北成文出版社有限公司，1972 年，第 5 页。

② 广东省档案馆编纂：《民国时期广东省政府档案史料选编》第 11 辑，1989 年，第 366 页。

放军登陆部队。1950 年 5 月率部撤退到台湾。

钟斌（1901—?），中央陆军军官学校第一分校（汉中分校）主任。原名斌，别字中兵、中彬，别号炽昌，后改名彬，广东兴宁人。兴宁县立中学、广东公路工程学校测量科、广州黄埔陆军军官学校第一期、陆军大学正则班第九期毕业。分发至黄埔军校教导第一团服务，随部参加第一次东征。早年与李安定关系密切并受其举荐任官，历任教导第一团第一营第三连（连长李安定）排长。1926 年 3 月受李安定推荐，任宪兵教练所党代表。1926 年 7 月随部参加北伐战争，任国民革命军第一军第二十师步兵营营长。1927 年 4 月 29 日被广州国民政府海军处政治部（主任李安定）任命为广东海防舰队“自由”舰党代表。1928 年 12 月考入陆军大学正则班学习，1930 年 10 月提前毕业。1931 年 10 月任警卫第一师第一旅司令部参谋主任。部队改编后，1931 年 12 月任陆军第五军（军长张治中）第八十七师（师长王敬久）第二五九旅（旅长孙元良）司令部参谋主任，率部参加“一·二八”淞沪抗日战事。1933 年 1 月任陆军第八十七师第二六一旅（旅长宋希濂）第五二二团团长。1933 年 8 月军政部合并第八十七、第八十八师四个补充团，组成陆军第三十六师（师长宋希濂），任该师司令部参谋长。率部参加对“福建事变”第十九路军的军事行动，1933 年 12 月任陆军第三十六师第一〇八旅旅长，由参谋人员转任带兵主官。1934 年 9 月 30 日获颁五等云麾勋章。1935 年 5 月 2 日被国民政府军事

钟　斌

委员会铨叙厅叙任陆军步兵上校。[1] 1937年5月21日被国民政府军事委员会铨叙厅颁令晋任陆军少将。[2] 1935年8月1日任陆军第三十六师（师长宋希濂）副师长，兼任江西安庐师管区司令部司令官。1937年3月奉调入中央陆军军官学校，任南京中央陆军军官学校第十一期第二学员总队总队长。

抗日战争全面爆发后，率第二总队664名学员转移江西，该总队学员提前毕业分发前线。1937年10月任中央陆军军官学校军官班主任。后任中央陆军军官学校第十二期教育处处长，兼任中央陆军军官学校战术研究班第一至第二期班主任。1938年6月受宋希濂推荐，离开军校前往河南郏县接任第八十八师师长，率部参加鄂东北战役。1938年6月任中央陆军军官学校第一分校（汉中分校）主任。1939年4月任中央陆军军官学校第一分校主任，在汉中分校执掌校务两年。1941年4月29日任陆军第七十军（军长宋希濂兼）副军长，驻防陕西、甘肃整训。1941年11月率部调赴昆明，准备加入中国远征军序列出国作战。1941年11月30日接到陆军第十军军长委任状，以部队调防、事务繁忙为由，迟迟不去就任。1942年1月21日任陆军第七十一军军长，统辖第三十六师（师长李志鹏）、第八十七师（师长向凤武）、第八十八师（师长杨彬），隶属第十一集团军（总司令宋希濂）指挥序列。1943年第七十一军率先换装美国制火炮、重机枪及通信、工兵器材，并抽调骨干官兵到军事委员会驻

① 国民政府文官处印铸局印行：《国民政府公报》第93册1935年5月7日第1734号颁令，台北成文出版社有限公司，1972年，第8页。

② 国民政府文官处印铸局印行：《国民政府公报》第124册1937年5月22日第2360号颁令，台北成文出版社有限公司，1972年，第40页。

滇训练团参加训练。其与军部几位高级军官乘飞机赴印度，在美军驻印军兰姆伽训练中心（后改为战术军官学校）接受为期六周战术与武器性能训练。1944 年 5 月率部向滇西日军展开反攻。1944 年 12 月 20 日任青年军第二〇三师师长。1945 年 5 月 25 日获颁青天白日勋章。1945 年 10 月获颁忠勤勋章。1945 年 10 月任青年军第九军军长，主持青年军复员事宜。1946 年 5 月获颁胜利勋章。1946 年 9 月 25 日调任国民政府参军处中将衔参军。1947 年 9 月任陆军整编第二十六师师长。1948 年 1 月改任第二陆军训练处（处长顾祝同兼）副处长。1947 年 8 月 18 日任国防部第九陆军训练处处长。1949 年 1 月任陆军第一〇九军军长。1948 年 9 月 22 日被国民政府军事委员会铨叙厅叙任陆军中将。1949 年 4 月任第十四兵团司令（宋希濂）部副司令官、司令官，川鄂绥靖主任（宋希濂）公署副主任，率部在西南地区对人民解放军作战。1949 年 11 月 22 日 11 时左右在四川白马场被俘（另有一说为钟彬率幕僚乘船逃至涪陵后被俘）。

黄奋锐

黄奋锐（1903—?），南京中央陆军军官学校特别训练班教官。别号无咎，广东惠阳人。惠阳县第三高等小学毕业，广东惠州初级中学肄业，广州黄埔陆军军官学校第一期毕业，中央训练团党政班、中央政治学校大学部结业。历任黄埔军校政治部编纂员，入伍生政治部科员，东征军总指挥部政治部科员。1927 年 4 月任广东沙田盐警队政治指导员，同年 7 月 15 日被推选为黄埔同学会广东支会恳亲会筹备委员。[1] 1929 年 9 月被推选为中国国民党广州黄埔国民革命军军官学校特别党部执行委员。1927 年随校迁南京，任中央陆军军官学校政治训练处秘书长。1933 年 10 月奉派入中央训练团星子特训班受训，并任第三学员大队副大队长。1934 年 12 月任中央陆军军官学校特别训练班教育训练委员会上校干事。1935 年 10 月任军事委员会委员长侍从室第三部副主任。抗日战争全面爆发后，负责军备物资运输事宜。1945 年 10 月获颁忠勤勋章。1946 年 5 月获颁胜利勋章。1946 年 7 月退为备役。

梁干乔（1902—1946），南京中央陆军军官学校政治训练班训育组组长。别字昭桂，广东梅县人。梅县松口乡高等小学、梅县平山中学、广州黄埔陆军军官学校第一期、苏联莫斯科中山大学第一期毕业。分发黄埔军校教导第二团见习、排长，1925 年 1 月随部参加第一次东征。1925 年 6 月任党军第一旅步兵连连长，随部参加对滇、桂军阀杨希闵、刘震寰部的军事行动。1925 年 8 月任国民革命军第三师第八团营党代表、团附。1925 年 11 月被中国国民党中央党部送派苏联学习，同年 12 月 25 日被委派留学苏联孙文大学（后改名莫斯科中山大学），组成中国国民党陆军军官学校特别党部驻俄区分部并被选为执行委员，[2] 入莫斯科中山大学第一期学习。参加托派活动。组织中山大学“孙文主义学会”，开展与中共党组织相抗衡的政治活动。1927 年被中共旅莫斯科总支部开除党籍，后参与组织“联共托洛茨基派”活动，

① 《广州民国日报》1927 年 7 月 15 日，“黄埔同学会定期开恳亲大会”。

② 黄埔军校特别区党部编：《东征日记》1925 年 11 月 25 日；转引自广东省汕头市社会科学联合会编：《周恩来在潮汕》，中国文献出版社，2004 年，第 741—742 页。

1927年11月7日组织10余名托派学生，参加苏联反对派在“十月革命”纪念活动时期组织的示威游行。1928年春被苏联当局遣返，回国后曾在广东海陆丰地区进行托派组织活动。1928年12月参与在上海召开的中国托派组织第一次全国代表大会，建立起自称为“中国布尔什维克列宁主义反对派”的托派组织，被选为“全国总干事会”中央委员，继续进行中国南方的托派组织活动。[①] 后因继续从事托派活动，被开除中共党籍。1928年10月往黄埔同学会登记，奉派入南京中央陆军军官学校高级班学习，继入国民革命军总司令部军官团受训。1931年9月任南京中央陆军军官学校政治训练班训育组组长。1932年3月28日参与发起创建中华民族复兴社，参与组建中华民族复兴社特务处，任特务处（处长戴笠）书记。1932年10月任中央宪兵司令部政治训练处处长，中华民族复兴社特务处上海区书记长，中华民族复兴社特务处南京总处书记长。

梁干乔

抗日战争全面爆发后，任军事委员会调查统计局派驻郑州办事处主任，参与华北对日军情报事宜。1938年4月任军事委员会政治部第二厅（厅长郑介民）第三处副处长、副厅长，参与武汉会战前后对日军情报事宜。后任第十战区司令

① 孙耀文：《风雨五载——莫斯科中山大学始末》，中央编译出版社，1996年，第227页。

长官部政治部主任。①1940年10月任陕西全省军队民众动员组织训练总指挥部参谋长。1944年12月4日任陕西省第二区行政督察专员，兼任保安司令部司令官。抗日战争胜利后，任陕西省第五区行政督察专员兼保安司令部司令官。1945年10月获颁忠勤勋章。1946年1月因病在西安去世。

梁大鹏

梁大鹏（1911—1998），成都中央陆军军官学校政治学教官。又名达鹏，广东乐会（今海南琼海）人。广州岭南中学、上海复旦大学毕业，留学美国，获密西根大学硕士学位和纽约大学政治学博士学位。1926年夏于岭南中学毕业，继考入复旦大学。1930年夏毕业，获得侨居海外亲戚资助赴美国留学，主修政治学。1933年获密西根大学硕士学位。1937年获纽约大学博士学位。抗日战争全面爆发前后回国，任广州《贯彻评论》主编，以文报国抗日。1938年12月随军迁移西南地区，任成都中央陆军军官学校第十五期政治学教官，后任迁移西南的复旦大学教授。1939年11月14日任广东省临时参议会参议员。②后任军事委员会政治部政治设计委员，《字西林报》主笔，参加国际反侵略会中国分会工作，并任中国国民党中央委员会海外部秘书。1946年返回广州，任中山大学教授，创办“南风学社”。1947年发起筹备海南岛第一所高等学府——私立海南

① 梅县政协文史资料委员会编纂：《梅县将帅录》第一卷，《梅县文史资料》第二十九辑，1997年，第177页。

② 国民政府文官处印铸局印行：《国民政府公报》第144册1939年11月15日渝字第205号颁令，台北成文出版社有限公司，1972年，第2页。

大学，任副校长、代理校长。1949 年到台湾。

梁鼎铭

梁鼎铭（1898—1959），黄埔军校史纪念馆筹备委员、中央陆军军官学校四川铜梁分校政治学教官。原名协荣，别署战画室主。广东顺德人。上海公学、上海南洋测绘学校毕业。在学校读书时，他的水彩画《黄浦江上的晚霞》《乡野小景》广受好评，被选送到上海市参加画展并获奖。毕业后供职上海英美烟草公司广告部，专攻美术插图。1924 年夏受广东国民革命运动及孙中山爱国精神感召下，辞去画师之职，南下广州参加国民革命军，随军经历东征、讨伐陈炯明部和北伐诸战役。1925 年任黄埔军校《革命画报》主编。1926 年秋随军北伐途中，任北路总指挥部政治部宣传科科长。1927 年 3 月经刘文岛推荐，任国民革命军总司令部政治部艺术股股长。后任国民革命军总司令部总政治部艺术科上校科长，1928 年任《图画京报》主编。一度返回广东，曾任第八路军总指挥部政治部组织科科长，1929 年赴欧美考察美术，1930 年回国，任“东征阵亡将士公墓”建筑委员会艺术委员，费时两年半，绘成东征史画《惠州战绩图》。1934 年任南京中央陆军军官学校高级教官，黄埔军校校史编纂委员会委员。1935 年起任黄埔军校史纪念馆筹备委员，先后绘成《南昌战绩图》《济南战景图》《一·二八战役图》等。抗日战争全面爆发后，任军事委员会战地党政工作委员会宣传委员会第三组组长、政治设计委员，中央陆军军官学校四川铜梁分校政治学教官。1940 年任四川綦江战时干部训练团少将主任教官。1943 年任军事委员会桂林行营少将顾问。抗日战争胜利后，任东北中正艺术专科学校校长。1949 年到台湾。

韩 潮

韩潮（1902—1951），中央陆军军官学校第四分校（广州分校）学员总队总队长。别字林准，别号泽田，广东文昌（今海南文昌）人。云南陆军讲武堂第十四期步兵科、陆军大学特别班第三期毕业。少年时期随三叔韩鸿赴泰国，经营橡胶园谋生，响应征召回国学习军事。云南陆军讲武学堂毕业后，加入粤军，后任国民革命军第四军第十三师（师长徐景唐）第三十七团（团长云瀛桥）排长、连长、营长，随部参加两次东征作战、统一广东诸役和北伐战争。1928 年任第十一军（军长陈铭枢兼）第十三师（师长李汉魂）步兵团团附，1929 年任广东编遣区第二军第六师（师长李汉魂）司令部参谋处处长，后于李汉魂部任职高级幕僚事宜。1936 年 3 月 20 日被国民政府军事委员会铨叙厅颁令叙任陆军步兵中校。[①] 1936 年 12 月入陆军大学特别班学习，1938 年 10 月毕业。抗日战争全面爆发后，任中央陆军军官学校第四分校（广州分校）学员总队总队长，第四分校教育处处长。1940 年 7 月 19 日国民政府颁令由陆军步兵中校晋任陆军步兵上校。[②] 后兼任黔桂边区防守总司令（韩汉英）部参谋长，后该机构改称黔桂边区游击总指挥（韩汉英）部，仍任参谋长

① 国民政府文官处印铸局印行：《国民政府公报》第 105 册 1936 年 3 月 21 日第 2001 号颁令，台北成文出版社有限公司，1972 年，第 1 页。

② 国民政府文官处印铸局印行：《国民政府公报》第 152 册 1940 年 7 月 20 日渝字第 276 号颁令，台北成文出版社有限公司，1972 年，第 3 页。

职。1945 年 3 月晋任陆军少将。长期随侍韩汉英承担第四分校教务事宜至抗日战争胜利后。第四分校被裁撤后，一度挂衔军事委员会高级参谋职，后入第十六军官总队受训，1946 年 7 月退役。1948 年曾出任广东崖县县长，1949 年 11 月任重建后的陆军第六十四军（军长容有略）副军长，兼陆军第一五一师师长，后随部撤退海南岛，率部驻防福山等地。1950 年 4 月因返回老家探亲，未及赶回原部队，遂滞留海南岛。后于 4 月 27 日海口中山路驻旅店时（一说在海南陵水被俘），经盘查搜出随身行李中有将军服、肩章及证件等，随即被捕入狱押解广州，后在监狱中病逝。

曾潜英

曾潜英（1905—1976），中央陆军军官学校第七分校（西安分校）学员总队总队长。原名繁通[1]，别字特生，后改名潜英，广东蕉岭人。蕉岭县新铺金沙乡上寿学校、梅县广东省立第五中学、粤军总司令部学兵练习所肄业，广州黄埔陆军军官学校第一期、广州黄埔中央军事政治学校高级班、陆军大学正则班第十期毕业。1923 年到广州，经胞兄匪石介绍，入粤军总司令部学兵练习所就读。1924 年春由粤军总司令部保荐投考黄埔军校，同年 2 月经赖特才介绍加入中国国民党。1924 年 6 月考入广州黄埔陆军军官学校第一期第四队学习，1924 年 11 月毕业。分发至教导第一团见习，任排长。1925 年 1 月任建国粤军第一

① 湖南省档案馆校编：《黄埔军校同学录》，湖南人民出版社，1989 年；《陆军军官学校第四队学生详细调查表》，《近代中国史料丛刊三编》第五十七辑，台北文海出版社有限公司，1990 年。

军第一师（师长李济深）第二团机关枪连排长、第三团机关枪连连长，随军参加统一广东南路等地的作战。1927 年 10 月考入广州黄埔国民革命军军官学校高级班军事科学员队学习，1928 年 3 月毕业。任留守广州的国民革命军第四军司令部参谋，后任广东第八路军总指挥部步兵团营长。1931 年春任广东第一集团军总司令（陈济棠）部参谋。曾派赴日本留学，因“九一八”事变愤然回国。后获广东第一集团军总司令部保送，1932 年 4 月考入陆军大学正则班学习，1935 年 4 月毕业。返回粤军，任陆军第一集团军第二军第四师司令部副参谋长、参谋长，1937 年 1 月任广东第四路军第一五七师（师长黄涛）第四六九旅（旅长练惕生）步兵第九三七团团长（挂陆军上校衔）。1937 年 1 月 20 日被国民政府军事委员会铨叙厅颁令叙任陆军步兵中校。①

抗日战争全面爆发后，任第四战区第八十三军（军长莫希德）第一八六师（师长李振）第五四五旅副旅长。1939 年 12 月所部隶属第六十三军（军长张瑞贵），任陆军第一八六师（师长赵一肩）第五四五旅旅长，率部参加第一次粤北会战。1940 年 7 月 19 日被国民政府军事委员会铨叙厅颁令由陆军步兵中校晋任陆军步兵上校。② 后任陆军第六十二军（军长黄涛）司令部参谋长，1941 年秋应胡宗南邀请北上，任第一战区第三十四集团军总司令（胡宗南兼）部高级参谋、军事委员会西北游击干部训练班办公厅主任，兼任学员总队总队长。1942 年秋任第三十八集团军总司令（范汉杰）

---

① 国民政府文官处印铸局印行：《国民政府公报》第 119 册 1937 年 1 月 21 日第 2258 号颁令，台北成文出版社有限公司，1972 年，第 4 页。

② 国民政府文官处印铸局印行：《国民政府公报》第 152 册 1940 年 7 月 20 日渝字第 276 号颁令，台北成文出版社有限公司，1972 年，第 3 页。

部（参谋长甘沛泽）副参谋长。1943 年 12 月任第八战区第三集团军总司令（李铁军、赵寿山）部（参谋长池中宽）副参谋长，其间兼任第三集团军军官教育团教育长。抗日战争胜利后，任国民政府西北行营（主任张治中）河西警备总司令（李铁军）部第三集团军总司令（赵寿山）部参谋长，兼任中央训练团西北分团总队长。后任军政部第二十四军官总队总队长。1945 年 10 月获颁忠勤勋章。1945 年 12 月任豫北师管区司令部司令官。1946 年 5 月获颁胜利勋章。任东北保安司令长官（杜聿明）部第一绥靖区第一兵团司令（孙渡）部副参谋长，兼任联合后方勤务总司令部第十二兵站分监、热河省保安司令部副司令官，兼任暂编第五十一师师长，随部在东北、热河等地对人民解放军作战。1948 年 9 月 22 日被国民政府军事委员会铨叙厅叙任陆军少将。1949 年春任重建后的第六十七军副军长，兼任该军第二八五师师长，率部驻防浙闽地区。1949 年 7 月任重建后的第十二兵团（司令官胡琏）第十军（军长张世光）副军长，率部驻防广东粤东地区。1950 年 1 月任海南防卫总司令（薛岳）部第二路军司令部副司令官，兼任第二路军司令部参谋长，同年 5 月率部乘船撤退到台湾。

温应星（1887—1968），南京中央陆军军官学校警察宪兵研究班主任。别号鹤荪，广东新宁（今台山）人。天津北洋学堂、上海南洋学堂、美国陆军军官学校（西点军校）毕业。1897 年考入天津北洋学堂（北洋大学前身），毕业后于 1901 年考入上海南洋学堂（交通大学前身），1903 年秋毕业。任粤汉铁路广东段实习工程师，1904 年春获得公费赴美国留学，先就读于弗吉尼亚军事学校，1905 年 6 月 15 日考入美国陆军军官学校（即西点军校），1909 年 6 月 11 日毕业。随即回到广州，任广东黄埔陆军速成学堂（第二期）数学教习，兼任军事助教。1912 年春任粤军独立旅（旅长黎萼）司令部参谋长。1913 年夏任孙中山英文秘书，后任第三课课长，沪军都督（陈其美）府（参谋长黄郛）副参谋长。其间曾任上海宋氏家族的家庭教师，一度任宋美龄专职教师等。1914 年春起任川汉铁路督办处工程师，湖北大冶铁矿工程师，浦口商务局工程师。1920 年春任警备旅旅长，后经美国驻奉天军事顾问团艾伦少校向张作霖举荐，1921 年秋赴东北任哈尔滨特警处处长，1926 年春任东三省特别区警务处处长，兼任中东铁路警务处警务长。1928 年春辞职返回北平，1928 年 4 月任清华大学第五任校长，成为担任国立大学校长的将军第一人。1930 年春任南京国民政府财政部缉私处处长，后一度出任上海市公安局局长。1932 年淞沪抗战后，任财政部税警总团部总团长，率部驻防上海市郊。1932 年 7 月所部改编为宪兵第五团和第六团，任中央宪兵司令（谷正伦）部副司令官，兼任南京中央陆军军官学校第十期警察宪兵研究班主任。1934 年任财政部税警总团司令部总团长，率部驻防江苏海州地区。1936 年 1 月 1 日获颁四等宝鼎勋章。[①] 1937 年 3 月卸财政部税警总团司令部总团长职。抗日战争全面爆发后，任全国伤兵管理委员会主任。1944 年夏美军参谋总部派遣军团司令辛普森将军，来华洽商美军登陆事宜。为配合美军的登陆计划，国民政府任命其为军事委员会政治部

温应星

① 国民政府文官处印铸局印行：《国民政府公报》第 102 册 1936 年 1 月 2 日第 1936 号颁令，台北成文出版社有限公司，1972 年，第 13 页。

全国战地政务委员会主任委员，工作刚展开不久日本即宣布战败投降。抗日战争胜利后，任军事委员会高级参谋。1946年7月31日被国民政府军事委员会铨叙厅颁令叙任陆军中将。1946年10月当选为国民政府立法院立法委员。1949年后赴香港居住，其间多次赴台湾活动。

第三节　湘籍教官简况

湖南地处华中腹地，中北部地势低缓，大湖阻隔，东、西、南三面山地丘陵，平原仅占总面积的20%。近代以来，湖南士子政治意识极为强烈，家境贫寒塑造了刻苦自励的秉性，较多关注社会实际问题，他们大多是在激烈的社会变革的斗争环境里成长的，展现了湖南人热情的性格特点和勇于抗争的民风。湖南人素有民风强悍、朴实耐劳之誉，这是一代湖南军政人才群起的重要因素。三湘士子紧随河北，是黄埔军校教官数量第二多的省份。限于篇幅，部分教官见表3－4：

表3－4　黄埔军校湘籍教官一览表

时间	教官姓名
1931—1937	程潜、唐生智、李泽民、石醉六、徐权、李铎、李国良、李鼒、谭家骏、傅湘临、史秉直、曾广武、易龙、段禄春、周修仁、黄华国、高逊、潘佑强、戴文、颜逍鹏、潘德立、邹公瓒、萧洪、李楚藩、刘子奇、王景奎、岳岑、陈襄谟、谢铮、王青云、酆悌、王认曲、胡启儒、王梦、谷乐军、周淘漉、李佑武、余洒度、仇硕天、李定陆、柳克述、毛飞、周上璠

(续表)

时间	教官姓名
1937—1945（全面抗战时期）	黄杰、邓文仪、刘咏尧、周磐、李明灏、谭承慨、王昌烈、陈克球、杨厚綵、萧赞育、贺光谦、梁恺、王振斁、邹轸善、周建陶、李禹祥、朱楚藩、易珍瑞、文文修、熊飞鹏、胡长青、吕旃蒙、刘毅超、刘英、杨请缨、文于一、张少杰、熊桓、刘国运、莫我若、胡家骥、洪士奇、周保黎、谢义锋、成刚、彭彝民、龚贤湘、周亦嚣、唐独衡、张海帆、屈风梧、李厚徵、贺醒汉、李慎言、徐超、李秀民、张明、皮宗敏、董仲篪、邬绳武、毛东湖、刘泮珠、易水寒

鉴于湘人在中央陆军军官学校任教者众多，仅选择部分教官（13 名）按姓氏笔画顺序介绍：

王昌烈

王昌烈（1903—1968），成都中央陆军军官学校炮兵科科长。别字子安，别号一安，湖南湘潭人。湘潭县城楚山小学、益智中学毕业，长沙雅礼（教会）大学理科肄业，日本陆军士官学校中华学生队第二十一期野战炮兵科、陆军大学特别班第二期毕业。1911 年考入湘潭县城楚山小学就读，1918 年升入益智中学学习，1922 年毕业。因家贫无力升学，到成智小学任教一年。1923 年考入长沙雅礼（教会）大学理科。1926 年 12 月参加长沙各教会学校学生发起的要求将“圣经”课改为“三民主义”课、公开学校财务、向政府立案、学生参加校务会的斗争。由于雅礼大学停课，辍学返回原籍。1927年春赴长沙考入中央军事政治学校长沙分校。1927年10月经选拔考试派赴日本留学。1928年4月考入日本陆军士官学校中华学生队第二十一期学习，1930年7月毕业。1930年10月回国，分发徐州任陆军第三军干部学校教官。1931年9月任唐生智的副官，后唐调任南京军事参议院院长，其于1932年4月随唐赴南京，任军事参议院总务处副官。1933年任唐生智的高级副官（挂陆军上校衔），负责发行军事报刊。1934年9月入陆军大学特别班学习。1936年6月16日被国民政府军事委员会铨叙厅颁令叙任陆军炮兵中校。① 1937年8月从陆军大学毕业。抗日战争全面爆发后，随唐生智赴南京，任南京警备司令部高级参谋，随军参加南京保卫战。战后撤退到武汉，奉派任中央陆军军官学校第十三、第十四期炮兵科教官、副科长。1938年1月任成都中央陆军军官学校炮兵科科长，曾任成都中央陆军军官学校第十四期第二总队总队长。1939年1月调任军事参议院办公厅少将高级副官。1941年春调任第五集团军第三军司令部高级参谋，同年7月任陆军第三军（军长周体仁）司令部参谋长，率部驻防陕南城固、甘肃平凉、定西一线，担负平兰路段阻击日军西进及护路事宜。1942年7月被国民政府军事委员会铨叙厅颁令叙任陆军炮兵上校。1945年3月8日被国民政府军事委员会铨叙厅颁令叙任陆军少将。抗日战争胜利后，任陆军第八十九军司令部参谋长。1945年10月获颁忠勤勋章。1946年5月获颁胜利勋章。1946年7月办理退役，不久又奉命归役。1948年10月任华北“剿

---

① 国民政府文官处印铸局印行：《国民政府公报》第109册1936年6月17日第2076号颁令，台北成文出版社有限公司，1972年，第1页。

匪”总司令部第四兵团司令（李文）部参谋长，同年12月因病请假，遂携眷返回长沙赋闲。唐生智于1949年4月在长沙倡导和平自救运动，其协助并参与其中。经唐生智推荐任长沙绥靖主任（程潜）公署少将高级参谋。1949年6月受命赴邵阳策动第十四军军长成刚起义，并负责联络长沙绥靖主任公署副主任刘兴暗中接受唐生智指示，继往东安县策动起义，组织零陵、道县等民团武装袭扰湘桂路。1949年8月4日在湖南长沙随程潜、陈明仁等参加起义，任中国国民党人民解放军第一兵团司令部副参谋长。部队改编后，任中国人民解放军第二十一兵团司令部第二副参谋长、高级参谋。

刘子奇

刘子奇（1907—1993），南京中央陆军军官学校学员总队大队长。别号岸秋，别字锦心，又名子奇，湖南新田人。建国湘军讲武堂、广州黄埔国民革命军军官学校高级班、日本陆军士官学校中华学生队第二十四期步兵科肄业，[①] 陆军大学特别班第三期毕业。1922年1月加入湘军鲁涤平部当二等兵，1923年夏随谭延闿部建国湘军第二军南下广州，继入建国湘军讲武堂（堂长陈嘉祐）学习。1925年春随部参加对滇、桂军阀杨希闵、刘震寰部的军事行动。1925年8月建国湘军讲武堂并入黄埔军校，1925年10月毕业（比叙黄埔军校第二期步兵科）。历任国民革命

① 《中华民国留学生日本陆军士官学校在学（姓别）名簿》第46页记载：在学期间因故取消学籍。原名半亭（据郭荣生校补：《日本陆军士官学校中华民国留学生名簿》，台北文海出版社有限公司，1977年）。

军第二军（军长谭延闿）教导师（师长陈嘉祐）司令部参谋，教导师教导营连长、副营长、代理营长。1926年12月考入广州黄埔中央军事政治学校高级班学习，1928年3月毕业。历任国民革命军总司令部军官团（团长蒋介石兼，副团长黄慕松）第一营（营长林振雄）第二连（连长李家鼎）少校连附，军官团教务处（处长徐镇国）少校参谋。1927年蒋介石下野时，任北上侍从团（团长冯轶裴）部秘书，随侍蒋介石返回奉化及赴日本行程。蒋介石复职后，历任军事委员会教导处训练员、警卫连连长，教导处第一团中校团附。1929年7月获得冯轶裴资助，赴日本东京补习半年日语，1931年4月考入日本陆军士官学校中华学生队第二十四期学习，按预定应为1933年7月毕业，由于1931年"九一八"事变爆发，中国学生因抵制日本侵略集体退学回国。1931年11月回到上海后，参加归国留日生组织的抗日救国团宣传组工作，因在街头宣传抗日，曾被租界巡捕关押数日。1932年1月经李佑武推荐，任陆军第八十九师（师长钱大钧、汤恩伯）军事训练班军士队队长，1934年1月经江涛介绍，历任浙江省政府保安处（处长俞济时）第一科副科长，军士训练团教官，浙江省保安第五团团附、代理团长，保安第二团团附。1934年12月返回正规部队，历任陆军第四师（师长汤恩伯）司令部参谋主任、代理参谋长。1936年3月20日被国民政府军事委员会铨叙厅颁令叙任陆军步兵中校。[1] 1936年12月入陆军大学特别班学习。1937年6

① 国民政府文官处印铸局印行：《国民政府公报》第105册1936年3月21日第2001号颁令，台北成文出版社有限公司，1972年，第1页。

月16日被免去陆军第四师司令部参谋处主任职。[①] 1938年10月陆军大学特别班毕业。抗日战争全面爆发后，历任军事委员会直属第三十一集团军总司令（汤恩伯）部高级参谋，兼任干部训练班副教育长，兼任第二十军团（军团长汤恩伯）部干部训练班副主任。1940年3月任第三十一集团军独立第十五旅（旅长黄子华）副旅长，率部驻防河南信阳地区。1940年12月任第三十一集团军第二十一补充兵训练处副处长。1941年4月任第三十一集团军第二十九军（军长陈大庆）司令部副参谋长。1942年3月任鲁苏豫皖四省边区总司令（汤恩伯）部（参谋长唐星）副参谋长，兼任参谋处处长。1942年7月被国民政府军事委员会铨叙厅颁令叙任陆军步兵上校。1942年10月兼任鲁苏豫皖四省边区总司令部高级参谋室（主任韩煜麟）副主任，同年12月一度任鲁苏豫皖四省边区游击总指挥（王仲廉）部代理参谋长。1944年6月任第一战区副司令长官（汤恩伯）部副参谋长，后代理参谋长，兼任豫西指挥部河南第三警备司令部司令。1945年7月任第一战区陆军暂编第六十六师（师长张清秀）副师长、代理师长，第三十一集团军（总司令王仲廉）第八十五军（军长吴绍周）副军长，率部参加豫北会战、鄂西会战。抗日战争胜利后，任第一战区第三十七集团军（总司令丁德隆）第三十六军（军长钟松）副军长，兼任第一二三师（师长盛文）副师长，1946年2月代理该师师长职，率部驻防陕西淳化地区。1946年6月部队整编后，任整编二十九军（军长刘戡）整编第三十六师（师长钟松）第一二三旅旅长，兼任关中指挥所指挥官，率部驻防陕西三原地区，后参加在西

① 国民政府文官处印铸局印行：《国民政府公报》第125册1937年6月17日第2382号颁令，台北成文出版社有限公司，1972年，第4页。

北战场榆林地区与人民解放军作战。1947年8月18日其部在沙家店战役中被全歼，其于同月20日被人民解放军俘虏。后加入中国人民解放军，先任第一野战军司令部参谋，后任第一野战军政治部对敌工作部敌工科副科长。1949年1月任人民解放军西北军区司令部后勤部军牧部副部长，西北军区司令部参议室参议组组长，1949年8月30日受第一野战军彭德怀、甘泗淇等委托，在兰州参加与新疆警备总司令陶峙岳代表曾震五的起义谈判事宜，说服其起义促成酒泉和平解放。

刘公武

刘公武（1903—1988），中央陆军军官学校第二分校（设于湖南武冈）政治部主任。别号耕芜，湖南华容人。长沙省立第一中学毕业，上海沪江大学英语科肄业，复旦大学、德国柏林大学毕业。1923年在上海加入国民党，任复旦大学学生会执行委员长。1926年春起任中国国民党华容县党部常务执行委员，国民革命军总政治部《革命军日报》编辑。1927年夏赴南洋教书，曾任马来西亚麻坡华侨中学教师，新加坡南洋华侨中学校长，其间曾赴德国留学，入柏林大学学习。1932年回国，任抗日救国同盟军总部秘书兼干部学校政治总教官。1934年起任南京中央陆军军官学校特别人员训练班政治学教官、政治总教官，中央陆军军官学校武汉分校政治训练科科长。1937年1月任中央陆军军官学校第二分校（设于湖南武冈）政治部主任，兼该校中国国民党特别党部书记长。抗日战争全面爆发后，任军事委员会西南游击干部训练班政治部主任，第九战区湘鄂边游击干部训练班政治部主任，第九战区湘鄂边游击挺进军政治部主任，峨眉山中央训练团党政高级班少将教务组长兼办公厅主任秘书，兼任三青团中央宣传处副处长及社会服务处副处长。1940 年 6 月 27 日任湖南武冈县县长,[①] 1941 年 1 月 28 日被免去湖南武冈县县长职。[②] 1944 年夏任三青团中央青年干部学校筹备委员，湖北省政府委员。兼任三青团中央举办“南岳青年夏令营”政治总教官，三青团中央团部常务干事。1946 年起任湖北省政府秘书长、民政厅厅长，三青团第二届中央监察。1947 年当选党团合并后的国民党第六届中央监察委员。1948 年被推选为第一届国民大会代表。1949 年 8 月作为湖南和谈代表参与湖南和平解放运动。

刘国运

刘国运（1907—1967），南京中央陆军军官学校航空班教员。别字泰初，湖南衡阳人。衡阳县道南初级中学、南京中央陆军军官学校第六期步兵科、南京中央陆军军官学校航空班、杭州笕桥中央航空学校、陆军大学正则班第十二期毕业。1926 年毕业于衡阳县道南初级中学。南下广州投考黄埔军校，入第六期入伍生总队受训，1928 年 3 月随校迁移南京，4 月考入南京中央陆军军官学校第六期第一总队步兵大队步兵第十二中队学习，在学期间于 1929 年 2 月被选派到设于南京小营的中央陆军军官学校航空训练班学习，该班列为杭州笕桥中央航空学校第一期，1931

① 国民政府文官处印铸局印行：《国民政府公报》第 151 册 1940 年 6 月 29 日渝字第 270 号颁令，台北成文出版社有限公司，1972 年，第 2 页。

② 国民政府文官处印铸局印行：《国民政府公报》第 157 册 1941 年 1 月 29 日渝字第 331 号颁令，台北成文出版社有限公司，1972 年，第 4 页。

年3月19日毕业。任军政部航空署第二航空队飞行员。1933年11月考入陆军大学正则班学习，1936年12月毕业。任航空委员会空军第二路司令部参谋长，率航空队驻守广州地区。抗日战争全面爆发后，主持航空队以及基地迁移衡阳事宜。1937年9月7日国民政府颁令由空军中尉晋任空军上尉。[①] 1938年3月任广西柳州航空总站参谋长，率部保卫西南领空，[②] 基地继而迁移桂林地区。武汉会战期间，曾任航空委员会汉口航空站站长。1939年3月任重庆空军参谋学校（校长蒋介石，教育长周至柔）教务处副处长兼教官，历时三年。1943年10月任重庆中央航空委员会参谋处长，负责接收援助与后勤补给事宜。1945年1月任空军第三路司令部副司令官，同年4月任空军第四路司令部司令官，率部驻守甘肃兰州地区。抗日战争胜利后，任西安中央航空第三路司令部司令官。1945年10月获颁忠勤勋章。1946年5月获颁胜利勋章。1946年5月航空委员会改组为空军总司令部，任空军总司令部第三军区司令部司令官，率部驻防西安地区。1947年10月任空军总司令部（参谋长王叔铭）副参谋长，1948年3月任空军总司令（周至柔）部参谋长。其间多次赴台湾筹建冈山空军训练中心，修整与扩建原日军遗留的松山、桃园、新竹、嘉义、屏东机场。[③] 1949年4月南京解放前夕，随空军司令部迁往台湾。

刘泮珠（1902—?），成都中央陆军军官学校政治训练室主任。别字寿浦，别号寿埔，湖南湘阴人。日本东京早稻田

---

① 国民政府文官处印铸局印行：《国民政府公报》第129册1937年9月8日第2452号颁令，台北成文出版社有限公司，1972年，第5页。

② 胡健国主编：《国史馆现藏民国人物传记史料汇编》第十二辑，台北“国史馆”，1994年，第500页。

③ 刘绍唐主编：《民国人物小传》第十七辑，台北传记文学出版社，1999年。

大学政治经济学系、苏联莫斯科中山大学毕业，中央训练团党政研究班第五期肄业。历任湖南大学教授，中国国民党长沙市党部执行委员，长沙警备司令部政治训练处副主任。1929 年任南京中央陆军军官学校第六期校本部政治训练处政治学教官，后任南京中央大学军事训练室副主任兼总教官。抗日战争全面爆发后，任成都中央陆军军官学校第十四期第一总队政治训练室主任，第十六期校本部政治部同上校衔政治学教官。1945 年 10 月任衢州绥靖主任公署少将参议。1947 年 1 月返中央大学任政治学教授等职。

李国良（1896—1939），南京中央陆军军官学校辎重兵科研究班主任。别字兆彬，湖南长沙人。1921 年 4 月考入日本陆军士官学校中华学生队第十四期学习，1923 年 7 月毕业。回国后任广州大元帅府大本营军政部参谋，1923 年 10 月任设于广州长洲岛原广东海军学校的大元帅府军政部（部长程潜）军官教导营（营长廖士翘）军事教官。1924 年 1 月军官教导营迁至广州近郊北较场，改名为广州大本营军政部陆军讲武学校（校长程潜兼，监督周贯鸿），仍任军事教官。1924 年秋转任攻鄂军总司令（程潜兼）部上校参谋。1925 年 8 月任国民革命军第二军（军长谭延闿）军官学校主任教官。1926 年 3 月任国民革命军第六军（军长程潜）讲武学校教育长，后调任中央军事政治学校入伍生部（部长方鼎英）部附，兼任国民革命军第六军学生总队总队长。1926 年 8 月任国民革命军第六军司令部教导团少将团长，率部参加北伐战争江浙方面战事。1927 年夏任第一集团军第二路军（前敌总指挥陈调元）暂编第六军（军长杨杰）第十七师（师长文鸿恩）副师长，1927 年 10 月率部参与对唐生智部的讨伐战事。1927 年 12 月任国民革命军军官团教务处少将教官，1928 年夏国民革命军编遣后，转任南京中央陆军军官学校附设军官团少将教官。1928年12月5日任军事委员会训练总监（何应钦兼，副监周亚卫、贺耀组）部首任辎重兵监。[1] 1933年秋晋任陆军中将衔，任中央陆军辎重兵学校校长，后退任教育长。1935年秋获颁甲种一等奖章。1935年10月交通、辎重兵两校合并，免兼教育长职。1936年1月29日被国民政府军事委员会铨叙厅颁令叙任陆军少将。1936年春任军事委员会警卫执行部第二组第三庭主任。1937年1月1日获颁四等云麾勋章。[2] 1936年7月9日获颁国民革命军誓师十周年纪勋章。1936年10月5日被国民政府军事委员会铨叙厅颁令叙任陆军中将。1937年1月1日获颁四等云麾勋章。[3] 抗日战争全面爆发后，仍任训练总监部辎重兵监。随军事委员会迁移武汉，1938年1月训练总监部改编为军事训练部（部长白崇禧），仍任辎重兵监，同时兼任军事委员会后方勤务部运输处处长。1938年5月兼任中央训练团第一期教育委员会委员。1939年2月28日任军事委员会天水行营（主任程潜）军事训练处处长。1939年3月7日因所在行营遭日机轰炸，防空洞塌陷遇难身亡。[4]

易水寒（1912—1995），中央陆军军官学校第七分校（西安分校）政治学教官。湖南长沙人。北平中国大学肄业。早年从事新诗和戏剧创作，随戏剧家王大龙创办北平电影摄

① 国民政府文官处印铸局印行：《国民政府公报》第13册1927年12月6日第36号颁令，台北成文出版社有限公司，1972年。

② 国民政府文官处印铸局印行：《国民政府公报》第119册1937年1月2日第2243号颁令，台北成文出版社有限公司，1972年，第1页。

③ 国民政府文官处印铸局印行：《国民政府公报》第119册1937年1月2日第2243号颁令，台北成文出版社有限公司，1972年，第1页。

④ 刘晨主编：《中国抗日将领牺牲录》，团结出版社，2007年，第193页；刘绍唐主编：《民国人物小传》第十一辑，台北传记文学出版社，1999年。

制所。1934 年入军事委员会保定政训班学习，毕业后派任军委会北平分会政训处上尉科员，创办“大风剧社”。1936 年 12 月任军事委员会西安行营政治部少校科员、组长，创建“大道剧社”，宣传抗日救亡活动，兼理抗敌后援会宣传工作。抗日战争全面爆发后，任军事委员会战时干部训练第四团文艺教官，中央陆军军官学校第七分校（西安分校）政治部中校政治指导员，兼任王曲剧社编导。1944 年任中央陆军军官学校第七分校政治部同上校衔政治学教官，兼王曲剧社社长。1945 年 10 月编入军政部第二十四军官总队受训，1946 年 7 月退役。后任湖北省人民服务总队督导官，兼《民言报》总编辑。先后编写宣传抗日救亡的多幕剧《征服》《漠北春秋》《战斗》等。

屈凤梧

屈凤梧（1900—1945），成都中央陆军军官学校政治学教官。谱名德一，别号浙潮，湖南衡阳人。中山大学政治经济系、美国加利福尼亚大学政治科毕业。先后在湖南明德私立中学堂、广东高等师范学校就读，后赴美国加利福尼亚大学学习，获得数学硕士及政治学博士。1926 年春回国到广州，经邹鲁、甘乃光介绍入中山大学任教。后兼任广州黄埔中央军事政治学校第五期少校衔政治学教官，参与编写政治课教材。1926 年 7 月北伐战争开始后，留守广州任国民革命军军官学校第七期第二总队政治训练处中校政治学教官。后随广州黄埔军校留守人员迁移南京。1930 年任南京中央陆军军官学校第八期第一总队中校衔政治学教官。1931 年任军校政治训练室政治指导主任，续任第十期第一总队教官，第十二期、第十三期校本部教育处政治学教官。抗日战争全面爆发后，随军迁移西南地区，任成都中央陆军军官学校第十四期第六总队上校政治指导主任，第十六期第三总队政治训练室上校主任，成都中央陆军军官学校办公厅少将主任秘书。1943 年 3 月离职返回湖南，历任中国国民党湖南省党部监察委员，军事委员会西南战时干部训练团第二集训班少将主任，衡阳县临时参议会议长。1944 年秋与屈子健、刘艺侯等倡办公立联合中学，任校长，借水口小镇街上的刘时宇公祠为校舍，1945 年春正式开学，学校老师有段嵝生、陈正言、张仲轩、唐匹楠、刘绍彭等，招收学生 400 余人。衡阳战役后曾在家乡发动群众，组织抗日自卫队，在神皇乡等地阻击日寇打掳抢粮。1945 年 1 月为避害徒步出走沦陷区，经湘西转四川成都避难。抗日战争胜利后，应湖南省政府主席吴奇伟邀请，返原籍任衡阳县县长，1945 年 9 月 21 日在衡阳通天乡石狮坳祝家大屋附近遭土匪枪杀身亡。

洪士奇

洪士奇（1903—1982），中央陆军军官学校第七分校（西安分校）副主任。又名壮吾，湖南宁乡人。湖南甲种工业专科学校、广州黄埔陆军军官学校第二期步兵科、日本陆军士官学校中华学生队第二十一期野战炮兵科、德国祐登堡炮兵学校观测班毕业。1924 年 8 月考入广州黄埔陆军军官学校第二期步兵科学习，在校学习期间加入孙文主义学会。1925 年 2 月 1 日随军校教导团参加第一次东征作战，进驻广东潮州进行短期训练，5 月 30 日随军返回广州。1925 年 6 月随部参加对滇、桂军阀杨希闵、刘震寰部的军事行动，继返回校本部续学，1925 年 9 月毕业。分发至国民革命军第一军见习，1925 年 10 月随部参加第二次东征作战。1926 年任广州黄埔中央军事政治学校第四期入伍生队排长，同年 7 月随部参加北伐战争。1927 年 10 月考取公费留学资格。1928 年 4 月考入日本陆军士官学校中华学生队第二十一期学习，1930 年 7 月毕业。1930 年 8 月回国，历任南京中央陆军军官学校高级班学员大队中校区队长，中央陆军炮工学校教官。1931 年 12 月任陆军第五军（军长张治中）司令部参谋。1932 年 1 月随部参加“一·二八”淞沪抗日战事。后返回炮兵学校任教官，1932 年 3 月 28 日加入中华民族复兴社，任中华民族复兴社炮兵学校支社书记。1933 年任炮兵第一旅第一团第二营营长，独立炮兵第五团团长。其间奉派赴德国学习炮兵观测。1935 年 5 月 30 日被国民政府军事委员会铨叙厅颁令叙任陆军炮兵中校。[①] 抗日战争全面爆发后，赶回国内参加战事。1937 年 10 月任机械化重榴弹炮兵第十四团团长。1938 年 6 月 15 日被国民政府颁令晋任陆军炮兵上校。[②] 1939 年任军政部直属独立炮兵第七旅旅长，兼任第四战区司令长官部炮兵指挥部指挥官，率部参加桂南昆仑关战役，指挥两营炮兵协同陆军其他部队攻克昆仑关。后率部调防广东，任第七战区司令长官部炮兵指挥部指挥官，率部驻防广东韶关。1943 年任军政部直属炮兵第一旅旅长，所部被裁撤免职。后任中央陆军军官学校第七分校（西安分校）副主任。1945 年 5 月任陆军新编第七军暂编第二十六师师长，率部防守黄河。1945 年 10 月获颁忠勤

① 国民政府文官处印铸局印行：《国民政府公报》第 93 册 1935 年 5 月 31 日第 1755 号颁令，台北成文出版社有限公司，1972 年，第 2 页。

② 国民政府文官处印铸局印行：《国民政府公报》第 133 册 1938 年 6 月 18 日渝字第 58 号颁令，台北成文出版社有限公司，1972 年，第 1 页。

勋章。1945 年 12 月所部被整编裁撤免职。1946 年 1 月任军政部（部长陈诚）兵工署（署长俞大维）军械司司长。1946 年 5 月获颁胜利勋章。1946 年 10 月任联合后方勤务总司令部兵工署外勤司司长。炮兵学校迁返南京汤山原址后，1947 年 11 月任中央炮兵学校校长。1948 年 9 月 22 日被国民政府军事委员会铨叙厅颁令叙任陆军少将。[①] 1949 年到台湾。

熊桓（1907—1992），成都中央陆军军官学校战术教官。别字尔奇，湖南益阳人。1929 年 10 月考取公费赴外国留学资格。1930 年 4 月考入日本陆军士官学校中华学生队第二十三期学习，按预定为 1932 年 7 月毕业，“九一八”事变后退学回国。回国后，任中央陆军步兵学校教官，后任南京中央陆军军官学校教官。抗日战争全面爆发后，随军校迁移西南地区，历任成都中央陆军军官学校第十六期战术教官，第十八期第二总队步兵科上校战术教官，第十九期特科总队上校战术教官、步兵科教官组组长。1949 年 10 月任湘鄂川黔游击纵队司令部副司令官，后任川黔“反共救国军”第四路司令部司令官，川滇黔军政长官公署代理参谋长。1992 年 12 月在重庆病逝。

熊　垣

颜逍鹏（1900—1982），中央陆军军官学校第四分校（广州分校）兼职教官。又名龙用，别号海谟，湖南茶陵人。茶陵县高等小学堂、湖南省立岳云中学、广州黄埔陆军军官

① 《国民政府公报》未载，此据刘国铭主编：《中国国民党百年人物全书》，团结出版社，2005 年，第 1641 页。

学校第一期毕业，庐山军官训练团党政研究班结业。完成小学、中学学业后，曾任茶陵县初级中学教员。1924年6月考入黄埔陆军军官学校第一期第一队学习，1924年11月毕业。分发至黄埔军校任入伍生队见习，任排长，随部参加第一次东征作战。1926年7月随部参加北伐战争，任东路北伐军总指挥部政治训练员，国民革命军第一军第二十一师步兵团团政治指导员。1927年4月“清党”时被捕，后由谭延闿之女谭祥劝说丈夫陈诚保释，此后追随陈诚充当高级幕僚。1928年任国民政府军政部第二署少校处员，中央陆军军官学校武汉分校中校政治学教官，杭州军官补充训练班政治学教官。1929年1月任国民革命军编遣委员会南京陆军处中校秘书。1930年任南京中央陆军军官学校第八期第二总队政治训练处政治学教官。1934年12月任军事委员会武汉行营（主任陈诚）高级参谋，兼任特别党部书记长办公室主任。1936年3月4日被国民政府军事委员会铨叙厅颁令叙任陆军步兵上校。①1936年10月任军事委员会广州行营（主任陈诚）高级参谋，兼任第五组组长。1936年12月任陆军第十八军（军长陈诚兼）驻长沙办事处（后方通讯处）主任。1937年1月任中央陆军军官学校第四分校（广州分校）兼职教官。抗日战争全面爆发后，任军事委员会武汉卫戍总司令部高级参谋。1938年4月转任军事委员会政治部少将衔秘书主任，政

颜逍鹏

① 国民政府文官处印铸局印行：《国民政府公报》第105册1936年3月5日第1988号颁令，台北成文出版社有限公司，1972年，第1页。

治部部长陈诚办公室主任，兼任军事委员会政治部设计委员会委员。1940 年 8 月任第六战区司令长官部秘书长、政治部主任。1943 年春任军事委员会政治部秘书长，兼任该部中国国民党特别党部书记长。1944 年 10 月任军政部部长（陈诚）办公室主任。1946 年任参谋总长（陈诚）办公室秘书长。1948 年 9 月 22 日被国民政府军事委员会铨叙厅叙任陆军少将。1948 年 10 月辞去军职，携眷返回原籍乡间寓居。1949 年春转赴台湾。

潘佑强

潘佑强（1899—1977），南京中央陆军军官学校星子特别人员训练班主任。别号龙如，别字季刚，湖南湘乡人。潘德立堂叔。湘乡县立第一高等小学、长沙岳云中学毕业，湖南省立高等工业学校、群治大学肄业，广州黄埔陆军军官学校第一期、日本陆军大学、美国空军训练学校毕业。求学肄业后，曾任湘军长沙兵站总部上尉副官。1923 年任长沙卫戍司令部第一营第四连连长。后辞职赴粤，任驻粤湘军总司令部咨议，湘粤边宣慰使署一等军需。1924 年 6 月考入黄埔陆军军官学校第一期第三队学习，1924 年 11 月毕业。后任国民革命军团政治指导员，1926 年 2 月 2 日参加由校长蒋中正、校党代表汪精卫为解决黄埔军校党务纠纷起见，召集中国青年军人联合会、孙文主义学会举办的联席会议。① 1926 年 2 月 28 日孙文主义学会召开全体会员大会，被

① 广东革命历史博物馆编：《黄埔军校史料（1924—1927）》，广东人民出版社，1985 年，第 346 页。

推选为候补执行委员。① 1926 年 7 月随军参加北伐战争，任国民革命军第一军第三师中国国民党特别党部书记长。1927 年奉派赴日本留学，入日本陆军大学学习军事，1930 年毕业回国。任南京各军事学校毕业生调查处科长、副处长，黄埔同学会干事会秘书。1932 年 3 月 28 日在南京参与筹建中华民族复兴社，为十名发起和骨干成员之一，并发起该社内层组织三民主义力行社。其间任军事委员会交通研究所主任，兼任政治研究班主任。1933 年 8 月 11 日任国民政府训练总监部国民军事教育处处长，兼任国民军事教育教官训练班主任。1936 年 1 月 29 日被国民政府军事委员会铨叙厅叙任陆军少将。任南京中央陆军军官学校星子特别人员训练班主任。1937 年 10 月任军政部洛阳补充兵训练处处长。1938 年 3 月 4 日被国民政府颁令任命为河南省政府保安处处长。② 兼任河南省保安司令部副司令官、河南省党政军联合办公处处长及特别党部书记长，三青团河南支团部干事长。1939 年 1 月 14 日被国民政府颁令免河南省政府保安处处长职。③ 1944 年 10 月率空军学员大队赴美国学习。1945 年夏任重庆卫戍总司令部军官总队总队长。1945 年 10 月获颁忠勤勋章。1946 年 5 月获颁胜利勋章。1946 年 12 月任国防部战地视察室主任。1949 年夏任川湘鄂边绥靖主任公署副主任，1949 年冬脱离军职。南下广东转赴香港，后赴美国定居。④

① 《广州民国日报》1926 年 3 月 3 日，“孙文主义学会之会员大会”。

② 国民政府文官处印铸局印行：《国民政府公报》第 132 册 1938 年 3 月 5 日渝字第 28 号颁令，台北成文出版社有限公司，1972 年，第 3 页。

③ 国民政府文官处印铸局印行：《国民政府公报》第 138 册 1939 年 1 月 18 日渝字第 119 号颁令，台北成文出版社有限公司，1972 年，第 1 页。

④ 杨牧、袁伟良主编：《黄埔军校名人传》下册，河南人民出版社，2005 年，第 1074 页。

潘德立

潘德立（1898—?），中央陆军军官学校第三分校（设于瑞金）高级教官。别号志仁，湖南湘乡人。潘佑强堂侄。湘乡县文星桥国民学校、湖南省立乙种农业学校兽医科、湖南省立第二师范学校、广州黄埔陆军军官学校第一期、广州黄埔中央军事政治学校军事科高级班毕业。曾任建国湘军总司令部咨议等。1924 年 6 月考入黄埔陆军军官学校第一期第三队学习，1924 年 11 月毕业。后留军校工作，任校本部（第三期）管理处中尉处员，军校管理部少校课长。1927 年 10 月奉派入广州黄埔中央军事政治学校军事科高级班学习，1928 年 3 月毕业。1928 年 4 月任广州黄埔国民革命军军官学校第七期第二总队教授部中校交通教官。1931 年起任参谋本部后方勤务部科长，军政部第四厅上校军械官，军械处处长。1936 年 3 月 10 日被国民政府军事委员会铨叙厅颁令叙任陆军步兵上校。[①] 抗日战争全面爆发后，任第一战区司令长官部兵站部副司令官，军事委员会后方勤务司令部西北供应局副局长。1943 年春任中央训练团江西星子特别人员训练班军事教官，中央陆军军官学校第三分校（设于瑞金）高级教官。1945 年 10 月获颁忠勤勋章。1946 年 1 月奉派入中央训练团将官班受训，登记为少将团员，1946 年 3 月结业。1946 年 5 月获颁胜利勋章。1946 年 12 月 23 日被国民政府军事委员会铨叙厅叙任陆军少将。任陆军总司令部高级参谋。1949 年后定居长沙。

---

① 国民政府文官处印铸局印行：《国民政府公报》第 105 册 1936 年 3 月 11 日第 1993 号颁令，台北成文出版社有限公司，1972 年，第 1 页。

第四章　浙苏冀皖鄂省籍教官的地域人文

第一节　浙籍教官简况

浙江地处太湖以南，东滨东海，相邻苏、沪、皖、赣、闽等省，自古就是文明富庶之地，以“人物百代芬芳，文化源远流长”闻名天下。近现代以来，浙人以其优厚经济基础和人文成才机制，名人辈出，遥领风骚于民国军政界数十年。黄埔军校自创办始就与浙人结下难解之缘。浙人虽任教官总人数居于第七位，但始终有位高权重的人物居于其中。限于篇幅，部分教官情况见表4－1：

表4－1　黄埔军校浙籍教官一览表

时间	教官姓名
1931—1937	蒋介石、陈诚、汤恩伯、徐培根、祝绍周、周亚卫、钱宗泽、方策、石铎、葛敬恩、童元亮、陈启之、潘竞、方仲吾、汪镐基、周振强、陈良、蔡培元、杨诚、金斌、竺莘翘、郑耀初、李家鼎、裘振豪、周振镛、钱鹤皋、金家藩、翁叔和、宣成、谢力虎、方既平、应西、干城、楼广文

（续表）

时间	教官姓名
1937—1945 （全面抗战时期）	胡宗南、杨彬、程开椿、俞星槎、邱清泉、计宗汉、金式祁、章履和、傅维藩、黄祖壎、周熙龙、蒋公权、刘祖舜、苏玉衡、邵令江、宣铁吾、梁亚雄、郑志澜、卢性翘、沈策、李正先、邵斌、王石风、张祖正、黄昌言、丁思麟、丁德成、王微、王大中、厉太康、刘笃、李郷、沈忱甫、汪维恒、俞谐

鉴于浙籍人在中央陆军军官学校任教者众多，仅选择部分教官（17 名）按姓氏笔画顺序介绍：

丁思麟（1895—?），成都中央陆军军官学校通信教官。又名思林，别号玉书，浙江永嘉人。浙江军用无线电信教导大队第四期、浙江省干部训练团党政班毕业。早年参加北伐战争，1930 年起任浙江省保安团连长，电讯队队长，金华师管区司令部教导队队长，第一电台总队中队长。1935 年 6 月 26 日被国民政府军事委员会铨叙厅颁令叙任陆军通信兵少校。[①] 抗日战争全面爆发后，任中央通信学校中校教官，成都中央陆军军官学校通信教官。抗日战争胜利后，任成都中央陆军军官学校第十五期上校通信教官。1946 年 7 月退役，后任四川省青年服务总队少将副总队长。1949 年因病辞职。

王大中（1904—?），中央陆军军官学校第七分校（西安分校）政治部主任。浙江瑞安人。庐山中央训练团党政研究班第二期毕业。1925 年秋入广州黄埔中央军事政治学校入伍

① 国民政府文官处印铸局印行：《国民政府公报》第 94 册 1935 年 6 月 27 日第 1778 号颁令，台北成文出版社有限公司，1972 年，第 1 页。

生队受训，1926 年 1 月升入第四期政治科学习，1926 年 10 月毕业。随部参加北伐战争。1932 年 3 月 9 日在南京参与发起筹备中华民族复兴社，后被推为中华民族复兴社助理书记。① 后任陆军第一师政治部副主任，1936 年 12 月任陆军第一军政治部副主任、代理主任。抗日战争全面爆发后，任第三十四集团军总司令部政治部副主任。抗日战争中后期，任中央陆军军官学校第七分校（西安分校）政治部副主任。1940 年 7 月 26 日获颁干城甲种二等奖章。② 后任中央陆军军官学校第七分校政治部主任，兼任军事委员会西北游击干部训练班政治部副主任。1945 年 1 月被推选为军队特别党部选出的中国国民党第六次全国代表大会代表。抗日战争胜利后，仍任中央陆军军官学校西安督训处政治组副组长，后改为训导室主任。西安督训处裁撤后被免职，入中央训练团受训。1947 年任国防部附员，1948 年 9 月 22 日被国民政府军事委员会铨叙厅颁令叙任陆军步兵上校，同时办理退役。③

王石风（1904—1996），中央陆军军官学校第七分校（西安分校）总务处处长。原名志鹏④，浙江黄岩人。黄岩县立南渠小学堂肄业，浙江临海省立第六旧制中学、黄岩清献旧制中学毕业，上海大陆大学肄业，广州黄埔中央军事政治学校第四期政治科、陆军大学乙级将官班第一期毕业。1925 年 5 月到上海、杭州谋职，想当警察未果。1925 年 9 月到广

---

① 全国政协文史资料委员会编纂：《文史资料存稿选编·特工组织》上册，中国文史出版社，2002 年，第 315 页。

② 国民政府文官处印铸局印行：《国民政府公报》第 152 册 1940 年 7 月 27 日渝字第 278 号颁令，台北成文出版社有限公司，1972 年，第 8 页。

③ 刘国铭主编：《中国国民党百年人物全书》，团结出版社，2005 年，第 119 页。

④ 湖南省档案馆编：《黄埔军校同学录》，湖南人民出版社，1989 年。

州，考入广州黄埔军校第四期学习，入校不久随教导团参加第二次东征。1926年1月正式编入第四期政治科第一队学员，驻守蝴蝶岗，同年5月前往广州中山大学继续受训。1926年7月北伐战争开始，任国民革命军总政治部宣传队队员，北伐进军至湖南株洲，分配到国民革命军第一军第二师第五团第六连任党代表，随军北伐至武汉，随部南下参加南昌战役负伤，后北上浙江龙游激战，腿部再次负伤入衢州陆军医院，继入杭州宝石山陆军医院治疗，不久随军进驻南京。1927年6月中央陆军军官学校迁移南京后，任军校政治部上尉课员，广州黄埔国民革命军军官学校第六期、第七期学员。北上南京后，任第七期学员队区队长。1927年12月起任中央陆军军官学校高级班政治训练室少校股长。后入上海大陆大学学习。肄业后于1930年6月任中央陆军军官学校校本部政治训练处中校课长。1930年底赴日本东京留学，先入日语学校学习，1931年“九一八”事变后愤然回国。不久后任陆军第二师（师长汤恩伯）司令部驻南京办事处主任。1936年初任驻守海州的财政部税警总团部总务处上校处长。抗日战争全面爆发后，随税警总团参加淞沪会战。1938年徐州会战时，随陆军第八军驻守归德并参战。1938年夏任中央陆军军官学校第七分校（西安分校）总务处处长。后于1938年12月赴贵州入陆军大学乙级将官班学习，后迁移重庆北碚续学，1940年2月毕业。1942年2月随郑洞国赴印度，任参谋处参谋、科长，1944年10月任中国驻印军郑洞国副司令长官部军务处处长（挂陆军少将衔），随部参加驻印军历次战役。抗日战争胜利后，历任昆明城防司令（杜聿明）部高级参谋室副主任，后随黄杰赴重庆，任中央训练团教务委员会总务组少将组长，参与筹备将设在重庆复兴关（今浮图关）的中央训练团迁移南京事宜。1946年7月任中央军官训练团教育委员会总务组组长。1948 年秋任陆军总司令部第四编练司令部高级参谋，随黄杰赴汉口、衡阳、南京等地。1949 年冬随军由舟山群岛赴台湾。

王　微

王微（1897—1979），中央陆军军官学校第七分校（西安分校）通讯训练主任。别字显之，浙江孝丰人。浙江吴兴县立中学、北京军需学校经理科毕业。吴兴县立中学堂毕业后，任王氏私立小学教员多年，后任孝丰县立小学校长。1924 年秋加入中国国民党。1925 年秋经胡宗南推荐给陈果夫，后任中国国民党吴兴县党务特派员。1927 年秋在南京再遇胡宗南，被推荐为国民革命军第一军第二十二师（师长蒋鼎文，副师长胡宗南）第六十五团（团长程式）团部中尉书记员。1928 年 12 月起任国民革命军第一军第一师（师长胡宗南）第二旅旅部上尉书记员。1932 年 1 月淞沪战事爆发，随胡宗南第一师（对外称陆军第四十三师）赴上海参加战事。战后随军赴安徽，再入陕西驻军，1933 年春任陆军第一师司令部少校秘书，后倡议创办无线电教导队训练专业人员，[①] 筹备组建后成规模，1937 年 1 月任第一军司令部无线电人员训练班主任，曾派任第一军驻北平办事处主任。抗日战争全面爆发后，任陆军第一军（军长胡宗南）司令部中校秘书，陆军第四十六师司令部军需处处长，第三十四集团军总司令部机要室上校主任。1942 年 12 月任第八战区副司令长官（胡宗南）部少将秘书及机要

① 《王微先生访问纪录》，台北“中央研究院”近代史研究所，1996 年，第 166 页。

室主任，其间兼任中央陆军军官学校第七分校（西安分校）通讯训练部主任。① 抗日战争胜利后，任第一战区司令长官部机要室主任。1946 年任西安绥靖公署机要室主任。1947 年 12 月底被参谋本部任命为西北区译电人员少将督导官。1949 年到台湾。

厉太康（1902—?），成都中央陆军军官学校通信教官。浙江东阳人。浙江省立第四中学、法国格勒诺布尔大学电学院毕业。中学毕业后，旋即赴法国留学，入法国格勒诺布尔大学电学院学习，并考取电学工程师资格。回国后，历任浙江宁波电信专门学校讲师，浙江省电信总局技佐。后经友人介绍，进入军队系统从事无线电信事宜，历任军政部电政处通信队队长，军政部通信总队大队长。抗日战争全面爆发后，随军撤退西南地区，任成都中央陆军军官学校第十八期同上校衔通信教官，第十九期校本部通信兵科工程师，第二十期通信兵科高级通信教官。1946 年春起任湖北省电信总局技正、局长等职。

刘笃（1904—?），成都中央陆军军官学校日文教官。别号志纯，浙江乐清人。浙东省立商业专科学校、日本明治大学研究院、日本东京帝国大学毕业，获东京帝大政治学博士学位。抗日战争全面爆发前夕，任中国驻日本大使馆三等秘书、翻译。1937 年 10 月回国，任国民政府外交部东亚司科长，军事委员会对日情报人员训练班同上校衔副主任，后任成都中央陆军军官学校第十七期第一总队同中校衔日文教官。1941 年任成都中央陆军军官学校第十八期普通学科军简三阶日文教官。1944 年 1 月任成都中央陆军军官学校第二十

① 《王微先生访问纪录》，台北“中央研究院”近代史研究所，1996 年，第 177 页。

期本部教育处日文教官。1945 年秋任陆军总司令部日军战俘管理处总教官，后任国民政府外交部条约委员会委员等职。

刘祖舜（1893—1954），南京中央陆军军官学校办公厅主任。别字韶仿，别号韵仿，浙江黄岩人。浙江陆军讲武堂、陆军大学特别班第一期毕业。辛亥革命爆发后，参加学生军敢死队，任队长，参加杭州光复军事活动。1913 年起任浙江陆军第一师步兵团排长、连长、营长。1926 年 12 月随部归附国民政府，1927 年 11 月 28 日任南京国民政府军事委员会办公厅所属办公室主任，1928 年 5 月任国民革命军总司令部参谋处（处长葛敬恩）主任参谋，后任陆海空军总司令部参谋处总务科科长。1929 年 12 月被保送入陆军大学特别班学习，1931 年 10 月毕业。任鄂豫皖边区“剿匪”总司令（张学良代理）部参谋处处长。1935 年任军事委员会委员长侍从室第二组组长，武汉警备总司令部高级参谋。1936 年 2 月 4 日被国民政府军事委员会铨叙厅颁令叙任陆军少将。任南京中央陆军军官学校办公厅主任。1936 年 11 月 12 日获颁四等云麾勋章。[①] 后任中央陆军军官学校教育长（陈继承）办公室主任。抗日战争全面爆发后，任军事委员会铨叙厅（厅长林蔚）副厅长，冀察战区总司令部参谋长。1944 年 5 月 1 日任第十四集团军总司令部副总司令，1944 年 7 月 20 日任第二十六集团军总司令部副总司令，后任第三十八集团军总司令部副总司令。1945 年 10 月获颁忠勤勋章。1946 年 3 月任国防部第一厅厅长。1946 年 5 月获颁胜利勋章。1948 年 9 月 22 日被国民政府军事委员会铨叙厅颁令叙任陆军中将。后任联合后方勤务总司令部副官学校校长。1949 年到

① 国民政府文官处印铸局印行：《国民政府公报》第 117 册 1936 年 11 月 13 日第 2201 号颁令，台北成文出版社有限公司，1972 年，第 7—9 页。

台湾。

苏玉衡

苏玉衡（1904—?），中央陆军军官学校第七分校办公厅副主任。别字玉蘅，浙江临海人。广州黄埔中央军事政治学校第四期政治科、陆军大学正则班第十期毕业。1926年1月考入广州黄埔中央军事政治学校第四期政治科政治大队学习，1926年10月毕业。1932年4月考入陆军大学正则班学习，1935年4月毕业。1936年3月14日被国民政府军事委员会铨叙厅颁令叙任陆军步兵中校。[①] 1937年3月26日被国民政府军事委员会铨叙厅颁令晋任陆军步兵上校。[②] 抗日战争全面爆发后，任中央陆军军官学校第七分校办公厅副主任，中央陆军军官学校第七分校教育处少将副处长，后任陆军第九十三师（师长甘丽初）司令部参谋长。1938年5月入军事委员会战时将校研究班第二分队学员队受训，1938年7月结业，后任中央军官训练团第一期第二大队第五中队中队附。1942年10月13日至12月23日任伪南京国民政府军事委员会参赞武官公署少将参赞武官。1943年10月10日被伪南京国民政府军事委员会授予陆军少将军衔，同年10月24日再任少将参赞武官。1944年3月24日任伪军事委员会驻苏北绥靖主任（项致庄、孙良诚）公署（参谋长程仲清）

① 国民政府文官处印铸局印行：《国民政府公报》第105册1936年3月15日第1996号颁令，台北成文出版社有限公司，1972年，第1—2页。

② 国民政府文官处印铸局印行：《国民政府公报》第121册1937年3月27日第2313号颁令，台北成文出版社有限公司，1972年，第1页。

参谋处处长。[①]

李邺（1900—?），成都中央陆军军官学校经理处处长。别号望源，浙江临海人。上海中华艺术大学毕业。1926年到广州，任中央军事政治学校第四期办公厅采办课中尉课员、上尉服务员，中央军事政治学校第五期经理部计核股上尉股长。1927年随军校迁移南京，任南京中央陆军军官学校第六期（第一总队）校本部经理处财政课少校会计股股长，第七期经理处中校财务课长。1933年7月任南京中央陆军军官学校第十期经理处处长。1936年1月13日被国民政府军事委员会铨叙厅颁令叙任陆军二等军需正。[②] 1936年9月续任第十三期经理处处长。1937年5月6日国民政府军事委员会铨叙厅颁令由陆军二等军需正晋任陆军一等军需正。[③] 抗日战争全面爆发后，随军校迁移西南地区，仍任成都中央陆军军官学校第十四期经理处处长，后任成都中央陆军军官学校第十六期总办公厅经理处处长，第十七期第二总队经理处处长。1945年12月任国民政府军政部会计长。1946年7月退役。

邱清泉（1902—1949），南京中央陆军军官学校教导总队参谋长。原名青钱[④]，别字雨庵，别号点溪，后改名清泉，浙江永嘉人。永嘉县立高等小学堂、浙江省立第十中学、上海大学社会学系一年级、英国文学系二年级肄业，广州黄埔

① 郭卿友主编：《中华民国时期军政职官志》下册，甘肃人民出版社，1990年，第1958—1968页。

② 国民政府文官处印铸局印行：《国民政府公报》第102册1936年1月14日第1944号颁令，台北成文出版社有限公司，1972年，第1页。

③ 国民政府文官处印铸局印行：《国民政府公报》第123册1937年5月7日第2347号颁令，台北成文出版社有限公司，1972年，第3页。

④ 湖南省档案馆校编：《黄埔军校同学录》，湖南人民出版社，1989年。

邱清泉

陆军军官学校第二期工兵科、德国陆军大学毕业。早年入私塾就读，后考入永嘉县立高等小学堂学习，继入浙江省立第十中学就读，1921 年毕业，返回家乡小学任教一年。1922 年考入上海大学社会学系学习，后转入英国文学系二年级续学。1923 年秋兼任上海大学学务处助理员。[①] 参加黄埔军校在上海大学招生考试及格，南下广东续学。1924 年 8 月入广州黄埔陆军军官学校第二期工兵科工兵队学习，在校学习期间加入孙文主义学会。1925 年 2 月 1 日随军校教导团参加第一次东征，进驻广东潮州进行短期训练，5 月 30 日随军返回广州。1925 年 6 月随部参加对滇、桂军阀杨希闵、刘震寰部的军事行动，继返回校本部续学，1925 年 9 月毕业。分发国民革命军第一军第一师见习，1925 年 10 月随部参加第二次东征作战。战后任国民革命军第一军第一师工兵连排长、党代表。1926 年 5 月任黄埔中央军事政治学校第五期入伍生工兵营第三连连长。1926 年 7 月 9 日北伐誓师后，任国民革命军第四军工兵营第二连连长，随部参加北伐战争两湖战事。1926 年 9 月随部参加南昌战役。1927 年 1 月率工兵连赴武昌，入中央军事政治学校武汉分校继续学业。[②] 1927 年 1 月任中央军事政治学校武汉分校工兵大队第二队队长。[③] 后赴南京，任国民革命军总司令部训练

① 黄美真等编：《上海大学史料》，复旦大学出版社，1984 年，第 51 页。

② 杨牧、袁伟良主编：《黄埔军校名人传》下册，河南人民出版社，2005 年，第 1127 页。

③ 张光宇：《武汉中央军事政治学校》，湖北人民出版社，1987 年，第 28 页。

处科员，后任国民革命军第九军（军长顾祝同）第三师补充团第三营营长。1927 年 8 月随部参加龙潭战役。1928 年 1 月 12 日被国民革命军总司令部委任为总司令部少校侍从副官。[①] 1928 年 3 月任国民革命军第一军第二师司令部直属工兵营营长，4 月 28 日任国民革命军第九军（政治训练处主任杜从戎）第三师政治训练处主任。[②] 1930 年 5 月随部赴河南郑州、开封参加中原大战。1931 年 4 月任陆军第十师第五十九团团长，8 月任豫鄂皖三省边区“剿匪”总司令部政治训练处（处长贺衷寒）训练科科长。1932 年兼任庐山军官训练团教育委员会工兵组组长。1933 年 7 月 20 日被南京中央陆军军官学校第四届特别党部执行委员会推举为执行委员。[③] 1933 年 10 月 20 日被南京中央陆军军官学校第四届特别党部执行委员会推举为常务委员。[④] 1933 年 11 月任南京中央陆军军官学校第八期、第九期第二总队政治训练处处长，兼任中华民族复兴社南京中央陆军军官学校分社书记。1934 年 6 月中央陆军军官学校在南京举行建校十周年纪念活动，被列入军校第二期生参与代表名单。[⑤] 1934 年 7 月获官费赴德国留学，先入德国陆军工兵专科学校学习，其间于 1934 年 12 月被委任为陆军第十师第三十旅步兵第五十九团团长，1935

① 《国民革命军总司令部公报》1928 年第 1 期，第 52 页。

② 《国民革命军总司令部公报》1928 年第 4 期，第 123 页。

③ 中国第二历史档案馆供稿，华东工学院编辑出版部影印：《黄埔军校史稿》第七册，档案出版社，1989 年，第 189 页。

④ 中国第二历史档案馆供稿，华东工学院编辑出版部影印：《黄埔军校史稿》第七册，档案出版社，1989 年，第 189 页。

⑤ 《中央日报》1934 年 6 月 16 日，“中央陆军军官学校建校十周年纪念专刊（附三）代表名单”。

年6月3日被免职。[①] 1935年10月考入柏林陆军大学学习，重点学习机械化部队理论。1936年3月23日被国民政府军事委员会铨叙厅颁令叙任陆军工兵中校。[②] 1937年5月毕业回国，向南京最高军事当局建议组建现代化国防军，颇受蒋介石赏识器重。1937年6月21日被国民政府颁令免参谋本部副官职。[③] 1937年8月10日被国民政府颁令晋任陆军工兵上校。[④] 任中央陆军军官学校教导总队（总队长桂永清）司令部参谋长，率所部参加淞沪会战。1937年12月率部西撤参加南京保卫战，奉命防守紫金山、孝卫陵一线，12月13日南京陷落后撤退不及，乔装老百姓藏匿乡间半月。后潜行句容至江阴渡江，辗转徐州至武汉。1938年2月任军事委员会战时将校研究班教务干事。1938年3月任陆军第二〇〇师副师长，兼任突击军第一纵队司令部司令官，率部参加兰封战役、信阳战役诸役。1939年6月24日被国民政府军事委员会铨叙厅颁令叙任陆军少将。[⑤] 1939年10月任陆军新编第五军（军长杜聿明）新编第二十二师师长，率部参加桂南昆仑关战役，1939年12月20日率部参加对日军第十二旅团围歼战，击毙旅团长中村正雄少将。[⑥] 战后获颁四等云麾勋

① 国民政府文官处印铸局印行：《国民政府公报》第94册1935年6月4日第1758号颁令，台北成文出版社有限公司，1972年，第1页。

② 国民政府文官处印铸局印行：《国民政府公报》第105册1936年3月24日第2003号颁令，台北成文出版社有限公司，1972年，第3页。

③ 国民政府文官处印铸局印行：《国民政府公报》第126册1937年6月22日第2386号颁令，台北成文出版社有限公司，1972年，第1页。

④ 国民政府文官处印铸局印行：《国民政府公报》第128册1937年8月11日第2429号颁令，台北成文出版社有限公司，1972年，第1页。

⑤ 国民政府文官处印铸局印行：《国民政府公报》第141册1939年6月28日渝字第165号颁令，台北成文出版社有限公司，1972年，第1页。

⑥ 刘绍唐主编：《民国人物小传》第二辑，台北传记文学出版社，1999年。

章，1940 年 5 月任陆军第五军副军长，9 月调任军事委员会委员长侍从室参议，不久调任军政部第十六补充训练总处处长，其间兼任重庆卫戍总司令部第三警备区司令部司令官。1942 年任中央陆军军官学校第七分校（主任胡宗南兼）副主任，12 月任陆军新编第一军军长。1943 年 1 月 28 日任第五集团军（总司令杜聿明）陆军第五军军长，统辖陆军第四十九师（师长彭璧生）、第九十六师（师长余韶、黄翔）、第二〇〇师（师长高吉人）及 6 个特种兵团，率部参加中国远征军滇西缅北抗日战事。1944 年 11 月率部攻克龙陵、芒市。[①] 1945 年 1 月 30 日获颁三等宝鼎勋章及美国政府铜质自由勋章。1945 年 10 月获颁忠勤勋章。1946 年 5 月获颁胜利勋章。1947 年 10 月任陆军整编第五军军长，兼任整编第五师师长，1948 年 9 月任第二兵团司令部代司令官。1948 年 9 月 22 日被国民政府军事委员会铨叙厅颁令叙任陆军中将。1948 年 10 月任徐州"剿匪"总司令（刘峙）部第二兵团司令部司令官，率部在淮海战场与人民解放军作战。所部在淮海战役被全歼，其于 1949 年 1 月 10 日在陈官庄兵败自戕。[②]

汪维恒（1901—1971），中央陆军军官学校第七分校（西安分校）一等军需正。原名益增，浙江诸暨人。杭州同文公学、中央军需学校毕业。1924 年由张秋人介绍加入中国共产党，曾任中共诸暨县委组织部长。1927 年遭通缉，避居南京，与组织失去联系。后考入中央军需学校，毕业后入南京中央陆军军官学校第六期，任第六期校本部经理处官佐，

---

① 胡健国主编：《国史馆现藏民国人物传记史料汇编》第二十辑，台北"国史馆"，1996 年，第 202 页。

② 台北《黄埔建国文集》编纂委员会编纂：《黄埔军魂》，台北实践出版社，1985 年，第 368 页。

办理军需供给。因乡情应邀入胡宗南部陆军第一师，深得胡信任，掌管胡在西北的军需供给。历任军需官、军需主任，陆军第一师司令部军需处处长。1936 年 1 月 13 日被国民政府军事委员会铨叙厅颁令叙任陆军二等军需正。[①] 后任陆军第一军司令部军需处处长。抗日战争全面爆发后，随胡部扩充，历任第十七军团司令部经理处处长，第三十四集团军总司令部经理处处长。1939 年 12 月 11 日被国民政府颁令由陆军二等军需正晋任陆军一等军需正。[②] 后任第八战区副司令长官（胡宗南）部经理处处长，军事委员会战时干部训练第四团经理处处长，军政部军需署西北第一军需局局长，其间还兼任中央陆军军官学校第七分校（西安分校）经理处处长，第七分校军需人员研究班（另称军需实习班）少将主任，战区军需人员训练班主任。1945 年 1 月任第一战区司令长官部军需监。1946 年后任联合后方勤务总司令部西北补给区司令部副司令官，国防部经理署副署长。1949 年 1 月初任上海市政府财政局局长，与中共地下党组织取得联系，参与策动市政府机构和平移交工作。

沈忱甫（1900—?），成都中央陆军军官学校日文教官。别号介一，浙江镇海人。浙江省立工业学校、日本大阪高等工业学校毕业。历任浙江省政府建设厅科员、技佐。1930 年任南京中央陆军军官学校第八期第二总队中校外国文教官，第十期第一总队日文教官。后任国民政府军政部兵工署装备处科长。抗日战争全面爆发后，随军迁移西南地区，任成都

---

① 国民政府文官处印铸局印行：《国民政府公报》第 102 册 1936 年 1 月 14 日第 1944 号颁令，台北成文出版社有限公司，1972 年，第 1 页。

② 国民政府文官处印铸局印行：《国民政府公报》第 145 册 1939 年 12 月 13 日渝字第 213 号颁令，台北成文出版社有限公司，1972 年，第 1 页。

中央陆军军官学校第十五期普通学科同上校衔日文教官，第十六期第一总队同上校衔日文教官。连续任成都中央陆军军官学校第十七期至二十期军简三阶日文教官。抗日战争胜利后，续任第二十一期军简三阶日文教官。1946年任徐州日军战俘管理处总教官，中国驻日本代表团成员，外交部东亚司副司长、代司长。1949年秋移居香港。

沈 策

沈策（1907—2005），中央陆军军官学校第七分校（西安分校）学员总队总队长。别字建新，别号建生，浙江仙居人。南京中央陆军军官学校第六期交通兵科、陆军大学正则班第十三期毕业。1928年4月考入南京中央陆军军官学校第六期第一总队交通兵科交通兵第二中队学习，1929年5月毕业。任国民革命军第一军第二十二师排长、连长、营附。1935年4月考入陆军大学正则班学习，1937年12月毕业。1938年任陆军第一军第七十八师司令部参谋长，率部在豫南参加抗日作战。1941年6月3日被国民政府颁令任为陆军步兵上校。① 任中央陆军军官学校第七分校（西安分校）学员总队总队长。1944年任陆军第一军司令部参谋长，兼任陆军第一师副师长。1945年10月获颁忠勤勋章。1946年5月获颁胜利勋章。1946年8月任陆军整编第一师第七十八旅旅长。1947年12月任西安绥靖主任（胡宗南）公署（参谋长盛文）副参谋长。1948年3月任陆军整编第七十六师副师长。1948年9月22日被国民政

① 国民政府文官处印铸局印行：《国民政府公报》第161册1941年6月4日渝字第367号颁令，台北成文出版社有限公司，1972年，第3页。

府军事委员会铨叙厅颁令叙任陆军少将。1948 年 12 月任陆军第一一四军军长。1949 年 8 月任西安绥靖主任公署副参谋长。1950 年 3 月 31 日在西昌彝区被人民解放军俘虏。

周振强

周振强（1903—1988），南京中央陆军军官学校教导总队副总队长。别字健夫，别号庄，浙江诸暨人。诸暨县南区高等小学、广州黄埔陆军军官学校第一期毕业，中央训练团兵役班第一期、中央军官训练团第三期结业，陆军大学特别班第四期毕业。1924 年 6 月考入黄埔陆军军官学校第一期第一队第七分队学习，1924 年 11 月毕业。1924 年 11 月任黄埔军校第二期步兵科第二队区队附、区队长。1925 年 6 月任黄埔长洲要塞司令部卫兵长。1926 年春起任国民革命军第一军第一师第五团连长、营长，同年 7 月随军参加北伐战争，10 月在攻打武昌战役中负重伤。1927 年起任国民革命军总司令（蒋中正）部侍从参谋、侍从副官、卫士大队大队长。1928 年 12 月任南京中央陆军军官学校第七期第一总队步兵大队大队长。1929 年 12 月任国民政府警卫团一营营长，不久任卫士大队大队长。1930 年 10 月任南京中央陆军军官学校第八期第二总队中校大队长。1931 年任陆军第十四师第二旅第四团团长。1932 年 6 月起任南京中央陆军军官学校教导总队（总队长桂永清）步兵大队大队长。1932 年 6 月 30 日被批准为“励志社”第十二届新社员。[1] 1932 年 12 月任教导总队第一旅步兵第一团团长。1933 年 5 月 29 日任

① 南京励志社《励志旬报》1932 年 6 月 30 日，第 6—8 页“社闻”栏。

南京中央陆军军官学校军官训练班第一大队大队长，[①] 1933年9月11日被免职。1935年5月7日被国民政府军事委员会铨叙厅颁令叙任陆军步兵上校。[②] 1936年6月任南京中央陆军军官学校教导总队（总队长桂永清）副总队长。1937年5月21日被国民政府军事委员会铨叙厅颁令叙任陆军少将。[③] 抗日战争全面爆发后，任中央陆军军官学校教导总队（总队长桂永清）第一旅旅长、副总队长，率部参加淞沪会战。1937年12月11日率部参加南京保卫战，所部对日军作战兵员装备损失惨重，战后撤至湖南整训。1938年1月教导总队余部改编为陆军第二十七军（军长桂永清），其任该军第四十六师（师长李良荣）副师长。1938年3月入陆军大学特别班学习，1940年4月毕业。任军事委员会綦江战时工作干部训练团第一团副教育长、代理教育长，一度兼任綦江警备司令部司令。1941年10月任国民政府军政部部附，兼任军政部第二新兵补充训练处处长，重庆卫戍总司令（刘峙）部第三分区司令官。抗日战争胜利后，任浙西师管区司令部司令官，兼任金华城防指挥部指挥官。1945年10月获颁忠勤勋章。1946年5月获颁胜利勋章。1947年4月入中央军官训练团第三期受训，并任第二中队副中队长，同年7月结业，返回原部队续任原职。1949年5月6日金华解放后滞留城内寓所，往军事管制委员会登记投诚途中，被当做俘虏逮捕，后入华东军区解放军官训练团学习，因表现较好被推选为行政组组长、俱乐部干事。

---

① 《军政公报》1933年7月31日。

② 国民政府文官处印铸局印行：《国民政府公报》第93册1935年5月8日第1735号颁令，台北成文出版社有限公司，1972年，第1页。

③ 国民政府文官处印铸局印行：《国民政府公报》第124册1937年5月22日第2360号颁令，台北成文出版社有限公司，1972年，第40页。

俞星槎

俞星槎（1893—1940），中央陆军军官学校第六分校（南宁分校）主任。原名咏裳，[1] 别字星槎，后以字行，浙江东阳人。浙江陆军小学堂、南京陆军第四预备学校、保定陆军军官学校第三期步兵科、陆军大学特别班第一期毕业。1916 年 8 月保定陆军军官学校毕业，分发浙江陆军服务。历任浙江省防军第一旅步兵团排长、连长、营长、参谋。1927 年 10 月任国民革命军北伐前敌总指挥（白崇禧）部参谋处处长，北伐军第二路军总指挥（白崇禧）部参谋处处长。1929 年 2 月 15 日被委派为中国国民党陆军第十四师特别党部监察委员。1929 年 2 月由第一集团军保送入陆军大学特别班学习，1931 年 10 月毕业。后任广西全省干部训练团副教育长。1934 年 9 月任南京中央陆军军官学校第十一期教育处处长，后应聘返回广西，1935 年春任中央陆军军官学校南宁分校第七期高级班主任。抗日战争全面爆发后，于 1937 年 11 月参与筹备与恢复南宁军校，正式成立时任中央陆军军官学校第六分校（南宁分校）主任。1940 年任军事委员会桂林行营（主任白崇禧、李济深）参谋部（参谋长林蔚）副参谋长，兼任参谋处处长。1937 年 8 月 13 日被国民政府军事委员会铨叙厅颁令叙任陆军少将。[2]

① 河北省政协文史资料研究委员会、保定市政协文史资料委员会编：《保定陆军军官学校同学录》，河北人民出版社，1987 年，第 345 页。

② 国民政府文官处印铸局印行：《国民政府公报》第 128 册 1937 年 8 月 14 日第 2432 号颁令，台北成文出版社有限公司，1972 年，第 1 页。

1938年6月2日被国民政府颁令晋任陆军中将。[1] 其间任军事委员会广州行营副主任、代理主任，1938年12月广州沦陷后离任，往广西任中央陆军军官学校第六分校（桂林分校）副主任、代理主任。1939年10月赴重庆，任军事委员会办公厅高级参谋室主任。1940年7月因车祸身亡。

俞谐（1914—?），中央陆军军官学校第三分校政治学教官。别字方柏，浙江鄞县人。上海中国公学、美国田纳西州立大学毕业，获教育硕士学位。1936年夏回国，任南京教育部属国民革命军遗族学校教员。抗日战争全面爆发后，任中央陆军军官学校第三分校（瑞金分校）政治学教官，三青团吉安分团干事长、江西支团干事会干事，兼江西省文运会委员。1945年10月后任南昌青年馆总干事，江西贵溪县县长。1949年到台湾，任国民党中央党部训育员，台北工业专科学校和淡江英专学校教授，中国国民党知识青年党部书记长，台湾大学和台湾师范大学聘任教授。

黄祖埙（1900—1958），中央陆军军官学校第七分校（西安分校）第二学员总队总队长。原名祖壎，[2] 别字伯笙，浙江浦江人。广州黄埔陆军军官学校第二期步兵科毕业。1924年8月考入广州黄埔陆军军官学校第二期步兵科学习，在校学习期间加入孙文主义学会。1925年2月1日随军校教导团参加第一次东征，进驻广东潮州进行短期训练，曾入中央军事政治学校潮州分校继续学业，1925年5月30日随军返回广州，继返回校本部续学。1925年6月随部参加对滇、桂军阀杨希闵、刘震寰部的军事行动。1925年9月从中央军

① 国民政府文官处印铸局印行：《国民政府公报》第133册1938年6月4日渝字第54号颁令，台北成文出版社有限公司，1972年，第2页。

② 湖南省档案馆校编：《黄埔军校同学录》，湖南人民出版社，1989年。

事政治学校毕业。分发至国民革命军第一军第一师见习，任排长，1925 年 10 月随部参加第二次东征作战。1926 年 7 月随部参加北伐战争，任国民革命军第一军第一师步兵连连长，第一军第二十二师步兵营营长。1928 年 8 月国民革命军编遣，同年 9 月任陆军第一师（师长刘峙兼）第一团（团长许非由）第二营党部筹备委员。[①] 1930 年 5 月随部参加中原大战。1931 年 12 月任陆军第一军第一师独立第三十四旅步兵团团长。1932 年 9 月 15 日任陆军第三十二旅（旅长刘夷）第六九五团上校团长。1933 年 10 月任陆军第一师独立旅第一团团长、副旅长。1935 年 5 月 4 日被国民政府军事委员会铨叙厅颁令叙任陆军步兵上校。[②] 抗日战争全面爆发后，随陆军第一军第一师参加淞沪会战。淞沪会战后任第一师独立旅旅长，1938 年 7 月 1 日任由原南京中央陆军军官学校教导总队改编的陆军第四十六师师长，[③] 同年 8 月 20 日任第五战区司令长官（李宗仁）部第十七军团（军团长胡宗南）第二十七军（军长范汉杰）第四十六师师长，率部参加徐州会战。后任中央陆军军官学校第七分校（西安分校）第二学员总队总队长。1940 年 1 月 9 日被国民政府军事委员会铨叙厅颁令叙任陆军少将。[④] 1942 年 1 月 27 日任第三十四集团军（总司令胡宗南兼，李文）第二十七军（军长范汉杰兼，刘进）副军长，兼任陆军第四十六师师长。1942 年 10 月 15 日

① 《申报》1928 年 9 月 7 日，“刘峙任徐海剿匪司令”。

② 国民政府文官处印铸局印行：《国民政府公报》第 93 册 1935 年 5 月 5 日第 1733 号颁令，台北成文出版社有限公司，1972 年，第 6 页。

③ 戚厚杰、刘顺发、王楠编著：《国民革命军沿革实录》，河北人民出版社，2001 年，第 440 页。

④ 国民政府文官处印铸局印行：《国民政府公报》第 146 册 1940 年 1 月 10 日渝字第 221 号颁令，台北成文出版社有限公司，1972 年，第 1 页。

被免去兼任陆军第四十六师师长职，专任陆军第二十七军（军长刘进）副军长。1943 年 4 月 17 日奉军事委员会军令部令与林英对调职务，转任陆军第七十六军（军长李铁军）副军长。1945 年 10 月获颁忠勤勋章。1946 年 5 月获颁胜利勋章。1947 年 7 月 1 日任陆军整编第二十三师师长，统辖陆军整编第九十七旅（旅长薛敏泉）、整编第一九一旅（旅长陈希平、廖凤运）等部，率部驻防甘肃张掖地区。恢复陆军步兵军编制后，1948 年 2 月任陆军二十七军军长。1948 年 9 月 22 日被国民政府军事委员会铨叙厅颁令叙任陆军中将。任陆军第九十一军军长。1949 年 12 月在甘肃酒泉被人民解放军俘虏。

第二节　苏籍教官简况

江苏位于长江三角洲下游出海口，地势低平，山丘点缀，湖荡棋布，河道纵横，自古以来工商经贸繁荣发达，是近代民族工业及现代科技发祥地。近代以来，江苏人多从事商贸交通实业或兴学从教，办理外交，真正在民国政坛纵横驰骋的苏籍士子并不多见。随着国民革命及军事重心北移南京，江苏人在军政界才有了发展空间。黄埔军校在南京的十年是发展和扩张的鼎盛时期，一大批苏籍士子进入军校任职任教，占尽了天时地利人和。限于篇幅，部分教官见表 4－2：

表 4－2　黄埔军校苏籍教官一览表

时间	教官姓名
1931—1937	吴稚晖、陈继承、徐国镇、张修敬、张世希、唐冠英、朱昌、滕杰、周齐祀、杜沄、唐仲勋、陈以忠、蔡熙盛、陈开甲、丁德成、罗纬、俞

（续表）

时间	教官姓名
1931—1937	寿鹤、杨仲华、邹黄侠、凤岐山、杨怡、蒋汉槎、丁果、韩德考、许乃章、郦云、罗铁华、邵存诚、金世成、葛纯、黄坚叔、蒋士焘、吴国桢、孙景潮、刘贵璋、傅人俊、王嗣楷、陈秉乾、王恕等
1937—1945（全面抗战时期）	徐祖诒、陈倬、张修镛、陈联璧、任援道、顾希平、陈畅威、顾葆裕、蒋超雄、王昌文、邹镜清、沈祥、徐石琤、杲春涌、葛建时、张庆瀛、周承琨、谭辅烈、严明、郭丹、王甲三、吴锡权、黄冠南、蒋铁雄、金锋、陈瑜、熊子浩、鲁曜晟、刘庆曾、余纪忠、张铁英、吴铮、郭广炎、沈遵晦、闵毅成、谢质生、许寿恒、曹儒藻、徐镇南、唐圭璋、李鸿儒、邓季雨、朱起凤等

鉴于苏籍士子在中央陆军军官学校任教者众多，仅选择部分教官（10 名）按姓氏笔画顺序介绍：

丁德成（1892—1942），成都中央陆军军官学校交通教官。别号实秋，江苏沭阳人。清河陆军预备学校、保定陆军军官学校第一期工兵科毕业。1912 年秋考入保定陆军军官学校第一期学习，1914 年毕业。早年投效江苏省防军，任工程营连长、营长，随军参加北伐战争。1932 年冬任陆军工兵学校教官、中校主任教官。1935 年 6 月 1 日被国民政府军事委员会铨叙厅颁令叙任陆军工兵中校。[①] 抗日战争全面爆发后，

① 国民政府文官处印铸局印行：《国民政府公报》第 94 册 1935 年 6 月 2 日第 1757 号颁令，台北成文出版社有限公司，1972 年，第 49 页。

随军校迁移西南地区，任成都中央陆军军官学校第十六期第二总队中校交通教官，第十七、十八期上校教官、高级交通主任，峨眉山中央军官训练团校尉班少将副主任。1942 年春因病逝世。

邓季雨（1899—?），成都中央陆军军官学校政治部政治学教官。别号兰陔，江苏阜宁人。苏州工业专门学校、苏联莫斯科中山大学毕业。1929 年回国，历任中国国民党南京市党部党务指导员，南京《中央日报》编辑，中国国民党江苏省特别党部党务督导员，中央政治学校教官，中国国民党江苏省保安司令部特别党部委员。后任南京中央陆军军官学校政治教员。抗日战争全面爆发后，随军校迁移西南地区，任成都中央陆军军官学校第十四期第二总队政治学教官，第十五期政治部政治学教官，第十八期上校政治学教官。后任第一战区司令长官部政治部少将政治指导员。抗日战争胜利后，任南京中央政治大学教授。

朱起凤（1900—?），成都中央陆军军官学校政治学教官。别号一雏，江苏江都人。江都师范学校、南京国立中央大学史地系毕业，中央政治学校特训班肄业。历任中央大学讲师，宁波师范学校教授，国民党浙江省党部特派员，宁波市党部执行委员。抗日战争全面爆发后，任东南大学史地系教授。后随军迁移西南地区，历任成都中央陆军军官学校第十四期中校政治学教官，第十六期政治部同中校衔政治学教官，1945 年 1 月任成都中央陆军军官学校训导处教务科军委简任三阶政治学教官。抗日战争胜利后，续任成都中央陆军军官学校第二十一期训导处简任三阶政治学教官，第二十三期第二总队训导处军简三阶地理主任教官。1949 年 12 月随军校第一总队起义，后在中学、小学任教。

李鸿儒（1902—1988），成都中央陆军军官学校政治学教官。别字通甫，江苏盐城人。早年就学于民国大学、华南大学，获文学博士学位。中央训练团第三期党政干部训练班、台北“革命实践研究院”第二十期党政训练班结业。历任南京金陵女子大学讲师，成都《中央日报》编辑。抗日战争全面爆发后，随军迁移西南地区，任成都中央陆军军官学校政治学教官，后任朝阳大学教授兼训导长，中国农民银行专员、经理。抗日战争胜利后，返回南京后任国民政府社会部宪法研究委员会委员，国防部新闻局新闻人员训练班讲师。1946 年 11 月当选制宪国民大会代表，后任国民党中央党部农工部专门委员，国民大会宪政实施促进委员会宣传委员会委员等职。1949 年到台湾。

李鸿儒

张世希（1903—1990），中央陆军军官学校第二学员总队总队长。别字适兮，原籍江苏江宁，生于安徽桐城。南京正谊中学毕业，上海大学社会学系肄业，广州黄埔陆军军官学校第一期、陆军大学特别班第二期毕业。1924 年 6 月考入广州黄埔陆军军官学校第一期第四队学习，1924 年 11 月毕业。分发至黄埔军校教导第一团机关枪连见习，任排长等职，随部参加第一次东征。后奉派返回上海，办理黄埔军校第三期生招考及征兵事宜。返回广州后，续任黄埔军校第三期入伍生总队第九连排长、副连长。1926 年 3 月任国民革命军第一军第二十师第六十团连长、副营长，同年 7 月随

张世希

部参加北伐战争。北伐江西时任国民革命军总司令部情报科科长，后任独立第二营营长。1927 年任第一军第二十一师政治训练处主任，后任该师第六十三团（团长王敬久）团附，某日因玩耍手枪走火，误伤同室居住的该师补充团第一营营长王仲廉（黄埔军校一期生）。北伐攻克武昌后，任中央军事政治学校武汉分校教导第一团团长。北伐东路军前敌总指挥部政治部为财政公开起见，特设置经理审查委员会，1927 年 4 月 21 日被推选为前总指政治部经理审查委员会候补执行委员。① 1927 年 5 月宁汉分裂后返回南京，1928 年 3 月任南京中央陆军军官学校（第七期）总务处庶务课课长。1929 年 10 月任教导第一师（师长冯轶裴）第一团团长。1930 年 3 月任教导第三师（师长钱大钧）第一团团长。1930 年 10 月该师与国民政府警卫部队合编为警卫师（师长冯轶裴），仍任团长。1931 年 1 月该师扩编为军编制，任警卫军第一师（师长俞济时）第一旅（王敬久）第一团团长。1932 年 1 月所部再度改编，任陆军第五军（军长张治中）第八十七师（师长张治中兼）第二五九旅（旅长孙元良）第五一七团团长，率部参加“一・二八”淞沪抗日战事。任陆军第八十七师（师长王敬久）第二五九旅旅长。1933 年 10 月任南京中央陆军军官学校第十一期步兵科科长，未到任。任陆军第八十七师（师长王敬久）副师长，兼任该师第二五九旅旅长，后改任陆军第四师（师长冷欣）副师长，率部参加对江西中央红军及根据地的“围剿”。1934 年 3 月任军事委员会南昌行营参议。1934 年 9 月入陆军大学特别班学习，学习期间任国民政府参谋本部高级参谋。1936 年 9 月 8 日被国民政府军

① 《民国日报》1927 年 4 月 28 日，“东前政治部要讯”。

事委员会铨叙厅颁令叙任陆军步兵上校。① 1937 年 8 月从陆军大学毕业。抗日战争全面爆发后，任南京中央陆军军官学校步兵科科长，兼任全国学生军总司令部参谋处处长兼步兵科科长，其间还兼任南京中央陆军军官学校第十四期第二总队总队长等职。1939 年 4 月 24 日被国民政府军事委员会铨叙厅颁令叙任陆军少将。② 后任军政部第十四补充兵训练处处长，率部驻四川内江地区。后所部改编为丙种师，任陆军新编第三十三师师长，率部参加昆仑关抗日作战及鄂西会战。因宜昌失守众多高级军官受到追责，其以“连续虚报敌情致影响于指挥官之判断”罪于 1940 年 8 月被撤职查办，后经军事委员会判决处以有期徒刑 5 年，于执行中经依法呈准调服劳役。后于服役期间工作勤勉，获准参加常德会战参谋事宜并建有功勋，核与《军事犯调服劳役暂行办法》第十五条前半段之规定相符，国民政府于 1944 年 3 月 14 日下令，将其原判之有期徒刑 5 年免予执行。③ 1945 年 1 月 30 日被推选为军队各特别党部出席中国国民党第六次全国代表大会代表。1945 年 3 月任第三战区司令长官（顾祝同）部参谋长。抗日战争胜利后，随副司令长官韩德勤赴浙江富阳，与日军第一三三师团师团长野地嘉平洽商受降与接收事宜。④ 1945 年 10 月任徐州绥靖主任（顾祝同）公署参谋长。1946 年 5 月获颁胜利勋章。1946 年 9 月 7 日任陆军总司令（顾祝

---

① 国民政府文官处印铸局印行：《国民政府公报》第 113 册 1936 年 9 月 9 日第 2147 号颁令，台北成文出版社有限公司，1972 年，第 5 页。

② 国民政府文官处印铸局印行：《国民政府公报》第 140 册 1939 年 4 月 26 日渝字第 147 号颁令，台北成文出版社有限公司，1972 年，第 2 页。

③ 刘绍唐主编：《民国人物小传》第十八辑，台北传记文学出版社，1999 年。

④ 台北《黄埔建国文集》编纂委员会编纂：《黄埔军魂》，台北实践出版社，1985 年，第 336 页。

同）部（参谋长林柏森）副参谋长。1947 年 4 月获颁三等云麾勋章。后任陆军总司令部郑州指挥所副主任。1948 年 1 月获颁四等宝鼎勋章。1948 年 3 月 29 日被推选为江苏省出席（行宪）第一届国民大会代表。1948 年 9 月 1 日任首都卫戍司令（王敬久）部副司令官。1948 年 9 月 22 日被国民政府军事委员会铨叙厅颁令叙任陆军中将。1948 年 10 月任冀热辽边区总指挥部副总指挥，1948 年 11 月任徐州“剿匪”总司令部郑州前进指挥所（主任杜聿明兼）副主任。1948 年 12 月任京沪杭警备总司令（汤恩伯）部第七绥靖区司令部司令官，统辖陆军第二十军（军长杨干才）、陆军第六十六军（军长罗贤达）、第八十八军（军长马师恭、杨宝谷）、陆军第一〇六军（军长王修身）等，率司令部驻防安徽皖南地区，与人民解放军进行长江江防作战。1949 年 3 月任京沪杭警备总司令（汤恩伯）部副总司令等职。上海战役后南下，任福州绥靖主任（朱绍良）公署副主任。1949 年 8 月赴台湾。

顾希平

顾希平（1899—1957），中央陆军军官学校第七分校副主任。又名西萍、西平，别字祝森，原载籍贯江苏淮阴，自填江苏涟水人。① 涟水县立高级小学、江苏省立第八师范学校、广州黄埔陆军军官学校第一期、法国图卢兹大学法律科毕业。江苏省立第八师范学校毕业后，曾任县立小学教员。1924 年 6 月考入黄埔陆军军官学校第一期第二队学

① 胡健国主编：《国史馆现藏民国人物传记史料汇编》第三十二辑，台北“国史馆”，2008 年，第 627 页。

习，1924年11月毕业。任黄埔军校教导第二团通讯队队长，参加第一次东征作战。1926年春起任国民革命军第一军第三师第八团参谋长，第九军第二师副团长、团长、副旅长。1927年8月随部参加龙潭战役。1927年10月任陆军第三师政治部主任，陆军第三师（师长顾祝同）第九团团长，陆军第九军（军长顾祝同）司令部交通处处长。1928年10月奉派赴法国学习军事，入法国图卢兹大学学习，获得法学硕士学位，其间于1929年4月任中国国民党驻比利时支部指导员，并当选为中国国民党驻欧洲总支部第九届执行委员，1932年1月回国。与康泽等创办《中国日报》，任副社长、代理社长。1932年3月28日加入中华民族复兴社。1932年10月任“剿匪”军第三路军总指挥部党政工作处处长，南京中央陆军军官学校星子特别训练班高级教官、副主任。1935年11月被推选为中国国民党第五次全国代表大会代表。1936年12月任军事委员会西安行营第二厅副厅长。抗日战争全面爆发后，任军事委员会西安行营第二厅厅长。1937年11月30日被国民政府军事委员会铨叙厅颁令叙任陆军少将。[①] 在西安组织江苏青年抗日团，任西安王曲军官训练团副主任，兼任中央陆军军官学校第七分校（主任胡宗南）副主任，军事委员会西北游击干部训练班副教育长。1938年8月27日任江苏省政府委员。[②] 1939年1月14日被免去江苏省政府委员职。[③] 1939年12月任军事委员会天水行营政治

---

① 国民政府文官处印铸局印行：《国民政府公报》第130册1937年12月1日渝字第1号颁令，台北成文出版社有限公司，1972年，第15页。

② 国民政府文官处印铸局印行：《国民政府公报》第135册1938年8月31日渝字第79号颁令，台北成文出版社有限公司，1972年，第2页。

③ 国民政府文官处印铸局印行：《国民政府公报》第138册1939年1月18日渝字第119号颁令，台北成文出版社有限公司，1972年，第1页。

部（主任谷正鼎）副主任，中央陆军军官学校第七分校兰州军官训练团教导总队副主任，兰州战时干部训练团教育长，三青团陕西省支团部干事。1942 年 7 月任成都中央陆军军官学校政治部主任。1942 年 3 月当选三青团中央第一届干事会干事。1945 年 1 月 30 日被推选为军队各特别党部代表出席中国国民党第六次全国代表大会。1945 年 2 月任第一战区司令长官部政治部主任，兼任第一战区司令长官部直辖党政军联合特别党部书记长。1945 年 5 月 20 日当选中国国民党第六届中央执行委员会执行委员。1945 年 10 月获颁忠勤勋章。1946 年 1 月任西安绥靖主任公署政治部主任。1946 年 5 月获颁胜利勋章。1946 年 11 月 15 日被推选为江苏省出席（制宪）国民大会代表。1947 年 6 月获颁四等云麾勋章。1947 年 8 月 19 日任陕西省政府（主席祝绍周）委员兼陕北行政公署主任。后兼任中央各军事学校毕业同学非常委员会委员，兼该委员会纪律委员会主任委员。1947 年 7 月被推选为党团合并后的中国国民党第六届中央执行委员会执行委员。1948 年 3 月 29 日被推选为江苏省出席（行宪）第一届国民大会代表。1948 年 9 月 2 日任江苏省政府委员兼民政厅厅长。1949 年春与贺衷寒、袁守谦等发起成立中央各军事学校同学非常委员会，被推选为委员，兼任该会纪律委员会主任委员。1949 年秋到台湾。

徐祖诒（1895—1976），中央陆军军官学校第八分校主任。又名祖贻，别号燕谋，江苏昆山人。幼年随父赴东北谋生，后入吉林陆军小学堂学习，继入北京清河陆军第一预备学校、保定陆军军官学校第三期炮兵科、日本陆军大学第十六期毕业。1916 年 8 月保定军校毕业，分发奉军服务。历任北京政府陆军第二十七师（师长张作霖）司令部参谋，步兵团连长、团附。1923 年春考入日本陆军大学学习，1925 年

12 月毕业回国，返回东北军供职，历任东北军炮兵司令部参谋，安国军独立炮兵团营长，随部参加对国民军和晋绥军的作战。1927 年 3 月任奉系控制下的北京政府军事部（总长何丰林）参谋署（次长于国翰）科长，同年6 月 28 日任陆军炮兵上校。1928 年12 月任东北边防军司令长官（张作相代）公署军令厅（厅长王树常）第三处（军学处，处长周亚卫）副处长。1931 年 3 月任东北军训练委员会（委员长张学良）教育组组长。1932 年 9 月任南京国民政府参谋本部第一厅（厅长刘光、黄慕松）第四处处长。1933 年 9 月任参谋本部第一厅（厅长王纶）副厅长，兼任第四处处长。曾赴华北处理与日军停战事宜，任军事委员会北平分会高级参谋及中方代表团成员。1936 年 1 月 29 日被国民政府军事委员会铨叙厅颁令叙任陆军少将，同年 6 月任参谋本部第二厅厅长。1936 年 10 月 5 日被国民政府军事委员会铨叙厅颁令叙任陆军中将。1937 年 1 月 1 日获颁四等云麾勋章。① 抗日战争全面爆发后，任第五战区司令长官（李宗仁）部参谋长，率部参加徐州会战诸役。1939 年 10 月任中央陆军军官学校第八分校（设于湖北均县草店）主任。1941 年 1 月 14 日获颁干城甲种一等奖章。② 1943 年 2 月任陆军大学兵学研究院主任，陆军大学军事教育委员会研

徐祖诒

① 国民政府文官处印铸局印行：《国民政府公报》第 119 册 1937 年 1 月 2 日第 2243 号颁令，台北成文出版社有限公司，1972 年，第 1 页。

② 国民政府文官处印铸局印行：《国民政府公报》第 157 册 1941 年 1 月 15 日渝字第 327 号颁令，台北成文出版社有限公司，1972 年，第 15 页。

究委员，兼任陆军大学高级战术教官，负责主讲“大军战术”等课程，是当时著名的军事理论家和教育家之一。抗日战争胜利后，任陆军总司令部第三方面军司令长官部总参议，参与上海市受降及接管事宜。1945 年 10 月获颁忠勤勋章。1946 年 5 月获颁胜利勋章。1947 年 11 月任国民政府参军处参军。1948 年 1 月获颁三等云麾勋章。1948 年 5 月任总统府参军处参军。1948 年 9 月任华中“剿匪”总司令（白崇禧）部副总司令。1949 年 6 月任华中军政长官（白崇禧）公署副长官，兼任参谋长，1949 年 9 月任迁移广州的国民政府国防部参谋次长。1949 年 11 月到台湾。

黄冠南

黄冠南（1904—1991），中央陆军军官学校第六分校总务处处长。别字宗干，江苏泰兴人。1915 年入横卷乡初级小学堂就读。1916 年 7 月考入南通县城北高等小学学习。1919 年 3 月入北京正志中学学习。1920 年转回上海浦东中学续学。1921 年考入吴淞中国公学中学部就读，毕业后入该校大学部预科学习，继升入大学，1927 年 5 月毕业。先入东亚补习学校学习日语，1927 年 10 月回国在上海与金云楼结婚。1927 年 10 月考取公费留学资格。1928 年 4 月考入日本陆军士官学校中华学生队第二十一期学习，1930 年 7 月毕业。1930 年 8 月回国到奉天，入东北军服务。随天津市公安局局长张学铭到天津，任保安总队教练官，后任总教练官。1932 年 1 月任军事委员会北平分会参谋处副官。1933 年 12 月任天津市公安局（局长宁向南）勤务督察长。1934

年3月经张学铭举荐，任陆军第五十七军（军长何柱国）司令部参谋处作战科参谋，后任第五十七军司令部军官团总队长。1935年7月16日被国民政府军事委员会铨叙厅颁令叙任陆军步兵少校。① 1935年12月任陆军第五十七军驻西安办事处参谋。1936年3月任西安西北“剿匪”总司令部总务处人事科（科长李宇清）科员。1936年6月任陆军第一〇九师（师长贺奎）步兵第六二五团第一营营长，兼任王曲军官训练团学兵连连长。1936年12月“西安事变”爆发后，任东北抗日先锋总队（总队长孙铭九）第一支队支队长。1937年3月所部改编为正规步兵师，任陆军第一一〇师（师长张政枋）司令部主任参谋，兼任陆军第五十一军军官大队分队长。抗日战争全面爆发后，脱离东北军序列，任第五战区司令长官部潢川抗日青年游击军战术教官，第五战区战时工作干部训练团第二大队大队长。该团被裁撤后，任广西第二教导总队第二大队大队长，率部驻军荔浦地区。1939年1月任广西学生军司令部参谋，兼任学生军第一团团长。1941年1月任第四战区第十六集团军总司令（夏威）部副官处处长（挂陆军少将衔）。1944年3月奉派入遵义中央陆军步兵学校将官班学习，毕业后返回广西柳州。1945年3月任中央陆军军官学校第六分校（桂林分校，主任冯璜）总务处处长，兼任高级教官。1945年4月30日被国民政府军事委员会铨叙厅颁令叙任陆军步兵上校。其间兼任中央陆军军官学校第六分校第二十一期学员总队总队长。抗日战争胜利后，于1946年春入陆军大学乙级将官班学习，1947年4月

① 国民政府文官处印铸局印行：《国民政府公报》第95册1935年7月17日第1795号颁令，台北成文出版社有限公司，1972年，第2—3页。

毕业。奉派赴安徽蚌埠，任第八绥靖区司令（夏威）部高级参谋，兼任军警宪督察处处长。1948 年 6 月任第八绥靖区行政长官公署军简二阶秘书长。1949 年 5 月率部南下，任南昌警备司令（胡素）部副司令官。1949 年 8 月任华中军政长官（白崇禧）公署参议，兼任该公署军政督察组第五组组长、军政干部考选委员会（主任委员夏威）副主任委员，华中“剿匪”总司令部“戡乱建国”干部学校筹备委员会委员。1949 年 10 月任华中干部训练总队总队长。1950 年 1 月率部转移海南岛，同年 5 月随部到台湾。

葛建时（1896—1981），中央陆军军官学校第三分校政治部副主任。原名承德，江苏宝山人。嘉定县立师范学校、江苏省立第二师范学校、江苏省立第一工业学校毕业，上海同文书院肄业。早年曾任江苏省水产学校书记，嘉定县立小学教员，商务印书馆编辑。1926 年起任中国国民党中央党部秘书处秘书，中国国民党江苏省特别党部执行委员兼宣传部部长，上海群治大学教授，中国国民党中央组织部设计委员，江苏省政府秘书，中国国民党江苏省党部监察委员，中国国民党中央宣传部设计委员，国民政府内政部视察。抗日战争全面爆发后，任中央陆军军官学校少将政治学教官，军事委员会战时党政干部第三团政治总教官。1939 年 9 月任中央陆军军官学校第三分校（设于江西瑞金）政治部副主任。1940 年 1 月转任军事委员会政治部第二厅研究委员，后任中国国民党江苏省特别党部主任委员。1944 年 3 月 13 日任江苏省政府（主席韩德勤、王懋功）委员。1944 年 10 月曾任青年军第二〇七师政治部主任。抗日战争胜利后，续任江苏省政府（主席王懋功）委员。1947 年起兼任中国国民党中央青年部江苏省青年运动委员会主任委员。1948 年 9 月 2 日被免去江苏省政府委员职。① 1948 年 10 月当选为第一届（行宪）国民大会代表。1949 年到台湾。

滕 杰

滕杰（1905—2004），南京中央陆军军官学校政治训练处处长。别字俊夫，江苏阜宁人。著名抗日将领戴安澜堂侄。经受七年私塾教育，考入新河乡新制小学校就读，继升入南通英化中学，上海大学社会科学系肄业，日本明治大学政治经济科毕业。在南通英化中学就读期间，领导学生开展各种活动，被推选为学生自治会会长。1925 年考入上海大学学习，其间加入中国国民党，参与组织上海大学学生声讨军阀邢士廉查封上海总工会的游行示威活动。愤于军阀与帝国主义行径，认为“中国问题光靠笔杆子无法解决”，遂参加黄埔军校在上海大学的初试。1925 年秋入广州黄埔中国国民党陆军军官学校入伍生队受训。1926 年 1 月入中央军事政治学校第四期步兵科步兵大队学习，1926 年 10 月毕业。随军参加北伐战争，1927 年任军事委员会委员长侍从室副官。1928 年赴日本留学，入东京明治大学政治经济科学习三年。1931 年 7 月与萧赞育被推为留日学生代表，回国向国民政府军事委员会陈述日本准备侵华严重局势。后任军事委员会委员长侍从室参谋，因文字基础较好且能说会道，受到蒋介石赏识重用。与曾扩情、康泽、贺衷寒等发起成立“三民主义力行社”，被推选为第一任书记。1932 年 3 月 9 日在南京洪公祠参与组建中华民族复兴社，当

① 郭卿友主编：《中华民国时期军政职官志》，甘肃人民出版社，1990 年，第 720 页。

选为第一届中央干事会九名干事之一，系唯一以黄埔军校四期生身份当选，并且在会后与贺衷寒、酆悌三人被蒋介石指定为常务干事，为史称“中华民族复兴社十三太保”之一，并任该社第一任书记。其间参与创办《中国日报》和“拔提书店”，掌握舆论宣传导向；参与举办“警宪训练班”“鄂豫皖三省团队干部训练班”，吸收军校学员及青年学生加入中华民族复兴社；参与组建中国童子军总会，任秘书。任南京中央陆军军官学校第十期至第十二期政治训练处处长。1934 年夏与潘佑强、郑介民、杜心如等七人组团赴欧洲作军事考察，与郑、杜合写《德国意大利考察记》，鼓吹法西斯主义及独裁统治。1935 年任湖南省政府高级参议。1937 年 6 月 19 日被国民政府颁令任命为陆军步兵上校。[①] 抗日战争全面爆发后，任军事委员会政治部办公厅主任、第二厅厅长。1938 年 7 月中华民族复兴社并入三青团后，任三青团中央干事会干事。后任第三战区司令长官部政治部主任，兼任中国国民党第三战区特别党部执行委员、书记长，军事委员会战时干部训练团第一团政治部主任。1943 年 2 月 10 日被国民政府军事委员会铨叙厅颁令叙任陆军少将。1945 年 1 月被推选为军队各特别党部出席中国国民党第六次全国代表大会代表。抗日战争胜利后，任陆军总司令部徐州绥靖司令部秘书长，徐州绥靖主任公署秘书长。1946 年 11 月 15 日被推选为江苏省出席（制宪）国民大会代表。1948 年 3 月 29 日被推选为江苏省出席（行宪）国民大会代表。1948 年 12 月 24 日任南京特别（直辖）市政府市长，1949 年 3 月 20 日离任，同年 5 月到台湾。

① 国民政府文官处印铸局印行：《国民政府公报》第 126 册 1937 年 6 月 19 日第 2385 号颁令，台北成文出版社有限公司，1972 年，第 5 页。

第三节　冀籍教官简况

河北（旧称直隶）地处燕赵大地，环抱京畿，拱卫中原，西依太行，东临渤海，北枕长城，南沃平原，于明清至民初就是我国政治军事中心，小站练兵崛起北洋集团，保定军校孕育军事将帅。也许正是这些条件，为黄埔军校输送了一大批教官俊彦，同时也为民国军政界造就了一批重量级人物。但是在黄埔军校的冀人中并未涌现显要人物，与上述五省名人迭出之情形大相径庭。主要原因是民国时期政治中心南移，河北原有的地域人文优势消失，进入黄埔军校任职任教的冀人多系保定军校生，多以教官生涯告老退役。限于篇幅，部分教官见表4－3：

表4－3　黄埔军校冀籍教官一览表

时间	教官姓名
1931—1937	石杰、刘绍先、刘海波、胡伯翰、朱锡麟、华克格、汪玉珊、李德裕、姜汝震、史国钧、何葆瑞、蒋桂锴、于希贤、孙明远、杨林兰、郭凤瑞、刘宗懋、李大同、侯英才、李东甫、董慎、李光恒、隰可庄、汪联芳、贾振藩、李培尧、萧允清、王树珊、薛天祜、赵凤藻、韩恩瀚、唐维勤、朱振华、陈瑞、王金书、于克昌、李国钧、黄玉亮、李书箴、章文锐、赵鼎彝、张桐闰、魏其庆

（续表）

时间	教官姓名
1937—1945（全面抗战时期）	杜建时、白兆琮、常瑞生、于厚之、杨兆麟、周恒年、萧昌运、高植明、黄得仲、董岳山、石振纲、常韶皋、朱亚英、马镇夷、赵干尘、李振邦、李祖荫、张裕桐、邓熙祺、张万璞、王宇澂、李化南、刘永襄、刘云楷、李恩瀛、杨之敬、李枢、刘曜载、苗锡纯、沈勇、刘芹生、韩宗琦、李荫清、王奇祥、杨文祺、徐亚杰、王如兰、王介眉、范翊霆、张钟林、高玉堂、沈荣吉、王日新、齐丽屏、马世禄、李芝浦、郭汉章、宋毅然、王同和、刘斐然、张广勋、张拯、李延寿、程维藩、李钟龄、王秀豪、秦国干、胡栋辰、裘树凯、刘正宪、王金波、关延年、张研田、马世禄、及瑾墀、公心一、郑怀贤、韩云峰

鉴于冀人在中央陆军军官学校任教者众多，仅选择部分教官（15 名）按姓氏笔画顺序介绍：

于希贤

于希贤（1895—?），中央陆军军官学校第六分校办公处处长。别号哲如，直隶沧县人。直隶陆军小学堂、北京清河第一陆军预备学校、保定陆军军官学校第二期步兵科毕业。1914 年考入保定陆军军官学校第二期学习，1916 年 5 月毕业。分发直隶陆军服务，历任直隶陆军第一混成旅步兵团排长、连长、团附。1927 年 5 月起任国民革命军第二集团军第十四军（军长孙连仲）步兵团营长、团长。1928 年 10 月任第二集团军暂编第四师（师长冯治安）司令部参谋处处长。1929 年 1 月部队缩编后被免职。1930 年任南京中央陆军军官学校第七期战术教官。1930 年 12 月底任军事委员会北平分会办公厅总务处处长。1935 年 5 月 1 日被国民政府军事委员会铨叙厅颁令叙任陆军步兵上校。① 抗日战争全面爆发后，任中央陆军军官学校第三分校第十四期步兵科科长，中央陆军军官学校第十六期高级教官，兼任战术主任教官。后任中央陆军军官学校第六分校办公处少将处长。1947 年 7 月 7 日被国民政府军事委员会铨叙厅颁令叙任陆军少将，同时退为备役。

及瑾墀（1896—?），成都中央陆军军官学校骑兵科战术教官。别号小藩，直隶交河（今河北泊头）人。直隶陆军小学堂、保定陆军军官学校第九期骑兵科、南京中央陆军军官学校战术研究班第一期毕业。1919 年考入保定陆军军官学校第九期学习，1923 年 8 月毕业。1927 年 10 月起任国民革命军第十七军（军长曹万顺）司令部随营学校教官、教务长，干部训练大队队附，第一集团军第十一师（师长曹万顺）司令部参谋，兼任军官教导队教官。1936 年春起任南京中央陆军军官学校战术教官。1936 年 3 月 21 日被国民政府军事委员会铨叙厅颁令叙任陆军骑兵中校。② 抗日战争全面爆发后，随军校迁移西南地区，续任成都中央陆军军官学校第十七期骑兵科战术教官，第十八期步兵科主任教官，第十九期骑兵

① 国民政府文官处印铸局印行：《国民政府公报》第 93 册 1935 年 5 月 1 日第 1730 号颁令，台北成文出版社有限公司，1972 年，第 1 页。

② 国民政府文官处印铸局印行：《国民政府公报》第 105 册 1936 年 3 月 22 日第 2002 号颁令，台北成文出版社有限公司，1972 年，第 2 页。

科战术教官。抗日战争胜利后，仍任成都中央陆军军官学校第二十至二十三期步兵科战术主任教官。1949 年 12 月随成都中央陆军军官学校第一、第三总队起义，后返回家乡定居。

马世禄（1893—?），成都中央陆军军官学校地形主任教官。别号廉卿、廉青，直隶定县（今河北定州）人。直隶陆军小学堂、保定陆军军官学校第八期步兵科毕业。1918 年考入保定陆军军官学校第八期学习，1922 年 7 月毕业。1935 年 10 月任南京中央陆军军官学校第十二期教育处地形教官。1937 年 2 月 22 日被国民政府军事委员会铨叙厅颁令叙任陆军步兵中校。[①] 抗日战争全面爆发后，随军迁移西南地区，续任成都中央陆军军官学校第十四期、第十五期工兵科地形教官，兼任工兵队队长，后任成都中央陆军军官学校第十七期第二总队地形主任教官。抗日战争胜利后，任陆军总司令部郑州指挥所工兵指挥所副指挥官。1946 年 10 月被国民政府军事委员会铨叙厅颁令叙任陆军步兵上校，同时退为备役。

王日新（1896—?），成都中央陆军军官学校地形教官。别号修斋，直隶清苑（今河北保定）人。东三省陆军测绘学校第三期地形科毕业，北京陆军测量学校结业。历任南京陆军测量学校教官，江苏省陆地测绘局科长、局长。后入南京中央陆军军官学校任教。抗日战争全面爆发后，随军校迁移西南地区，任成都中央陆军军官学校第十八期工兵科上校地形教官。抗日战争胜利后，奉派入中央训练团受训。1946 年 7 月办理退役。后曾任四川省测绘局科长、技正等职。

① 国民政府文官处印铸局印行：《国民政府公报》第 120 册 1937 年 2 月 24 日第 2287 号颁令，台北成文出版社有限公司，1972 年，第 2 页。

公心一（1908—?），成都中央陆军军官学校政治学教官。直隶丰润（今河北唐山）人。北京大学预科、苏联莫斯科中山大学毕业。历任河北省立师范学校教授，中国国民党保定市党部执行委员。抗日战争全面爆发后，任第十六集团军总司令部政治部政治工作大队党务指导员，第二战区司令长官部政治部政治工作人员训练班副主任。1941 年起任成都中央陆军军官学校第十八期政治部上校政治学教官，中国国民党成都中央陆军军官学校特别党部副书记长。抗日战争胜利后，任三青团四川省支团部监察委员，三青团中央候补干事。

石 杰

石杰（1889—?），成都中央陆军军官学校教育处技术教研室总教官。别号位廷，又号伟亭，直隶香河（今河北）人。保定陆军速成学堂第一期步兵科、日本陆军振武学校、日本陆军士官学校中华学生队第十期骑兵科毕业。1908 年 12 月保定陆军速成学堂毕业。1910 年 3 月获官费留学日本，先入日本陆军振武学校完成预科学业，继入日本陆军士官学校学习，1915 年 10 月毕业回国。历任北京陆军大学编译处编译官，北京政府陆军部军学司专门委员，西北边防军第一师（师长曲同丰）司令部参谋，骑兵团第一营营长、团长，率部参加直皖战争。1927 年 2 月任国民革命军第二集团军驻陕西总指挥（刘郁芬）部骑兵司令部司令官。1928 年 10 月任南京中央陆军军官学校骑兵科科长。1930 年 2 月任中央陆军军官学校第八期技术总教官。1935 年 4 月 22 日被国民政府军事委员会铨叙厅颁令叙任陆军少将。抗日战争全面爆发后，随军校迁移成都，仍任中央陆军军官学校第十四期教育处技术教研室总教官。抗日战争胜利后，续任中央军校技术总教官，1949 年春仍任中央陆军军官学校第二十三期教育处少将技术总教官，第二总队技术总教官。

刘作舟（1906—?），成都中央陆军军官学校外文教官。别号乐尧，直隶滦县（今河北滦县）人。河北大学预科、日本东京早稻田大学社会学毕业。早年考入河北大学预科就读，后赴日本留学，入东京早稻田大学社会学科学习。1932 年毕业回国，应邀任庐山中央训练团外语人员训练班教官，河北大学副教授，军事委员会军务局日军情报研究室副主任。抗日战争全面爆发后，任军事委员会战时干部训练总团日文教官。1938 年任成都中央陆军军官学校第十五期步兵第二大队、步兵第五队同少校衔政治指导员，成都中央陆军军官学校第十八期第二总队普通学科同上校衔外文教官，第二十期军简三阶英文教官，兼任军简三阶日文主任教官。抗日战争胜利后，续任成都中央陆军军官学校第二十一期教育处军简三阶英文教官，第二十二、第二十三期第二总队外文室军简三阶外文教官。1949 年冬赴驻日大使馆任职，后返回台湾，任东吴大学教授等职。

刘海波（1900—1971），中央陆军军官学校军校第一分校（洛阳分校）副主任。原名广泽，又名广仁，别字海波，后以字行，直隶丰润（今河北唐山）人。丰润高等小学堂、县立初级中学堂、保定陆军军官学校第八期步兵科、陆军大学特别班第五期毕业。1922 年 7 月保定军校毕业，分发奉军服务。历任东北陆军讲武学堂战术教官，东北陆军讲武学堂北京分校教育副官，后任学员总队大队长、副总队长。1931 年“九一八”事变后，随东北军撤退到关内。1933 年 12 月受张学良委托，将随军撤退到冀豫等省的原东北陆军讲武堂军官组成洛阳军士教导总队，任总队长。1933 年 12 月任中央陆军军官学校洛阳分校（主任祝绍周）副主任，教育处处长，兼任军士教导总队总队长。1935 年 5 月 7 日被国民政府军事委员会铨叙厅颁令叙任陆军步兵上校。① 1937 年 5 月 7 日被国民政府颁令由陆军步兵上校晋任陆军少将。② 抗日战争全面爆发后，任中央陆军军官学校军校第一分校（洛阳分校，主任钟彬、刘仲荻）副主任、代理主任，负责教育、训练及招生事宜。1940 年 7 月被保送入陆军大学特别班学习，1942 年 7 月毕业。任第六战区司令长官（孙连仲）部干部训练团教育长。抗日战争胜利后，任保定绥靖主任公署军官教导团教育长，1946 年 7 月退役。1949 年 5 月在浙江宁波参加起义。

刘海波

杜建时（1907—1989），中央陆军军官学校长沙分校主任。别号际平，原籍浙江绍兴，生于京兆武清（今天津武清区）。东北陆军讲武堂第七期炮兵科、陆军大学正则班第十期、美国堪萨斯陆军指挥参谋大学、美国加州大学国际政治研究生班毕业。1914 年进入武清县三义庙小学（其父鸿典为校董）就读。1919 年考入南开中学学习，1922 年转入北京励志中学续学，毕业后弃文从武。1926 年 10 月考入奉军

① 国民政府文官处印铸局印行：《国民政府公报》第 93 册 1935 年 5 月 8 日第 1735 号颁令，台北成文出版社有限公司，1972 年，第 1 页。

② 国民政府文官处印铸局印行：《国民政府公报》第 123 册 1937 年 5 月 8 日第 2348 号颁令，台北成文出版社有限公司，1972 年，第 8 页。

第三、四方面联合军团候补军官入伍生队受训，该期学生主要招收北京、沈阳等地18至25岁初中水平以上的学生，考试合格者于1927年3月转入东北陆军讲武堂（北京黄寺）续学，[1] 另有百名东北陆军军官教导队第五期学员，1928年1月随奉军迁移沈阳续学，1928年8月毕业，分发奉军服务，任奉军炮兵连连附。1929年11月任东北陆军讲武堂炮兵研究班炮兵教导队（队长吴克仁兼）第一营（营长张建中）中尉副官。[2] 后任东北军炮兵教导团连长。1931年“九一八”事变后，随军撤退到关内，任独立炮兵团副营长。1932年4月考入陆军大学正则班学习，1935年4月毕业。其在毕业典礼上代表学员作学习总结报告，事后获蒋介石召见嘉勉。1935年12月任陆军大学兵学教官，主讲“大军战术”等课程。1936年5月18日被国民政府军事委员会铨叙厅颁令叙任陆军炮兵中校。[3] 1936年8月奉派赴美国留学，临行前再获蒋介石召见嘉勉，赴美后考入堪萨斯州陆军指挥参谋大学就读。1937年5月6日被国民政府军事委员会铨叙厅颁令晋任陆军炮兵上校。[4] 抗日战争全面爆发后，仍在美国留学，毕业后入美国

杜建时

① 刘绍唐主编：《民国人物小传》第八辑，台北传记文学出版社，1987年，第148页。

② 惠德安、李传玺：《东北讲武堂炮兵研究班》，辽宁省人民政府参事室、文史研究馆编印：《文史资料》，辽宁人民出版社，1984年，第221页。

③ 国民政府文官处印铸局印行：《国民政府公报》第108册1936年5月19日第2051号颁令，台北成文出版社有限公司，1972年，第2页。

④ 国民政府文官处印铸局印行：《国民政府公报》第123册1937年5月7日第2347号颁令，台北成文出版社有限公司，1972年，第2页。

加利福尼亚州立大学修业国际关系。1939 年 1 月回国，任第九战区司令长官（薛岳）部高级参谋、副参谋长，兼任中央陆军军官学校长沙分校主任，湖南省干部训练团教育长。1941 年 3 月任陆军大学教务处（处长龚浩）副处长，后任处长。1942 年 3 月任军事委员会国防研究院（主任王东原）副主任。1943 年 4 月任中央军官训练团教育委员会委员，军事委员会委员长侍从室高级参谋。美军驻中国战区总参谋长史迪威访华期间，任蒋介石随从副官及翻译。后作为中国军事代表派赴印度孟买观摩英国陆海空三军攻防演习。1943 年 10 月奉命随蒋介石、宋美龄等赴埃及参加开罗同盟国首脑会议，① 还参加过多次中、美、英最高层首脑会谈。1943 年 12 月任国民政府参军处参军。1945 年 3 月 8 日被国民政府军事委员会铨叙厅颁令叙任陆军少将。1945 年 4 月作为中国代表团成员赴美国旧金山参加联合国成立后第一次大会。1945 年秋回国，任第十一战区司令长官部驻津唐榆办事处主任。1945 年 8 月 15 日任天津特别市（市长张廷谔）副市长，兼任天津党政军接收委员会副主任及北宁铁路护路司令部司令官。1946 年 1 月被免去国民政府参军职。1946 年 10 月 23 日任天津特别市市长。1947 年 7 月兼任天津特别市国民大会代表、立法院立法委员选举事务所主任委员。1948 年兼任天津防守司令部副司令官。1949 年 1 月 15 日在天津向人民解放军自首。

杨林兰（1900—?），中央陆军军官学校第一分校（洛阳分校）战术教官。别号筑锡、竹溪，直隶天津（今天津市）人。东北陆军讲武堂第四期步兵科毕业。1922 年 10 月考入

---

① 徐友春主编：《民国人物大辞典》（增订版），河北人民出版社，2007 年，第 421 页。

杨林兰

东北陆军讲武堂学习，该期学员招收东三省陆军军士教导队第一期中具有中学文化程度以上的学员及东三省境内的部分中学生，[①] 1923 年 10 月毕业。留校任东北陆军讲武堂教官，[②] 1924 年夏续任东北陆军讲武堂第五期学员队分队长，[③] 兼任教授部步兵科教官。1926 年 10 月任东北陆军讲武堂北京分校第七期军官候补生队第一营营长。[④] 1926 年 12 月兼任奉军第三、四方面联合军团候补军官入伍生队（队长王以哲）学兵第一营营长，率 500 多名在北京招收的青年学生集训[⑤]，兼任入伍生队训练教官。[⑥] 校址设于北京安定门外黄寺大楼，入伍生队先在北京旃坛寺训练 4 个月。1927 年 3 月 30 日任东北陆军讲武堂北京分校（第七期）学员总队（总队长林家训、王静轩）第一队队长。[⑦] 1928 年 5 月 19 日随奉军撤退到沈阳，入东北讲武堂任教官。1931 年“九一八”事变后，随军撤退到关内。1933 年 12 月任中央陆军军

---

① 郝秉让：《奉系军事》，辽海出版社，2000 年，第 181、182 页。

② 郑殿起：《东北讲武堂》，《中华文史资料文库》第八卷，中国文史出版社，1996 年，第 740 页。

③ 辽宁省档案馆藏《民国资料》第 905 号《东三省陆军讲武堂第五期纪念谱》中“教官名录”记载。

④ 郑殿起：《东北讲武堂》，《中华文史资料文库》第八卷，中国文史出版社，1996 年，第 737 页。

⑤ 郑殿起：《东北陆军讲武堂第七期入伍生队的概况》，辽宁省人民政府参事室、辽宁省文史馆编：《文史资料》，辽宁人民出版社，1985 年，第 144 页。

⑥ 王永涛、张璐：《东北讲武堂史略》，白山出版社，2013 年，第 52 页。

⑦ 姜明文：《东北讲武堂北京分校始末》，《中华文史资料文库》第八卷，中国文史出版社，1996 年，第 748 页。

官学校洛阳分校军士教导总队（总队长李德言）第一大队上校大队长。[①] 1934 年 10 月改任军官训练班第二大队大队长。1935 年 5 月 2 日被国民政府军事委员会铨叙厅颁令叙任陆军步兵上校。[②] 1935 年 10 月任中央陆军军官学校驻豫军官训练团上校战术教官。1936 年 10 月任中央陆军军官学校第一分校（洛阳分校）教育处（科）上校战术教官。[③]

陈伊（1905—1980），成都中央陆军军官学校物理教官。别号尚荪，直隶宛平（今北京市）人。河北省立工业专门学校、德国柏林工业大学毕业。历任河北省立工专学校讲师，北平中央研究院研究员，北平中国大学副教授。抗日战争全面爆发后，任成都中央陆军军官学校第十八期第一总队中校物理教官，第十九期第二总队普通学科同上校衔物理教官。抗日战争胜利后，任河北工业大学教授，国民政府资源委员会华北机械制造总厂技正、技术处长。中华人民共和国成立后，从事机械制造行业技术工作。

周恒年（1895—1979），成都中央陆军军官学校战术研究班副主任。别字彭秋，别号彭年，直隶天津（今天津市）人。直隶陆军小学堂、北京清河陆军第一预备学校、保定陆军军官学校第六期步兵科、陆军大学正则班第七期毕业。1917 年 1 月考入保定陆军军官学校第六期学习，1919 年 3 月毕业。1923 年 8 月考入陆军大学学习，1927 年 7 月毕业。历任东三省陆军步兵训练监部监员，奉军步兵团团附，东北陆军训练处战术教官，东三省讲武堂教官。1935 年 5 月 7 日

---

① 郑殿起：《东北军在中央军校洛阳分校成立军士教导队的情形》，《文史资料存稿选编·军事派系》下册，中国文史出版社，2002 年，第 362 页。

② 国民政府文官处印铸局印行：《国民政府公报》第 93 册 1935 年 5 月 2 日第 1731 号颁令，台北成文出版社有限公司，1972 年，第 1 页。

③ 《中央陆军军官学校洛阳分校（第一分校）教职学员名录》，1937 年印行。

被国民政府军事委员会铨叙厅颁令叙任陆军步兵上校。[1] 1936 年 1 月参与筹备南京中央陆军军官学校战术研究班，正式设立后任上校战术教官。抗日战争全面爆发后，任第六军团司令部参谋处处长，陆军大学战役系副主任兼高级教官，国民政府参谋本部编纂委员会高级编纂官。1942 年任南京中央陆军军官学校战术研究班副主任，后任成都中央陆军军官学校第十九期战术研究班少将副主任。1945 年 10 月获颁忠勤勋章。1946 年 5 月获颁胜利勋章。1947 年 7 月 22 日被国民政府军事委员会铨叙厅颁令叙任陆军少将，同时退为备役。1949 年 11 月在重庆参加起义。

周恒年

郑怀贤（1900—?），成都中央陆军军官学校国术教官。直隶新安（今河北安新）人。北京中央国术馆毕业。早年于北京民间行武设馆收徒，抗日战争全面爆发后，随军撤退西南地区，以其在民间行武名声，被聘任为成都中央陆军军官学校第十期国术教官，第十五期校本部训练部同少校衔国术教官，第十七期第三总队少校国术教官，第十八期第二总队技术教练室同少校衔国术教官，第十九至二十期少校国术教官。抗日战争胜利后，续任成都中央陆军军官学校第二十期技术室军荐二阶体育教官，第二十一期第一总队、第二十二期第二总队技术教练室军荐二阶体操教官。1948 年春后离职。

胡伯翰（1900—1973），中央陆军军官学校驻豫军官教

① 国民政府文官处印铸局印行：《国民政府公报》第 93 册 1935 年 5 月 8 日第 1735 号颁令，台北成文出版社有限公司，1972 年，第 1 页。

育团副团长。原名维周，别字伯翰，后以字行，直隶盐山（今河北黄骅市）人。县立蒙养学堂、河北沧县中学、保定陆军军官学校第八期步兵科、陆军大学甲级将官班第二期毕业。1922 年 7 月保定军校毕业，分发北京政府陆军检阅使署学兵团，任步兵队教习、参谋。1924 年春入川，任暂编四川陆军第七混成旅（旅长甘泽霖）第三团第一营营长，参加川境军阀混战。1925 年初返回北方，任国民军第二军（军长胡景翼、岳维峻）第一混成旅（旅长马华瑜）第三团团附，随部驻军陕州地区。1926 年初任国民军第三军（军长孙岳）第一师（师长何遂，后改为中央暂编第四师）司令部参谋。1926 年 8 月南下广州，任国民革命军第一军（军长蒋介石兼）第二十师（师长钱大钧）司令部学兵队队长，北伐东路军（总指挥何应钦）前敌总指挥（钱大钧）部特务营营长，随部参加粤、闽、浙等省北伐战事。1927 年夏任第一集团军（总司令蒋介石兼）总预备队（总指挥朱培德）第三十二军（军长钱大钧）第六十九师（师长蔡熙盛）第三团团长，率部参加江北战役和龙潭战役。1928 年 8 月部队编遣，任缩编后的第一集团军（总司令何应钦）第三师（师长钱大钧）第八旅（旅长蔡熙盛）第十六团团长。1929 年春任第三师第八旅（旅长蔡熙盛）副旅长，兼任步兵第十五团团长，率部参加中央军讨伐唐生智部湘军和桂系集团的军事行动。1929 年夏中央陆军军官学校武汉分校成立，应邀任武汉分校（教育长钱大钧）步兵科科长。1930 年春，武汉分校学员奉命组成陆海空军总司令部教导第三师（师长钱大钧），先后

胡伯翰

任步兵指挥官，第三师步兵第一旅旅长。1930年5月中原大战爆发后，率部参加中央军讨逆的济南战役。战后返回武汉军校，续任第八期学员总队总队长。1931年12月任陆军第八十九师（师长钱大钧）副师长，1933年春任鄂豫皖三省边区“剿匪”总指挥部新编第二十师（师长李蕴珩）副师长，第一纵队司令（李蕴珩）部副司令官。1934年10月任南京中央陆军军官学校驻豫军官教育团（团长刘峙兼）副团长。1935年1月任南京国民政府军事委员会驻豫绥靖主任（刘峙）公署副官处处长。1936年3月4日被国民政府军事委员会铨叙厅颁令叙任陆军步兵上校。[①] 1936年7月6日任豫皖绥靖主任（刘峙）公署副官处处长。1937年5月21日被国民政府军事委员会铨叙厅颁令晋任陆军少将。[②] 抗日战争全面爆发后，任第一战区第二十六军团（军团长万福麟）第九十军（军长彭进之）第一九六师师长。1938年7月15日任第九十军（军长李文）副军长，兼任第一九六师师长，率部参加武汉会战诸役。1938年9月9日任河南省第五区行政督察专员兼保安司令部司令官。[③] 1939年春入峨眉山中央训练团受训练，结业后留重庆任卫戍总司令（刘峙）部高级参谋、代理参谋长，兼任重庆防空司令部副司令官。1942年10月9日任冀察战区（总司令蒋鼎文）第三十九集团军总司令（高树勋）部副总司令。1943年10月15日兼任陆军新编第八军军长，率部参加豫中会战诸役。1944年12月因

---

① 国民政府文官处印铸局印行：《国民政府公报》第105册1936年3月5日第1988号颁令，台北成文出版社有限公司，1972年，第1页。

② 国民政府文官处印铸局印行：《国民政府公报》第124册1937年5月22日第2360号颁令，台北成文出版社有限公司，1972年，第40页。

③ 国民政府文官处印铸局印行：《国民政府公报》第135册1938年9月10日渝字第82号颁令，台北成文出版社有限公司，1972年，第3页。

足伤赴西安治疗，伤愈后调任军事委员会高级参谋。1945 年 2 月 1 日任冀察战区总司令（高树勋代理）部副总司令。1945 年 3 月被保送入陆军大学甲级将官班学习，同年 6 月毕业。抗日战争胜利后，参与冀察战区日军受降仪式及接收事宜。1946 年春任北平警备总司令（陈继承）部副总司令，兼任北平防空司令部副司令官。1946 年 5 月获颁胜利勋章，7 月退为备役。后当选为河北省出席第一届国民大会代表，1948 年 4 月当选为第一届国民大会第一次会议主席团成员。1948 年 9 月 22 日任陆军中将。1949 年春迁移台北定居。

韩云峰（1900—?），成都中央陆军军官学校军医处处长。别号蓬台，直隶盐山（今河北黄骅市）人。日本东京帝国大学医学院、日本军医学校毕业。1930 年回国，历任河北医院医务主任，上海复旦大学医学院教授，军政部第一陆军医院副院长。抗日战争全面爆发后，任第六战区司令长官部伤兵医院院长，军政部军医署第十重伤医院上校院长。1940 年起任成都中央陆军军官学校第十七期军医处同上校衔处长，第十七期第三总队军医处同上校衔处长。1941 年 4 月起任成都中央陆军军官学校第十八期第二总队军医处处长，第十九期特科第二总队军医处处长，后任成都中央陆军军官学校第二十期校本部军医处同陆军少将衔处长。1945 年 9 月至 1948 年 1 月任北平市政府卫生局局长。1949 年任联合后方勤务总司令部军医署军医中将副监。1949 年到台湾。

第四节　皖籍教官简况

安徽处于华东腹地，襟江带淮，吴头楚尾，位于南北交通要冲，具有重要战略地位，“上控全楚下蔽金陵，扼中州之咽喉，依江浙为唇齿”。近现代以来，皖军曾是北洋军事集团的重要一翼，安徽邻近京畿，毗连江、浙、鲁，长期处在军事纷争之中，战乱频仍，“乱世出英雄”，造就了一批皖籍名将，在黄埔军校任教者仅是其中一小部分，但仍不乏著名的军政人物。限于篇幅，部分教官见表4-4：

表4-4　黄埔军校皖籍教官一览表

时间	教官姓名
1931—1937	张治中、徐谦、徐庭瑶、戴安澜、汤尧、徐权、许用休、吴光杰、江煌、黄克德、潘彪、凌苞如、章上达、胡士庆、洪世寿、唐光霁、方诚钺、路启坤、龙慕韩、韦师落、储造时、姚继权、赵协彰、吴承名、黄必强、刘兆璆、马瑞图、刘屏周、赵精一、贾振中、李自迷、吴法斌、刘晓五、朱鼎、朱宗海、龚成业、李裕机、贲襄、端木恺、洪绪福、蔡可锦、高益、储松等
1937—1945 （全面抗战时期）	冯玉祥、王超凡、陈金城、张国选、张文心、章建新、凤振声、刘绪福、赵德驹、汪逢渠、陈鹤龄、李子敬、巫建淮、虞屺瞻、吕雅堂、凌辛泉、杨文琏、查凌汉、陈时伟、吴树森、李承岳、王晋康、张经、钱懋勋、董彦成、曹涤凡、侯光龙、李少初、马景常、孙振宪等

鉴于皖人在中央陆军军官学校任教者众多，仅选择部分教官（9名）按姓氏笔画顺序介绍：

马景常（1898—?），成都中央陆军军官学校政训室副主任。原名振尧，安徽宿县人。美国哥伦比亚大学政治经济科毕业，获政治硕士学位。抗日战争全面爆发后，任成都中央陆军军官学校第十六期第二总队政训室中校副主任，成都中央陆军军官学校教育处上校政治总教官，中央政治学校大学部上校高级教官。1939 年 5 月 1 日被推选为安徽省临时参议会参议员。[①] 1940 年 1 月 22 日被选定为安徽省临时参议会副议长。[②] 1940 年 12 月 23 日被推选为第二届国民参政会安徽省籍参政员。[③] 1941 年 1 月 10 日被免去安徽省临时参议会副秘书长职。[④] 续当选为第三届国民参政会参政员。抗日战争胜利后，续任第四届国民参政会参政员。1947 年 12 月当选国民政府立法院立法委员。1949 年到台湾。

孙振宪（1900—?），成都中央陆军军官学校数学教官。别号西澄，安徽宣城人。安徽省立合肥师范学校、南京中央大学数学系毕业。历任南京中央大学讲师、副教授、教授，南京中央陆军军官学校普通学科上校数学教官。抗日战争全面爆发后，随军校迁移西南地区，续任成都中央陆军军官学校第十六期第一总队普通学科同上校衔教官，第十七期第一总队同上校衔数学教官，第十八期第一总队普通学科同上校衔数学教官。1943 年春转任西南联合大学教授。抗日战争胜利后，任陆军大学战术系高级编审。1949 年辞军职从教。

吴光杰（1886—1970），成都中央陆军军官学校教育处高级教官。原名中俊，别号霖泉，别字光杰，后以字行，安徽合肥人。吴中英胞弟。保定陆军速成学堂第一期工兵科、

① 国民政府文官处印铸局印行：《国民政府公报》第 140 册 1939 年 5 月 3 日渝字第 149 号颁令，台北成文出版社有限公司，1972 年，第 2 页。

② 国民政府文官处印铸局印行：《国民政府公报》第 146 册 1940 年 1 月 24 日渝字第 225 号颁令，台北成文出版社有限公司，1972 年，第 1 页。

③ 国民政府文官处印铸局印行：《国民政府公报》第 156 册 1940 年 12 月 25 日渝字第 321 号颁令，台北成文出版社有限公司，1972 年，第 9 页。

④ 国民政府文官处印铸局印行：《国民政府公报》第 157 册 1941 年 1 月 15 日渝字第 327 号颁令，台北成文出版社有限公司，1972 年，第 1 页。

德国陆军大学毕业。1908 年 12 月保定陆军速成学堂毕业，任清政府陆军部京畿近卫旅机关枪纵队排长。1911 年秋随部参加武昌起义。1912 年 1 月中华民国临时政府在南京成立后，任陆军部（总长黄兴）军械司（司长翁之麟）科长，后任中华革命军总司令（黄兴）部副官。1912 年 12 月被陆军部派赴德国学习军事，先入普鲁士陆军第三军第六师炮兵第三十九团实习，1914 年 8 月考入德国陆军大学工兵科学习，继入炮兵科学习。在学期间曾任中国派驻欧洲观察第一次世界大战代表团的武官，遍访欧洲战场之比利时、法国、俄国、意大利等国。1916 年 3 月毕业回国，任汉阳兵工制造总厂制炮厂主任。1918 年 3 月任北京政府陆军第四混成旅（旅长张维玺）直属炮兵营营长、炮兵指挥官，率部参加直皖战争。1922 年秋起任吴淞军官教导团教育长，北京政府陆军部陆军检阅使（冯玉祥）署教练处炮兵主任、炮兵技术教练所教育长，参与西北国民军的炮兵训练与组建事宜。1927 年 12 月任国民革命军第四集团军总司令（李宗仁）部军械处处长，汉阳兵工总厂监督。1929 年春桂系集团反蒋战败后，经卫立煌、张治中推荐，任南京中央陆军军官学校高级教官，中央军校编译处处长，军事委员会训练总监部高级参谋。1934 年 3 月兼任中央陆军军官学校德文军事编译班主任，主持德国军事理论及训练教材的编译事宜。1935 年 4 月 22 日被国民政府军事委员会铨叙厅颁令叙任陆军少将。后任南京中央陆军军官学校训练总监，军官留学预备班主任。1936 年 10 月任国民政府军事委员会训练总监部军官外文补习所所长。抗

吴光杰

日战争全面爆发后，随军校迁移成都，仍任中央陆军军官学校第十四期教育处高级教官，所编译的外国军事理论与步兵炮兵操典规范等，成为国内各军事学校教材或参考资料。1940 年 12 月 1 日任军事委员会高级参谋。1946 年 7 月退为备役。1949 年春移居台湾。

张治中

张治中（1890—1969），南京中央陆军军官学校教育长。原名本尧，别号文白、文伯，别字警魄，安徽巢县人。巢县丰乐河镇私塾启蒙，扬州警察训练所、武昌陆军第三预备学校、保定陆军军官学校第三期步兵科毕业。早年入丰乐河镇吕德盛杂货店当学徒，后充安庆陆军测绘学堂候差，安庆警察分局备补警察。1911 年夏武昌起义爆发后，参加上海学生军，后改编为陆军部入伍生团。1912 年秋编入武昌陆军预备学校学习。1914 年 8 月考入保定陆军军官学校第三期学习，1916 年 8 月毕业。分发至北京政府陆军第八师见习，后入安武军倪嗣冲部服务。1917 年夏南下广东，历任驻粤滇军第四师第八旅（旅长伍毓瑞）司令部差遣，旅部警卫队队长，随部入福建参加对李厚基部的作战，立下战功。不久任滇军第八旅（旅长伍毓瑞）第一支队第二营第七连连长，援闽滇军第八旅第十七团第二营营长，因战事失利在广东潮州缴械。后入四川绵阳，任四川陆军第五师（师长吕汉群）司令部参谋，川滇黔联军副司令（吕汉群）部副官处第一科科长，川军第五师（师长余蕴兰）第三独立旅（旅长林光斗）司令部参谋长，后于 1921 年春“宣汉事变”中险些遇害。脱险后到上海，入上海大学社会科学部学习，并入外国语专修班选学英文。1922年夏应陆福廷之邀再度南下广东，任驻闽广东东路讨贼军第二师（师长王懋功）步兵第二团（团长陆福廷）参谋，随军回师广东讨伐陈炯明叛军。1923年春任驻粤桂军总司令（刘震寰）部参谋，驻广州桂军第四师（师长伍萧岩）司令部参谋长，广东虎门建国桂军军官学校（校长刘震寰兼、伍萧岩代理）训练主任教官，兼任学兵大队大队长。1924年1月在广州初识蒋介石，同年7月被蒋介石任命为黄埔陆军军官学校军事研究委员会委员，12月任桂军军官学校教育长，后任黄埔陆军军官学校第三期入伍生总队（总队长王懋功）附，兼任总队第二营营长、代理总队长。1925年春起任广州大元帅府大本营航空局局长，兼任广州航空学校校长，党军第二师（师长王懋功）司令部参谋长，广州卫戍司令（王懋功）部参谋长，参加平定滇、桂军阀杨希闵、刘震寰部的叛乱以及第一和第二次东征。1926年初起任黄埔中央军事政治学校第四期入伍生第三团团长，军校国民党特别党部执行委员。后辞去各种兼职，专任黄埔中央军事政治学校步兵科军官团团长。1926年7月北伐战争开始后，任国民革命军总司令部副官处处长，兼总司令部特别党部执行委员。北伐军占领武汉后，任总司令部学兵团团长，武汉中央军事政治学校教育长。1927年4月离开武汉赴南京，任国民革命军总司令部训练处处长，同年8月随蒋介石下野而辞职，赴欧洲考察。1928年春蒋复职后，其应邀返回上海，任南京国民政府军事委员会军政厅厅长，不久调任南京中央陆军军官学校训练部主任。1929年5月21日任南京中央陆军军官学校教育长，直到1937年4月，受蒋委托主持中央军校日常工作，在此期间著有《校长蒋先生之人格与修养》，时为军校学员必修课本。1930年1月1日获颁二等宝鼎勋章。[①] 其间曾兼任南京中央陆军军官学校校务委员会委员，军事委员会武汉行营主任，率教导第二师参与中原大战陇海之役。1931年1月1日获颁一等宝鼎勋章。[②] 率陆军第五军并兼第八十七师师长参加“一·二八”淞沪抗战，率第四路军镇压“福建事变”，讨伐第十九路军。1935年4月4日被国民政府军事委员会铨叙厅颁令叙任陆军中将。1935年12月底当选为国民党第五届中央执行委员。1936年1月1日获颁四等云麾勋章。[③] 1936年2月兼任京沪区警备司令部司令长官，1936年7月9日获颁国民革命军誓师十周年纪勋章。1936年9月26日被国民政府军事委员会铨叙厅颁令叙任陆军中将加上将衔。1936年11月12日获颁三等云麾勋章。[④] 抗日战争全面爆发后，任京沪警备总司令部总司令。1937年8月22日任第一战区第九集团军总司令，率部参加淞沪会战。后任军事委员会管理部部长。1937年11月20日任湖南省政府主席，兼湖南省保安司令部司令官，1938年11月12日因长沙“文夕大火”被革职留任。1939年1月21日被免去湖南省政府委员兼主席职。[⑤] 1939年2月任军事委员会委员长侍从室第一处主任。1940年8月30日任国民政府军事委员会政治部

---

① 国民政府文官处印铸局印行，《国民政府公报》第35册1930年1月2日第360号颁令，台北成文出版社有限公司，1972年，第8页。

② 国民政府文官处印铸局印行，《国民政府公报》第46册1931年1月2日第663号颁令，台北成文出版社有限公司，1972年，第8页。

③ 国民政府文官处印铸局印行:《国民政府公报》第102册1936年1月2日第1936号颁令，台北成文出版社有限公司，1972年，第12页。

④ 国民政府文官处印铸局印行:《国民政府公报》第117册1936年11月13日第2201号颁令，台北成文出版社有限公司，1972年，第6页。

⑤ 国民政府文官处印铸局印行:《国民政府公报》第138册1939年1月25日渝字第121号颁令，台北成文出版社有限公司，1972年，第1页。

部长，兼任三民主义青年团中央干事会书记长，1942 年春起多次作为国民党代表与中共谈判，参与调解国共两党冲突。1944 年 5 月任国民党中央常务委员，1945 年 5 月当选为国民党第六届中央执行委员，同年 9 月奉派到迪化处理“伊宁事变”。1945 年 10 月 3 日晋任陆军二级上将。1946 年 3 月任军事委员会西北行营主任，兼新疆省政府主席，1947 年 5 月被免职。转任国民政府西北行辕主任，不久改任西北军政长官公署军政长官，同年 12 月当选为行宪国民大会代表。1949 年 1 月再度被委派为国民党与中共和谈代表之一，同年 3 月任行政院政务委员。不久即以国民党方面首席代表驻北平主持与中共方面的和平谈判，1949 年 4 月留居北京，被誉为“和平将军”，是国民革命军黄埔嫡系核心层“八大金刚”中唯一归附中共的高级将领。1949 年 5 月 4 日被免去西北军政长官职。1949 年 6 月发表《我对时局的声明》，正式与国民政府分道扬镳。

陈时伟（1905—1965），成都中央陆军军官学校化学教官。别号揖三，安徽英山人。国立南京中央大学理化系毕业。历任军政部第十三兵工厂技佐，南京军政部兵工署中央兵工研究所组长。抗日战争全面爆发后，随军校迁移西南地区，任成都中央陆军军官学校第十四期化学教官，第十五期普通学科同上校衔化学教官，第十六期第一总队同上校衔化学教官。1940 年 4 月任第十七期第一总队普通学科上校理化主任教官。抗日战争胜利后，任国防部兵工署技正，第四十兵工厂副厂长兼总工程师，国民政府资源委员会工业处组长。

陈金城（1903—1983），中央陆军军官学校第七分校学员总队总队长。别字精诚，别号都，安徽全椒人。江苏省立南京蚕桑专科学校、广州黄埔陆军军官学校第二期步兵科、陆军大学甲级将官班第一期毕业。中央军官训练团第三期结

陈金城

业。1924年8月考入广州黄埔陆军军官学校第二期工兵科工兵大队学习，入学不久因工兵训练器械缺少，与部分学员转学步兵科，在校学习期间加入孙文主义学会。1925年2月1日随军校教导团参加第一次东征，进驻广东潮州进行短期训练。1925年5月30日随军返回广州，继返回校本部续学，后随部参加第二次东征及对滇、桂军阀杨希闵、刘震寰部的军事行动，1925年9月军校毕业。分发至国民革命军第一军第一师司令部任参谋，后任第二师第六团团部参谋。1925年10月任第二师第四团第二营第二连连长，随部参加第二次东征。1926年3月任第二师第六团（团长严尔艾）第二营（营长帅伦）第四连连长。1926年秋随部参加攻克武昌战役，率奋勇队攻城时胸部负重伤。痊愈后随军参加北伐战争。1926年12月任第一军第二师第五团少校团附等职。1927年6月9日任由孙传芳旧属白宝山部改编的国民革命军第三十一军（军长郑绍虞）政治部中校科长。1927年12月任陆军第一军独立团中校团附，后任陆军第二十六师步兵营营长，第九十三师步兵团团附，随部参加第二期北伐战事。1928年7月25日国民革命军第一军缩编，任缩编后的第一集团军第九师（师长蒋鼎文）第二十六旅（旅长李延年）步兵第五十一团第二营营长。1929年2月3日被委派为中国国民党陆军第一师（师长刘峙）特别党部监察委员。1929年3月任步兵第五十一团团附。1930年3月任镇江江苏警官学校学员队中校队长。1930年9月任独立第十五旅司令部中校参谋主任，1930年12月任独立第十五旅（旅长唐云山）步兵第三团团长。1931年4月10日独立第十五旅改称独立第三十三旅（旅长唐云山），续任该旅步兵第六九九团团长，[①] 率部参加平定石友三部叛乱的作战。1933 年 11 月 14 日独立第三十三旅改编为第九十三师（师长唐云山），任该师步兵第五八八团团长。1934 年 10 月加入第二路“追剿”军（司令官薛岳）序列，率部辗转广西、云南、贵州等省，参加围追堵截长征途中中央红军的战事。1935 年 5 月 1 日陆军第九十三师扩编为两旅四团制，续任陆军第九十三师（师长唐云山）第二七九旅（旅辖两团）旅长。1935 年 5 月 9 日被国民政府军事委员会铨叙厅颁令叙任陆军步兵上校。[②] 1937 年 1 月仍任陆军第九十三师（师长甘丽初）第二七九旅旅长，率部驻防山东地区。抗日战争全面爆发后，率部参加鲁南抗日战事。后任中央陆军军官学校第七分校第十五期第五总队总队长。1938 年 8 月任第十七军团（军团长胡宗南兼）重新组建的陆军第四十六师（师长黄祖埙）副师长，兼任中央陆军军官学校第七分校第十六期第四总队总队长。1938 年 10 月 29 日被国民政府军事委员会铨叙厅颁令叙任陆军少将。[③] 后任陆军第四十六师（师长黄祖埙）副师长。1940 年任陆军第十六军（军长董钊）第一〇九师师长，率部驻防陕东地区。1943 年 8 月 4 日任陆军第三十六军（军长罗历戎）副军长，兼任陆军第一〇九师师长，1943 年 10 月被免去第一〇九师师长职，率部先后参加豫中会战、桂柳会战诸役。1944 年 6 月 5 日任陆军第九军军长，统辖陆军第五十四师（师长史松泉）、陆军新编第二十四师

① 国民政府军政部《军政公报》第 128 号，第 38 页。

② 国民政府文官处印铸局印行：《国民政府公报》第 93 册 1935 年 5 月 10 日第 1737 号颁令，台北成文出版社有限公司，1972 年，第 4 页。

③ 国民政府文官处印铸局印行：《国民政府公报》第 137 册 1938 年 11 月 2 日渝字第 97 号颁令，台北成文出版社有限公司，1972 年，第 9 页。

（师长宋子英、夏季屏）等部，率部参加独山阻击战，驰援防守贵阳城。1944 年 10 月入陆军大学甲级将官班学习，1945 年 1 月毕业，返回原部队续任原职。1945 年 5 月 10 日任陆军第二十九军军长，统辖陆军第九十一师（师长王铁麟）、第一九三师（师长萧重光）、预备第十一师（师长赵琳）等部，率部参加对广西日军作战诸役。1945 年 6 月 30 日陆军第二十九军被裁撤，1945 年 7 月 1 日任军事委员会参议（挂陆军中将衔）。1945 年 10 月获颁忠勤勋章。1945 年 11 月任陆军总司令部第四方面军司令长官（王耀武）部高级参谋，参与接收山东及改编伪军事宜。1946 年 3 月 1 日任第二绥靖区司令（王耀武）部高级参谋。1946 年 3 月 28 日任新组建的陆军第九十六军军长，统辖陆军暂编第十二师（师长赵保原）、暂编第十四师（师长李鸿慈）、暂编第十五师（师长康庄）等部，率部驻防山东地区。1946 年 5 月 5 日获颁胜利勋章。1947 年 2 月陆军第九十六军改编为整编第四十五师，统辖整编第二一一旅（旅长）、整编第二一二旅（旅长）、整编第二一三旅（旅长），任师长。1947 年 3 月 14 日获颁四等云麾勋章。1947 年 4 月入中央军官训练团第三期受训，并任第一学员中队副中队长，1947 年 6 月结业。返回原部队，续任恢复军番号后的整编第九十六军军长，统辖整编第四十五师（师长陈金城兼）、整编第二师（师长晏子风）等部，隶属第二绥靖区司令（王耀武）部序列，率部在山东与人民解放军作战。1948 年 1 月 1 日获颁三等云麾勋章。1948 年 4 月 27 日所部被全歼，其在山东潍坊被人民解放军俘虏。后入中国人民解放军华东军区政治部联络部解放军官训练团学习，因改造和表现较好曾任分团行政组组长等职。

贾振中（1899—1975），中央陆军军官学校第七分校

（西安分校）教官。原名振中，别字子毅，后以字行，安徽涡阳人。西北军干部学校、日本陆军士官学校中华学生队第十九期步兵科肄业。[①] 1926 年 4 月考入日本陆军士官学校中华学生队第十九期学习，1928 年春肄业。回国后，任国民革命军第二集团军总司令部上尉参谋，后任西北军官学校学兵营连长、营长、中队长，教导师第二旅一团团长，山西汾阳军校学员大队大队长。1931 年曾加入中国共产党，后与组织失去联系。1933 年任西北抗日同盟军第二师第二团团长，率部参加长城抗日战事。1934 年 12 月任西安绥靖主任公署步兵训练班教官。1936 年 12 月任中央陆军军官学校第七分校（西安分校）教官。1937 年 5 月 14 日被国民政府军事委员会铨叙厅颁令叙任陆军步兵中校。[②] 抗日战争全面爆发后，任陆军第一七七师第五二九旅副旅长，兼任该旅步兵第一〇五八团团长，率部参加豫北会战和忻口会战。1939 年 10 月任陆军第九十六军司令部副官处处长，陆军第十四师司令部参谋长，军官教导团少将教育长。1943 年 7 月 31 日被伪南京国民政府军事委员会任命为参赞武官公署少将参赞武官。[③] 1946 年 7 月退役，经营制药厂，并协助中共地下党进行策反工作。

徐权（1892—?），南京中央陆军军官学校高等教育班主任。别号与可，安徽宣城人。湖南陆军小学堂、武昌陆军第三预备学校、保定陆军军官学校第三期炮兵科、陆军大学正

① 《中华民国留学生日本陆军士官学校在学（姓别）名簿》记载：在学期间因故退学。

② 国民政府文官处印铸局印行：《国民政府公报》第 123 册 1937 年 5 月 15 日第 2354 号颁令，台北成文出版社有限公司，1972 年，第 3 页。

③ 郭卿友主编：《中华民国时期军政职官志》下册，甘肃人民出版社，1990 年，第 1960 页。

则班第六期毕业。1916年8月保定军校毕业。1919年12月考入陆军大学学习，1922年12月毕业。历任湘军讲武学堂战术教官，湘军第一师第三团团长。1926年7月加入唐生智部，任国民革命军第八军（军长唐生智）补充第四团团长，随部参加湘鄂北伐战争战事。1927年5月7日任武汉国民政府军事委员会第四局局长，国民革命军第四集团军总司令（唐生智）部第一方面军总指挥（唐生智兼）部军官教育团（教育长刘兴）大队长。1932年10月任南京中央陆军军官学校高等教育班第二期主任，后任南京国民政府军事委员会政治编辑室委员。1935年4月22日被国民政府军事委员会铨叙厅颁令叙任陆军少将。后任南京中央陆军军官学校高等教育班第三期主任。1937年5月21日被国民政府军事委员会铨叙厅颁令晋任陆军中将。① 抗日战争全面爆发后，任第三战区第九集团军总司令（张治中）部参谋处处长、代理参谋长，率部参加淞沪会战。1938年3月4日任湖南省政府保安处处长。② 1939年1月20日被免去湖南省政府保安处处长职。③ 1938年3月4日任湖南省政府（主席张治中）保安处处长。1938年11月20日因长沙“文夕大火”

徐　权

① 国民政府文官处印铸局印行：《国民政府公报》第124册1937年5月22日第2360号颁令，台北成文出版社有限公司，1972年，第39页。

② 国民政府文官处印铸局印行：《国民政府公报》第132册1938年3月5日渝字第28号颁令，台北成文出版社有限公司，1972年，第3页。

③ 国民政府文官处印铸局印行：《国民政府公报》第138册1939年1月21日渝字第120号颁令，台北成文出版社有限公司，1972年，第2页。

被追究失职责任，1939 年 1 月被免职。

徐庭瑶（1892—1974），南京中央陆军军官学校交通辎重研究班主任。别号月祥，安徽无为人。无为县立书院、芜湖皖江中学、武昌陆军第三预备学校、保定陆军军官学校第三期步兵科毕业。1916 年 8 月从保定军校毕业，分发安徽陆军服务。历任安武军（总指挥倪嗣冲）第三路军（司令倪毓芬）第四营排长、连长，随部参加皖军援湘战争。1922 年 10 月南下广东，任广东东路讨贼军第一军（军长许崇智）第一旅（旅长王懋功）步兵团连长、营长，随部参加讨伐陈炯明部粤军的作战。1925 年春随部参加第一次东征，任建国粤军第一军步兵团营长。同年黄埔军校党军改编为国民革命军，任第一军（军长蒋介石兼）第三师（师长谭曙卿）第八团（团长陆瑞荣兼）团附，随部参加第二次东征，攻克惠州城后任第八团团长，率部驻防广东梅县地区。1926 年 7 月誓师北伐后，随北伐东路军进军福建，击败并收编闽军周荫人部，任国民革命军总司令（蒋介石）部独立第四师（师长张贞）副师长。1927 年春任国民革命军第一集团军（总司令蒋介石）第一军（军长何应钦）第二师（师长刘峙）副师长，同年 8 月率部参加龙潭战役。1927 年 9 月 30 日任国民革命军第一军（代理军长刘峙）第二师代理师长，不久正式继任师长职，旋率部继续北伐，进占山东济南等地。1928 年 8 月部队编遣，任缩编后的第一集团军（总司令蒋介石兼）陆军第一师（师长刘峙）步兵第一旅旅长。1930 年春任中央讨逆军第一军团（总指挥刘峙）第一师代理师长，率部参

徐庭瑶

加中原大战，在战斗中负重伤。1931 年 1 月 1 日获颁二等宝鼎章。[①] 1931 年 1 月中央教导第二师改编为陆军第四师，任师长。1932 年 7 月任鄂豫皖三省边区“剿匪”总指挥右路军（司令官李济深兼）第一纵队指挥官，兼任第四师师长，后任蚌埠警备司令部司令官。1933 年 1 月任陆军第十七军军长，同年春率陆军第二师（师长黄杰）、陆军第二十五师（师长关麟征）参加长城抗战。1933 年 4 月任第八军团代理总指挥，军事委员会北平分会（委员长何应钦）委员。1934 年 3 月任军事委员会保定行营主任。1934 年 5 月与俞飞鹏率军事交通考察团，赴欧洲和美国考察，1935 年 3 月回国。受命筹备中央通信兵专门学校，任筹备委员会主任。1935 年 4 月 6 日被国民政府军事委员会铨叙厅颁令叙任陆军中将。1935 年夏任军事委员会训练总监部（总监朱培德）交通兵监，兼任中央交通兵学校、中央辎重兵学校、中央通信兵学校（校长蒋介石兼）教育长，主持筹办三校事宜，同时兼任南京中央陆军军官学校交通辎重研究班主任。1936 年 7 月 9 日获颁国民革命军誓师十周年纪勋章。1936 年 11 月 12 日获颁四等云麾勋章。[②] 1936 年 12 月“西安事变”发生后，任中央讨逆军东路集团军前敌总指挥。1937 年 3 月主持将交通辎重学校战车团、交通兵第二团、装甲汽车队组成陆军装甲兵团，为现代中国军队第一支装甲兵部队。抗日战争全面爆发后，任中央机械化学校教育长。1938 年 2 月任军事委员会军事训练部机械兵监。1938 年 12 月任由陆军第二〇〇师扩

① 国民政府文官处印铸局印行：《国民政府公报》第 46 册 1931 年 1 月 2 日第 663 号颁令，台北成文出版社有限公司，1972 年，第 8 页。

② 国民政府文官处印铸局印行：《国民政府公报》第 117 册 1936 年 11 月 13 日第 2201 号颁令，台北成文出版社有限公司，1972 年，第 7—9 页。

编的新编第十一军军长，统辖第二〇〇师、荣誉第一师、新编第二十二师，是当时唯一的机械化新编军。1939 年 10 月任第六战区第三十八集团军总司令，统辖第五军（军长杜聿明）、第九十九军（军长傅仲芳）等部，率部参加桂南会战。1941 年 10 月专任军事训练部机械兵监，负责机械部队的组编与训练，主持成立军事工程学校和特种兵学校等。抗日战争胜利后，任国防部科学技术委员会（主任委员白崇禧）委员。1945 年 10 月获颁忠勤勋章。1946 年 5 月获颁胜利勋章。1947 年 11 月当选为第一届（行宪）国民大会代表。1948 年 3 月任陆军总司令部装甲兵司令部司令官。1949 年 3 月赴台湾。

第五节　鄂籍教官简况

湖北位于长江中游北部，九省通衢，物华天宝，荆楚江汉，神农武陵，哺育了无数英雄豪杰。从洋务运动中诞生的“强学馆”，到辛亥革命武昌首义；从北伐国民革命之武汉分校，到抗日战争的武汉宜昌会战，湖北人在中华民族最危难时刻，抗击日寇，拱卫陪都重庆，表现出大无畏的革命精神。黄埔军校曾三度在武汉设立分校，抗日战争全面爆发后，南京中央陆军军官学校沿长江迁至内地，第一落脚点也是武汉。抗日战争中期在湖北均县草店还开办过中央陆军军官学校第八分校，直至抗日战争胜利后才撤销。限于篇幅，部分教官见表 4－5：

表4－5　黄埔军校鄂籍教官一览表

时间	教官姓名
1931—1937	晏道刚、朱怀冰、梅铸、陈希平、田密、李健侯、樊焕卿、林英华、彭善、高百荧、孙定超、黄白、干国勋、吴韬、胡德骧、刘鸿逵、吴韬、周长椿、傅希颖、关义之、姚步烈、熊之渭、曹勛、李倜、曾育才、杨揆一、姚世瞻、艾菁、许高扬、管长治、钱朝宗、游捷、叶蓬、韩英锟、吕登甲、关麟书、胡伯廉、赵成甲、刘俊九、黄振武
1937—1945（全面抗战时期）	万耀煌、彭克定、艾时、刘旭东、陈汉雄、李继龙、朱楚藩、杨啸伊、钱纲明、高震龙、张国势、邓裕群、王思静、黄幼勉、蔡声洪、白耀圆、朱有淮、何奇、程鸿烈、马辉祖、冯龙、蒋永兹、李善闾、王学材、黄天骢、左铎、余拯、徐毅、萧师何、黄恢亚、袁奉先、陶泽凯、陈炼秋、钱乃治、沈忠全、王楚修、余金城、南金、邓定远、吴景明、郭杰

以下选择部分教官（5名）按姓氏笔画顺序介绍：

万耀煌（1891—1977），成都中央陆军军官学校教育长。又名万奇，别字武樵，别号砚山老人，湖北黄冈人。两湖师范附属高等小学堂、湖北陆军特别小学、武昌陆军第三中学第一期、保定陆军军官学校第一期步兵科、陆军大学正则班第五期毕业。1910年分发至清陆军第二十一混成协第四十一标见习，参与筹组“群治学社”。1911年武昌起义爆发时，随部参加“光复”汉口的作战，任湖北军政府战时总司令（黄兴）部作战参谋，期间由居正介绍加入同盟会。1912

年秋考入保定军校学习，1914 年 11 月毕业。1917 年 10 月考入北京陆军大学正则班学习，按记载系以旁听生资格入学，1919 年 12 月毕业。1920 年 1 月其舅夏寿康时任湖北省省长，任省长公署卫队营营长，与夏斗寅组织湖北军官教育团，同年 10 月任湖北陆军第二十一混成旅（旅长夏斗寅）司令部参谋长。1923 年 10 月任驻湘鄂军司令（夏斗寅）部参谋长。

万耀煌

1925 年底部队整编为鄂军第一师（师长夏斗寅），任师司令部参谋长兼第一团团长。1926 年 12 月所部改编为国民革命军，任独立第十四师（师长夏斗寅）副师长兼参谋长，率部参加北伐战争鄂、豫等省战事。1927 年 4 月所部扩编为第一集团军（总司令蒋介石兼）新编第十军（军长夏斗寅），任该军第一师师长。1928 年 2 月部队改变番号，任第一集团军（总司令蒋介石）第三军团（总指挥贺耀祖、方鼎英）第二十七军（军长夏斗寅）第六十五师师长，一度代理军长职。1928 年 8 月部队编遣，任缩编后的第一集团军陆军第十三师（师长夏斗寅）第三十七旅旅长。1928 年 10 月 13 日被委派为中国国民党陆军第十三师特别党部筹备委员。1928 年 11 月 26 日被推选为中国国民党陆军第十三师特别党部监察委员。1930 年夏中原大战爆发时，任南京国民政府军事委员会武汉行营第三军团（总指挥何成浚）右翼军（总指挥蒋鼎文）第十三师（师长夏斗寅）副师长，兼任第三十七旅旅长，率部参加津浦线以东战事，击溃晋军主力于鲁西。1931

年2月27日获颁四等宝鼎勋章。[①] 1932年1月任鄂豫皖三省“剿匪”总司令（蒋介石兼）部左路军（总指挥何成浚）陆军第十三师师长，后任军事委员会南昌行营北路军（总司令顾祝同）总预备队（指挥官钱大钧）第十三师师长，北路军第六路军（总指挥薛岳）第八纵队指挥（周浑元）部副指挥，兼任抚州警备司令部司令官。1934年10月红军长征后，任“追剿”军（总司令何键）第三路军司令（第三十六军军长周浑元兼）部副司令官，第二路军（总指挥龙云）第二纵队司令（周浑元）部副司令官，兼任第十三师师长，率部围追堵截长征红军。1935年4月9日被国民政府军事委员会铨叙厅颁令叙任陆军中将。1935年10月任陆军第二十五军军长，兼任“追剿”军第五纵队司令及第二绥靖区司令等职。1936年1月1日获颁三等宝鼎勋章。[②] 1936年11月12日获颁三等云麾勋章。[③] 抗日战争全面爆发后，任第三战区第十五集团军（总司令罗卓英）第二十五军军长，兼任第十三师师长，率部参加淞沪会战。1937年11月13日被免去陆军第十三师师长职。[④] 战后转移武汉地区，先后任第九战区长江江北防守区指挥部指挥官，1938年3月兼任军事委员会珞珈山将官研究班主任，庐山中央军官训练团（教育长陈诚）副教育长。1938年6月任第九战区第十五军团军团长，

---

① 国民政府文官处印铸局印行：《国民政府公报》第48册1931年2月28日第711号颁令，台北成文出版社有限公司，1972年，第18页。

② 国民政府文官处印铸局印行：《国民政府公报》第102册1936年1月2日第1936号颁令，台北成文出版社有限公司，1972年，第13页。

③ 国民政府文官处印铸局印行：《国民政府公报》第117册1936年11月13日第2201号颁令，台北成文出版社有限公司，1972年，第6页。

④ 国民政府文官处印铸局印行：《国民政府公报》第130册1937年11月15日第2509号颁令，台北成文出版社有限公司，1972年，第1页。

统辖第二军（军长李延年）、第七十五军（军长周嵒）共计6个师，同年7月任武汉卫戍总司令（罗卓英）部副总司令，率部参加武汉会战。1938年11月任迁移贵州遵义的陆军大学（校长蒋介石兼）教育长。1939年1月28日任陆军大学教育长。[①] 1942年6月主持陆军大学迁移重庆事宜，并兼任成都中央陆军军官学校（校长蒋介石兼）教育长。1945年1月被推选为军队各特别党部出席中国国民党第六次全国代表大会代表。1945年5月20日当选为中国国民党第六届中央监察委员。1945年10月10日获颁胜利勋章。1946年4月任湖北省政府主席，兼任湖北省保安司令部司令和省军管区司令部司令官。1946年10月当选为辛亥革命首义同志会第一届理事会（理事长居正）监事，参与辛亥革命三十五周年纪念活动。1947年7月被推选为党团合并后的中国国民党第六届中央监察委员。1948年4月辞去湖北省政府主席职，同月任南京国民政府总统府战略顾问委员会顾问，兼任南京中央训练团教育长。1949年5月赴台湾。

宁柏青（1887—?），成都中央陆军军官学校政治学教官。别号子衡，湖北江陵人。湖北官立法政学堂、日本大学法政研究班毕业。20世纪20年代留学日本，回国后历任私立武昌中华大学、上海大学教授。抗日战争全面爆发后，任武昌中山大学法学教授，中国国民党湖北省党部组织处副处长。后转移四川，任成都中央陆军军官学校第十七期第一总队同上校衔法学教官。1944年夏任成都中央陆军军官学校第二十期普通学科军简三阶政治法律教官。抗日战争胜利后，续任成都中央陆军军官学校第二十一期普通学科军简三阶政

① 国民政府文官处印铸局印行：《国民政府公报》第138册1939年2月1日渝字第123号颁令，台北成文出版社有限公司，1972年，第2页。

治学教官。1948 年 11 月任成都中央陆军军官学校第二十二期训导处教务科军委一阶政治学教官，1949 年夏辞职。

梅铸（1889—1965），南京中央陆军军官学校高等教育班高级战术教官。别号湘渔，又号相如，别字乡儒，湖北黄冈人。湖北陆军特别小学堂、武昌陆军第三中学、保定陆军军官学校第一期步兵科、陆军大学正则班第六期毕业。辛亥革命爆发后，随学生军参加武昌起义军事活动。1914 年 11 月保定军校毕业。1919 年 12 月考入陆军大学学习，1922 年 12 月毕业。任江西陆军第一师（师长唐福山）司令部参谋处科长、参谋长，兼任第一师司令部随营学校教育长。后随陆军大学迁移南京，受聘任战术主任教官，战术系副主任。1929 年 3 月任南京国民政府参谋本部（总长李济深）参谋，1932 年 8 月任陆军大学兵学教官，兼任陆军大学兵学研究院研究员，南京中央陆军军官学校高等教育班高级战术教官，主讲“大军战术”等课程。1935 年 5 月 2 日被国民政府军事委员会铨叙厅颁令叙任陆军步兵上校。[①] 抗日战争全面爆发后，仍任陆军大学战术系主任。1937 年 12 月随陆军大学迁移西南地区，续任陆军大学正则班第十六期班主任。1937 年 11 月 15 日被国民政府颁令晋任陆军少将。[②] 1943 年 3 月任军事参议院参议。1946 年 7 月 31

梅 铸

① 国民政府文官处印铸局印行：《国民政府公报》第 93 册 1935 年 5 月 2 日第 1731 号颁令，台北成文出版社有限公司，1972 年，第 1 页。

② 国民政府文官处印铸局印行：《国民政府公报》第 130 册 1937 年 11 月 16 日第 2510 号颁令，台北成文出版社有限公司，1972 年，第 1 页。

日被国民政府军事委员会铨叙厅颁令叙任陆军中将，同时退为备役。1947 年 12 月任湖北省黄冈县临时参议会参议员。1948 年 10 月在上海加入中国国民党革命委员会。

彭克定（1900—1954），中央陆军军官学校第七分校（西安分校）教育处副处长。又名运谟，别字静安，湖北云梦人。广州黄埔陆军军官学校第二期辎重兵科、苏联莫斯科中山大学第二期、德国陆军坦克军官学校毕业。1924 年 8 月考入广州黄埔陆军军官学校第二期学习，在校学习期间加入孙文主义学会。1925 年 2 月 1 日随军校教导团参加第一次东征，进驻广东潮州进行短期训练。1925 年 5 月 30 日随军返回广州，继返回校本部续学，1925 年 9 月军校毕业。历任广州黄埔中央军事政治学校第四期入伍生总队排长、连附，国民革命军第一军第二十师步兵营连长、营附，随部参加第二次东征及北伐战争。1926 年冬奉命与丁炳权（黄埔军校一期生）结伴返回湖北，会同乡人夏国鼐等率部攻克云梦县城，进军安陆县境，缴获枪支千余，组成武胜关别动队。历任国民革命军武胜关别动队（队长丁炳权）司令部参谋长，[①] 国民革命军第一军第二十二师（师长陈继承）第六十四团（团长丁炳权）团附。1927 年春奉派赴苏联留学，入莫斯科中山大学第二期学习，因参加留学生反对派游行，被捕后遣送西伯利亚劳动营近两年。回国后，考取官费派遣留学资格，于 1930 年春考入德国陆军坦克军官学校学习。1933 年春回国，同年 7 月任南京中央陆军军官学校第十期第一总队战车教官，后任第二总队战车战术教官，南京中央陆军军官学校教导总队（总队长桂永清）军官队（队长桂永清

① 盛廷干口述，盛信润整理：《丁炳权在云梦领导的国民革命起义》，《云梦文史资料》第五辑，湖北人民出版社，1989 年，第 64—69 页。

兼）队附。1934年12月任中央陆军军官学校教导总队（总队长桂永清）战车教导营营长（挂陆军上校衔），教导总队部上校附员。1936年3月21日被国民政府军事委员会铨叙厅颁令叙任陆军步兵中校。[①] 1937年3月因涉嫌“盗卖汽油案”被撤职。抗日战争全面爆发后，任军事委员会战时干部训练团第一团教育处处长，战时工作干部训练团（教育长桂永清）第二学员总队总队长。1938年12月任中央陆军军官学校第七分校（西安分校）教育处副处长。1940年7月19日被国民政府颁令由陆军步兵中校晋任陆军步兵上校。[②] 后任陆军第一九七师（师长万倚吾）副师长，陆军第九十八军（军长刘希程）第四十二师师长、副军长。1944年10月任中国驻瑞士公使馆（大使梁龙）陆军武官（挂陆军少将衔），抗日战争胜利后回国。1945年10月获颁忠勤勋章。1946年5月获颁胜利勋章。1946年11月任国防部第一陆军编练司令（王敬久）部参谋长。1948年12月任陆军总司令部第五编练司令部参谋长、副司令官，西安绥靖主任公署高级参谋，兼任干部训练团战术研究班副主任、大巴山工程处主任。1949年11月经重庆辗转印度赴台湾。

蔡声洪（1899—?），成都中央陆军军官学校图书馆主任。别号子远，别字声鸿，湖北汉川人。武昌文华图书馆学专科学校、私立武昌中华大学毕业。曾任中学教员、教务主任，私立武昌中华大学图书馆副主任。1930年春任南京中央陆军军官学校第七期政治训练处图书馆少校管理员。抗日战

---

① 国民政府文官处印铸局印行：《国民政府公报》第105册1936年3月22日第2002号颁令，台北成文出版社有限公司，1972年，第1—2页。

② 国民政府文官处印铸局印行：《国民政府公报》第152册1940年7月20日渝字第276号颁令，台北成文出版社有限公司，1972年，第3页。

争全面爆发后，随军校迁移西南地区，续任成都中央陆军军官学校第十五期图书馆主任，后任第十七期第二总队图书室主任，第十八期第三总队图书室主任，第十九期特科第二总队图书室主任。抗日战争胜利后，续任成都陆军军官学校第二十一期教育处图书馆军简三阶主任，聘任成都中央陆军军官学校校本部图书馆上校主任。抗日战争胜利后，仍任陆军军官学校第二十二期、第二十三期校本部图书馆主任。1949年冬随军校第一、第三总队起义。

第五章　赣闽豫鲁辽桂滇陕黔晋等省籍教官的地域人文

赣、闽、豫、鲁、辽、桂、滇、陕、黔、晋各省，虽然在黄埔军校任教官的人数在两百至千名不等，但这些省份的教官中不乏知名人士。

第一节　赣籍教官简况

江西地处内陆，多山地丘陵，自然地理较为闭塞，但自古以来为中华名人学子生长成才福地。自从黄埔军校创办起，出任军校教官的赣人络绎不绝。譬如：刘峙、张定璠、刘健群、刘士毅、桂永清、张雪中、黄维、李强、沈发藻、廖士翘、史宏烈、赖汝雄、卢佐等。限于篇幅，部分教官见表5－1：

表5－1　黄埔军校赣籍教官一览表

时间	教官姓名
1931—1937	刘健群、刘士毅、唐三山、刘光汉、卢奋孙、胡明扬、崔澍龙、徐宝鼎、龙韬、邝振翎、周德先、张继良、范振亚、廖士翘、万世靖、吴达、周礼、龚建勋、雷振声、熊令伯、卢盛枌、

（续表）

时间	教官姓名
1931—1937	吴德泽、幸良模、谢承瑞、桂永清、吴镇三、盛克昌、胡素、胡仁、胡轨、钟焕臻、李强、曾旭、程天放、胡竞先、朱嗣龙、罗张、徐雄士、戚亚勋、梁逢启等
1937—1945（全面抗战时期）	黄维、彭武敭、胡骏龄、祝定一、沈发藻、袁杰三、唐井然、江毓麟、廖德诚、欧阳驄、黄石、李士奇、余翼群、周宗德、喻松龄、于椿林、朱厚鸿、林汉宗、熊克念、熊耀东、刘汉、刘一连等

以下选择部分教官（6 名）按姓氏笔画顺序介绍：

刘一连（1905—?），成都中央陆军军官学校办公厅英文教官。别号汝昌，江西波阳人。江西九江伟烈大学、美国密西根大学法律科毕业。历任安徽大学英文系讲师、副教授，中央陆军军官学校武汉分校外语人员训练班教官，军政部外军情报处少校科员、课长，中国驻德国军事采购团上校武官。抗日战争全面爆发后，任成都中央陆军军官学校第十五期办公厅英文教官，第十六期第一总队同上校衔英文教官，成都中央陆军军官学校校本部普通学科同上校衔英文教官。后任美军驻印度蓝姆伽军官战术学校翻译，1944 年 12 月任中国远征军司令长官部军务处科长。1948 年任国防部第四厅处长等职。

刘汉（1896—?），成都中央陆军军官学校政治学教官。别号子泉，江西德安人。江西省立德安中学、武昌高等师范学校、法国巴黎大学毕业。武昌高等师范学校毕业后，旋即赴法国留学，入巴黎大学政治科学习，获政治学博士学位。

回国后，历任中国国民党江西省党部候补执行委员，中国国民党南昌市特别党部书记长，江西省干部训练团政治总教官。抗日战争全面爆发后，任成都中央陆军军官学校第十五期同上校衔政治学教官。[①] 后任第三战区司令长官部政治部党务督导员兼政治工作大队大队长，中国国民党江西省党政军联席办公会议少将委员。1946 年后任九江伟烈大学校务委员兼代校长，江西省保安司令部参议，江西省政府顾问等职。

沈发藻

沈发藻（1904—1973），中央陆军军官学校第三分校副主任。别字思鲁，江西大庾人。江西省立第四中学、广州黄埔陆军军官学校第二期工兵科、陆军大学正则班第九期毕业。1924 年 8 月考入广州黄埔陆军军官学校第二期工兵科工兵队学习，在校学习期间加入孙文主义学会。1925 年 2 月 1 日随军校教导团参加第一次东征，进驻广东潮州进行短期训练，同年 5 月 30 日随军返回广州，继返回校本部续学，1925 年 9 月军校毕业。任国民革命军第一军第一师第二团排长、连长，随部参加第二次东征及北伐战争。1928 年 12 月考入陆军大学正则班学习，1931 年 10 月毕业。任国民政府警卫军第一师第四团团长，后任陆军第五军（军长张治中）第八十七师（师长王敬久）第二六一旅（旅长宋希濂）步兵第五二二团团长，率部参加"一·二八"淞沪抗日战事。淞沪抗

① 刘国铭主编：《中国国民党百年人物全书》，团结出版社，2005 年，第 437 页。

战后，任陆军第八十七师（师长王敬久）第二五九旅副旅长、代理旅长，率部驻防福建福州地区。1935年5月11日被国民政府军事委员会铨叙厅颁令叙任陆军工兵上校。[①] 1936年10月5日被国民政府军事委员会铨叙厅颁令叙任陆军少将。抗日战争全面爆发后，率部参加淞沪会战。1937年9月3日被免去陆军第八十七师第二五九旅旅长职，任陆军第八十七师副师长。[②] 率部参加南京保卫战。[③] 1938年1月8日被免去陆军第八十七师副师长职，任陆军第八十七师师长。[④] 1939年5月26日任陆军第二军副军长。1939年10月任中央陆军军官学校第八分校副主任。1940年任中央陆军军官学校第十七期、第十八期校本部教育处处长。1941年春任中央陆军军官学校第三分校副主任。[⑤] 1944年2月任第二十七集团军暂编第二军军长，率部参加长衡会战诸役。1945年10月获颁忠勤勋章。1946年5月获颁胜利勋章。1946年6月任陆军总司令部第五署署长。1948年3月29日被推选为江西省出席（行宪）第一届国民大会代表。1948年5月任装甲兵训练处处长，同年6月任国民政府国防部第五厅厅长。1948年9月22日被国民政府军事委员会铨叙厅颁令叙任陆军中将。1949年3月任第三编练司令部司令官，湘粤赣

---

① 国民政府文官处印铸局印行：《国民政府公报》第93册1935年5月12日第1739号颁令，台北成文出版社有限公司，1972年，第1页。

② 国民政府文官处印铸局印行：《国民政府公报》第129册1937年9月4日第2449号颁令，台北成文出版社有限公司，1972年，第1页。

③ 刘绍唐主编：《民国人物小传》第四辑，台北传记文学出版社，1999年。

④ 国民政府文官处印铸局印行：《国民政府公报》第131册1938年1月12日渝字第13号颁令，台北成文出版社有限公司，1972年，第1页。

⑤ 台北《黄埔建国文集》编纂委员会编纂：《黄埔军魂》，台北实践出版社，1985年，第386页。

边区“剿匪”总指挥部总指挥，第十三兵团司令部司令官。[①]后任重建的第四兵团司令部司令官，率陆军第二十三军、第七十军撤至台湾。

胡素

胡素（1899—1978），成都中央陆军军官学校教育处副处长。原名魁梧[②]，别字素，别号白凡，后以字行，以胡素行世为官，江西清江人。清江县蛟湖高等小学、清江县立初级中学毕业，日本东京早稻田大学肄业，广州黄埔陆军军官学校第一期、陆军大学正则班第十三期毕业。1924年春由彭素民举荐投考黄埔军校。1924年6月考入广州黄埔陆军军官学校第一期第三队学习，1924年11月毕业。后任教导团排长、教导第三团连长、营长，孙文主义学会执行委员，国民革命军第一军第三师第九团第三营营长，参加第一、第二次东征。1926年7月随军参加北伐战争，任国民革命军第一军第二十一师补充团团附。1927年夏奉派赴日本留学，入东京早稻田大学学习。1929年毕业回国，任陆军第二十一师政治训练处处长。1929年8月1日任陆军第三师第十四团团长。1931年3月8日任陆军第三师第八旅旅长。1932年6月任军事委员会南昌行营高级参谋。1933年5月任陆军第九十三师司令部参谋长。1934年10月任南京中央陆军军官学校第十三期、

① 胡健国主编：《国史馆现藏民国人物传记史料汇编》第二辑，台北“国史馆”，1989年，第62页。

② 陆军军官学校编辑：《陆军军官学校第三队学生详细调查表》，《近代中国史料丛刊三编》第五十七辑，台北文海出版社有限公司，1990年。

第十四期步兵科科长。1935 年 4 月考入陆军大学正则班学习。1935 年 5 月 3 日被国民政府军事委员会铨叙厅叙任陆军步兵上校。[①] 1937 年 12 月从陆军大学毕业。抗日战争全面爆发后，随军校迁移西南地区。1938 年 6 月 2 日被国民政府军事委员会铨叙厅叙任陆军少将。[②] 任成都中央陆军军官学校教育处副处长。1939 年 12 月任军政部第二十五补充兵训练处处长，后将该处兵员编成陆军师，任陆军新编第三十师师长，率部参加昆仑关战役、桂南会战。1944 年 7 月 25 日任陆军新编第一军（军长孙立人）副军长，率部参加远征印缅抗日战事。[③] 1945 年 7 月任青年军第二〇五师师长。抗日战争胜利后，仍任陆军第二〇五师师长。1945 年 10 月获颁忠勤勋章。1946 年 5 月获颁胜利勋章。1946 年 9 月 12 日被推选为三青团第二届中央监察会监察。1947 年 7 月被推选为党团合并后的中国国民党第六届中央监察委员会监察委员。1947 年 11 月任战地视察组组长，同年 12 月任青年军第九军副军长。1948 年 3 月 29 日被推选为江西省出席（行宪）第一届国民大会代表，并出席第一届国民大会一次会议。1948 年 7 月 23 日任江西省保安司令部副司令官，兼任南昌警备司令部司令官。1949 年 3 月 5 日任江西省政府（主席方天）委员，同年 11 月任重建后的第十二兵团司令（胡琏）部副司令官。1949 年赴台湾。

桂永清（1900—1954），中央陆军军官学校教导总队总队长。别字率真，江西贵溪人。贵溪县鹰潭第二高等小学、

① 国民政府文官处印铸局印行：《国民政府公报》第 93 册 1935 年 5 月 3 日第 1732 号颁令，台北成文出版社有限公司，1972 年，第 1 页。

② 国民政府文官处印铸局印行：《国民政府公报》第 133 册 1938 年 6 月 4 日渝字第 54 号颁令，台北成文出版社有限公司，1972 年，第 2 页。

③ 刘绍唐主编：《民国人物小传》第七辑，台北传记文学出版社，1999 年。

桂永清

江西公立国语讲习所肄业，江西省立第一中学毕业，广东中央陆军教导团、广州黄埔陆军军官学校第一期毕业，德国步兵专门学校毕业。1923 年冬到广州，入大元帅府军政部教导营军士连当兵。1924 年 1 月入大本营陆军讲武学校第一队学习，同年 2 月 4 日加入中国国民党。1924 年 6 月入广州黄埔陆军军官学校第一期第二队学习，同年 11 月毕业。参与组织孙文主义学会，历任黄埔军校教导第二团第九连上尉连长、党代表，第一师司令部特务连连长，国民革命军第一军司令部特务营营长。参加第一、二次东征和北伐战争。于第一次东征后，因将战时没收的敌军财物，擅自邮寄回家乡，被判死刑。后因学生联呈国民党中央，请念其在淡水、棉湖、兴宁的战功，从宽处治。1925 年 4 月 8 日依中央议决案，得免死罪。[①] 1926 年 7 月随军参加北伐战争，任国民革命军总司令部副官、参谋，参与谋划江西战事。1927 年任国民革命军第一军第二十师独立旅第五十八团团长。1927 年 5 月 1 日被南京黄埔同学总会指定为总会预备执监委员。[②] 1927 年 5 月 12 日被推选为黄埔同学会监察委员。[③] 后任国民革命军第一集团军总司令（蒋介石兼）部特务团团长，国民革命军总司令部警卫第一团团长。1928 年 7 月 25 日任缩编后的第一集团军第十一师（师长曹万顺）第三十一旅旅长。

① 杨牧、袁伟良主编：《黄埔军校名人传》上册，河南人民出版社，2005 年，第 928 页。

② 上海《民国日报》1927 年 5 月 1 日至 8 日连续刊登“黄埔同学会改组委员会特别紧要启事”。

③ 《民国日报》1927 年 5 月 19 日，“黄埔同学会之新执委会”。

1928 年 9 月 3 日被委派为陆军第十一师特别党部筹备委员。1929 年 1 月 30 日被推选为江西省出席中国国民党第三次全国代表大会代表。1930 年奉派赴德国学习军事，入德国步兵专门学校学习，1931 年秋毕业回国。1932 年 3 月 28 日与贺衷寒等九人发起组织中华民族复兴社。后任中央军校军官高等教育总队第一队队长、总队长，中华民族复兴社中央干事会常务干事兼训练处处长，兼任内层组织“三民主义力行社”负责人及外围组织“革命军人同志会”“民族运动委员会”中央执行委员。1932 年 10 月任南京中央陆军军官学校军官训练班主任。1933 年 7 月 20 日被推选为中国国民党南京中央陆军军官学校第四届特别党部执行委员会监察委员。① 1933 年 10 月任南京中央陆军军官学校教导总队总队长，后任首都警备司令部副司令官，兼任南京市大中学校学生暑期军事集训总队总队长。1935 年 4 月 13 日被国民政府军事委员会铨叙厅颁令叙任陆军少将，任陆军第七十八师师长。1936 年 10 月 22 日被国民政府军事委员会铨叙厅颁令叙任陆军中将。“西安事变”发生后，任讨逆军第五路总指挥部第一纵队指挥部指挥官。1937 年 1 月 1 日获颁四等云麾勋章。② 抗日战争全面爆发后，率部参加淞沪会战。1937 年 12 月 11 日率部参加南京保卫战，所部的德国重武器装备在这场战役中丧失殆尽，兵员损失三分之二。之后率部撤退后方整训，后任陆军第四十六师（由教导总队改编）师长。1938 年 4 月 13 日任陆军第二十七军军长，同年 5 月率部参加兰封战

① 中国第二历史档案馆供稿，华东工学院编辑出版部影印：《黄埔军校史稿》第七册，档案出版社，1989 年，第 189 页。

② 国民政府文官处印铸局印行：《国民政府公报》第 119 册 1937 年 1 月 2 日第 2243 号颁令，台北成文出版社有限公司，1972 年，第 1 页。

役，因指挥失利被撤军长一职，转任军事委员会战时干部训练总团教育长。1938 年 7 月三民主义青年团成立，被推选为临时中央监察会监察。1940 年 6 月任中华民国驻德国大使馆陆军武官。1943 年 10 月任中华民国驻英国大使馆陆军武官，兼驻英国军事代表团团长。1945 年 1 月被推选为军队各特别党部出席中国国民党第六次全国代表大会代表。1945 年 4 月盟军攻克柏林，同年 6 月任同盟国驻德国联军管制委员会中国代表团团长。1945 年 5 月 20 日当选为中国国民党第六届中央执行委员会执行委员。1946 年 1 月作为中国代表参加联合国军事参谋团会议。1946 年 6 月带队赴英国伦敦，接收英国政府赠送的军舰。回国后参与海军的重建，[①] 1946 年 9 月 26 日任海军总司令（军政部部长陈诚兼）部副总司令、代理总司令。其间兼任国防委员会委员及海军军官学校教育长。1946 年 11 月 15 日被推选为江西省代表出席（制宪）国民大会。1947 年 7 月被推选为党团合并后的中国国民党第六届中央执行委员会执行委员。1948 年 8 月 26 日任海军总司令部总司令，[②] 兼任国防科学委员会常务委员及海军军官训练团团长。1949 年赴台湾。

黄维（1903—1989），中央陆军军官学校第六分校（南宁分校）主任。别字培我，别号悟我，化名方正馨，江西贵溪人。贵溪县第二高等小学、贵溪县立初级师范学校、广州黄埔陆军军官学校第一期、陆军大学特别班第一期毕业。1924 年 6 月考入广州黄埔陆军军官学校，在第一期第二队学

---

① 台北《黄埔建国文集》编纂委员会编纂：《黄埔军魂》，台北实践出版社，1985 年，第 222 页。

② 南京图书馆编：《中国近现代人物像传》，上海古籍出版社，2011 年，第 780 页海军军官照片。

习，1924年11月毕业。分发至黄埔军校校长办公厅见习，任教导团排长。1925年任广州黄埔中央陆军军官学校第三期入伍生总队第八队中尉区队长、教导第二团副连长，国民革命军第一军第二师步兵团连长，随部参加第一、第二次东征。1926年任国民革命军第一军第二十师第五十九团第三营（营长张际春）副营长，黄埔军校第四期军官团第九连连长，第一军第二十一师第六十一团第三营营长，随部参加北伐战争。作战至苏州时，任第二十一师第六十一团副团长。1927年10月任第九军第二十一师（代理师长陈诚）第六十一团团长，率部参加第二次北伐战争。1928年部队编遣，任缩编后的第一集团军第十一师（师长曹万顺）第三十一旅（旅长桂永清）司令部少校参谋。1929年2月被保送入陆军大学特别班学习，1931年10月毕业。后任陆军第十八军第十一师第三十二旅副旅长。1932年5月任第十一师（罗卓英）第三十一旅旅长、副师长。1933年9月任陆军第十八军第十一师师长。1935年4月13日被国民政府军事委员会铨叙厅叙任陆军少将。1936年1月奉派赴德国考察军事。1936年11月12日获颁四等云麾勋章。[①] 1937年4月15日被免去陆军第十一师师长职。[②] 抗日战争全面爆发后，1937年9月任陆军

黄　维

① 国民政府文官处印铸局印行：《国民政府公报》第117册1936年11月13日第2201号颁令，台北成文出版社有限公司，1972年，第7—9页。

② 国民政府文官处印铸局印行：《国民政府公报》第122册1937年4月16日第2329号颁令，台北成文出版社有限公司，1972年，第1页。

第十八军（军长罗卓英）第六十七师师长，率部参加淞沪会战，1938年4月被免去师长职。1938年2月任第十八军（军长罗卓英）副军长，同年5月任陆军第十八军军长，率部参加武汉会战，1939年5月被免职。1939年6月6日被国民政府军事委员会铨叙厅叙任陆军中将。[①] 历任成都中央陆军军官学校第十五期、第十六期教育处处长，中央陆军军官学校第六分校（南宁分校）主任。1940年11月11日任陆军第五十四军军长。1942年3月兼任昆明防守司令部司令官。1943年4月被免去军长职。1943年4月被撤职查办，[②] 调任军事委员会高级参谋，后任军事委员会陆军督训处副处长。1944年11月任青年军编练总监（罗卓英）部副监，具体实施组建青年军事宜。其间兼任军事委员会干部训练团（教育长王东原）副教育长。1945年1月兼任青年军编练总监部东南分部主任及东南干部训练团主任。抗日战争胜利后，任青年军第三十一军军长。1946年6月29日任联合勤务总司令（黄镇球）部副总司令。1947年9月兼任国防部新制军官学校校长。1948年1月兼任陆军总司令部第三陆军训练处处长，在武汉主持新兵招募及编练事宜。1948年8月任徐州"剿匪"总司令部第十二兵团司令官，率部在淮海战场对人民解放军作战，同年12月25日所部在蒙城双堆集地区被全歼。1948年12月15日在距双堆集三四十里的村庄被人民解放军俘虏，被俘后伪称自己是方正馨，为第十四军司令部上尉司书，[③] 被查出后关押在位于河北井陉的中国人民

---

① 国民政府文官处印铸局印行：《国民政府公报》第141册1939年6月7日渝字第159号颁令，台北成文出版社有限公司，1972年，第1页。

② 刘绍唐主编：《民国人物小传》第十六辑，台北传记文学出版社，1999年。

③ 杨牧、袁伟良主编：《黄埔军校名人传》上册，河南人民出版社，2005年，第969页。

解放军华北军区军法处看守所，后转移至中国人民解放军华东军区政治部联络部解放军官教育团学习与改造。

第二节 闽籍教官简况

福建位于东南沿海，毗邻中国台湾，是我国近海远洋船务及海军的发祥地之一，也是海军将领的摇篮。20 世纪 30 年代以前，闽籍将领占据了海军领导层的大半，唯一的海军一级上将陈绍宽就是福建闽侯人。但是闽人对以培养陆军军官为主的黄埔军校影响力有限，闽籍教官中较著名的有：黄埔军校第六期代理校务何遂，黄埔军校高等教育班高级战术教官、军事教育家和理论家吴石，南京中央陆军军官学校筹备委员、第十九路军将领张襄，黄埔军校第八分校主任罗列，黄埔军校教育长唐灏青，黄埔军校第三期战术教官林叔向等。限于篇幅，部分教官见表 5 - 2：

表 5 - 2　黄埔军校闽籍教官一览表

时间	教官姓名
1931—1937	吴石、萧其昌、李赓铿、赖琏、宁李泰、张性、邹逵、余石民、黄炎、黄玉泉、伍翔、田渭滨、刘体乾、林之茂、林兰生、林叔向、林斧荆、林禹平、游葆瀛、谭煜麟、林黄胄、林潞生、林仲墉、林克濂、董源清、戴锡龄、李赓濩等
1937—1945（全面抗战时期）	石兆驹、邱策、邱贡璧、高鼎新、潘锦、杨潼、邱吉士、吴振刚、杨立、池步云、林祺瑞、董芳、王怀英、王学韬、刘骧、刘刚德、朱维庄、张章图、陈锦超、林琳、林之廉、林志岳、郑涛、郑仰榕、侯腾云、洪光裕、倪履长、唐灏青、叶实棠、陈佐武、王思源、李景禧等

以下选择部分教官（5名）按姓氏笔画顺序介绍：

李景禧（1908—?），成都中央陆军军官学校政治学教官。别号弘毅，福建闽侯人。福州私立师范学校、日本东京帝国大学政治科毕业，东京帝国大学法律科研究生班结业。历任国立东南大学教授，国民党中央党部政治训练班教官、副总教官，中央政治学校大学部政治科主任教官，中国国民党福建省党部巡视员。抗日战争全面爆发后，随军校迁至西南地区，任成都中央陆军军官学校第十六期政治学教官，第十七期第一总队同上校衔政治学教官，第十九期校本部政治部同上校衔法律学教官。后任中央政治学校政治学教官，法律学上校教官。1946年5月任最高法院推事。1947年起兼任福州律师公会主席，福建省议会议员。1949年5月被免去最高法院推事职，同年秋到台湾。

吴 石

吴石（1893—1950），南京中央陆军军官学校高等教育班高级教官。别号虞薰，福建闽侯人。福州开智小学、武昌陆军第三预备学校、保定陆军军官学校第三期炮兵科、日本陆军炮兵专门学校、日本陆军大学第十八期毕业。1911年辛亥革命爆发后，加入福建北伐学生军，参加福州光复会。1911年底随学生军北伐到南京，加入由浙江学生军、福建学生军合编的陆军入伍生队。1912年元旦随队参加中华民国开国典礼和孙中山就职临时大总统仪式。1912年8月考入武昌陆军预备学校，1914年8月毕业并考入保定军校，1916年8月毕业，分发至福建陆军服务。历任陆军第十一混成旅（旅长王麒）步兵第一团（团长沈珂）队官，福州镇守使署军务处参谋、科长等职。1924 年 10 月任福建陆军步兵第三师（师长李凤翔）第五旅（旅长曹万顺）司令部参谋长。1925 年 10 月到广州，任黄埔陆军军官学校教授部战术教官。1926 年 7 月北伐开始，任国民革命军总司令部暂编第四师司令部参谋长，北伐东路军总司令部参谋处后勤科科长。1927 年春任福建省政府军事厅（厅长方声涛）参谋处处长。1928 年 1 月赴日本留学，先入日本陆军炮兵专门学校学习，后入日本陆军大学第十八期战术科学习。1934 年 3 月回国，历任南京国民政府参谋本部第二厅第一处课长，大本营第一部第二组副组长，南京陆军大学兵学教官，兼任南京中央陆军军官学校高等教育班大军战术高级教官。1935 年 3 月任参谋本部（总长朱培德、程潜）第一厅（厅长王纶、张亮清）第一处处长。1936 年 2 月 3 日被国民政府军事委员会铨叙厅颁令叙任陆军少将。1937 年 1 月 1 日获颁四等云麾勋章。[①] 抗日战争全面爆发后，任军事委员会桂林行营（主任李济深）参谋处处长。1938 年 3 月至 1940 年秋任国民政府军政部主任参事，后兼任军事委员会桂林行营（主任白崇禧）参谋长。1940 年 10 月由白崇禧推荐任第四战区司令长官（张发奎）部参谋长。1941 年 5 月 28 日获颁干城甲种一等奖章。[②] 1942 年 1 月 22 日被国民政府军事委员会铨叙厅颁令由陆军少将晋任陆军中将。[③] 1944 年 3 月任第四战区第十六集团军总司令（夏威）部副总司令。1945 年 3 月任陆军

---

① 国民政府文官处印铸局印行：《国民政府公报》第 119 册 1937 年 1 月 2 日第 2243 号颁令，台北成文出版社有限公司，1972 年，第 1 页。

② 国民政府文官处印铸局印行：《国民政府公报》第 160 册 1941 年 5 月 31 日渝字第 366 号颁令，台北成文出版社有限公司，1972 年，第 33 页。

③ 国民政府文官处印铸局印行：《国民政府公报》第 166 册 1942 年 1 月 24 日渝字第 434 号颁令，台北成文出版社有限公司，1972 年，第 1 页。

总司令（何应钦）部第二方面军司令长官（张发奎）部参谋长，参加广州方面日军受降仪式。在抗日战争期间，吴石策划指导长沙、湘桂、桂南、昆仑关、桂柳等会战。他对国民党当局消极抗战的政策相当不满，十分推崇共产党的作为。这奠定了其逐步走上革命道路的基础。1945 年 9 月，他在重庆参加“三民主义同志联合会”。1945 年 10 月获颁忠勤勋章，同年 12 月获颁胜利勋章。1946 年 1 月任国民政府军政部主任参事。1946 年 6 月至 1949 年 2 月任行政院国防部史政局局长。蒋介石集团公然撕毁协议，点燃内战战火后，全国人民奋起抵抗。在这场人民与反动派的殊死搏斗中，吴石开始了人生的重大转折。他利用职务便利设法搜集国民党军事情报，由地下民联转送给中共地下组织。1948 年元旦，中国国民党革命委员会在香港建立中央领导机构时，“三民主义同志联合会”与之合并，吴石成为“民革”的骨干分子。1949 年 2 月任福州绥靖公署（主任朱绍良）副主任。在人民解放战争中，他利用在国民党内的关系，以合法身份掩护地下党工作，为我党提供了不少有重要价值的情报，尤其是为南京、上海、杭州等重要城市的解放作出了贡献。1949 年 8 月赴台后，继续为我党工作。1950 年 3 月，因中共台湾工委遭受严重破坏，身份暴露，被捕入狱。当年 6 月 10 日被国民党当局以“通共罪”杀害于台北。1973 年，为表彰吴石将军为祖国统一大业作出的特殊贡献，国务院追认其为革命烈士。

林蔚人（1904—?），成都中央陆军军官学校政治学教官。别号蔚，福建闽侯人。福建高等工业学校、美国加利福尼亚大学研究院毕业，获美国加州大学哲学博士学位。历任南京国立中央大学教授，中央政治学校大学部教授。抗日战争全面爆发后，随军迁移西南地区，任成都中央陆军军官学校第十五期政治学上校教官、第十七期经济学上校教官。抗日战争胜利后，续任成都中央陆军军官学校第二十一期校本部训导处教务科聘任教官。后曾任福建省政府代理教育厅厅长。1949 年移居美国。

唐灏青（1892—？），中央陆军军官学校第六分校副主任。别号瀚湘，福建闽县人。福建陆军小学堂、北京清河陆军第一预备学校、保定陆军军官学校第二期步兵科、陆军大学正则班第六期毕业。1916 年 5 月保定军校毕业。1919 年 12 月考入北京陆军大学学习，1922 年 12 月毕业。1926 年 12 月任中央政治委员会暨军事委员会广州分会参谋处处长，留守广州的国民革命军总参谋长李济深长官部副官长。1927 年 1 月任黄埔军校高级班战术教官，讲授“军事理论”等课程，兼任广州黄埔中央军事政治学校（当时又称广州国民革命军军官学校）代理教育长，后任广东第八路军总指挥（李济深）部副官长，兼任军法处处长。1931 年 12 月任南京国民政府军事委员会高级参谋。1936 年 1 月 29 日被国民政府军事委员会铨叙厅颁令叙任陆军少将。1936 年 7 月任广东绥靖主任公署总办公厅中将参议，广东第四路军总指挥部中将参议。抗日战争全面爆发后，任军政部（部长何应钦）部附，中央陆军军官学校第六分校（主任冯璜）副主任。1946 年春任中央训练团中将团员等职。1947 年 1 月 7 日被国民政府军事委员会铨叙厅颁令叙任陆军中将，同时退为备役。

唐灏青

萧其昌（1888—1941），南京中央陆军军官学校高等教育班高级战术教官。别字仲恢，别号中恢，原载籍贯福建福州，另载福建闽侯人。伪南京国民政府委员会代理参军长萧奇斌堂弟。福建武备学堂、日本陆军士官学校中华学生队第十一期辎重兵科、日本陆军大学第十八期毕业。1913 年 12 月获福建巡抚官费保送日本留学。1914 年 6 月考入日本陆军士官学校中华学生队第十一期学习，1916 年 5 月毕业。1916 年夏回国，分发至驻福建的第十一混成旅服务，任辎重兵队队官、步兵队标统。1924 年任福建陆军第一师步兵第四团（团长张耀）团附、代理团长。1925 年后任福建绥靖处军事科科长，漳州善后绥靖处参谋官，闽军第二支队司令部司令官。1927 年夏应何应钦举荐到广东，任广州黄埔国民革命军军官学校第七期第二总队教授部战术教官（挂陆军少将衔），兼任高级班军事科教官。1928 年任福建省防军干部学校教育长。后再赴日本留学，1928 年 10 月考入日本陆军大学第十八期学习，1930 年冬毕业。回国后，1931 年任陆军大学教务处兵学教官，兼任南京中央陆军军官学校高级战术教官。1935 年 4 月 22 日被国民政府军事委员会铨叙厅颁令叙任陆军少将。1936 年任陆军大学兵学研究院研究员，兼任南京中央陆军军官学校高等教育班高级战术教官。抗日战争全面爆发后，滞留日军占领区。1940 年 5 月 25 日任伪武汉绥靖主任（叶蓬）公署参谋长。①1941 年 7 月 29 日因病在武汉逝世。

萧其昌

① 郭卿友主编：《中华民国时期军政职官志》下册，甘肃人民出版社，1990 年，第 1963 页。

第三节　豫籍教官简况

河南地处中原，是中华文明发祥地之一，在中华五千年灿烂文明史上，名人辈出，不胜枚举。近代袁世凯开创北洋军阀集团，带出一大批军事将领与军政要员。斗转星移，到了广州国民政府时期，真正与黄埔军校发生关联的豫籍军政名人屈指可数，究其缘由，应是军政轴心转移南京，中原宝地原有的人文地理优势顿失所致。黄埔军校的豫籍教官中，比较知名的有：黄埔军校第四期代理总教官张轸，黄埔军校第一期区队长郜子举，黄埔军校特别区党部执行委员杜心如，武汉分校教育长侯连瀛等。限于篇幅，部分教官见表5－3：

表5－3　黄埔军校豫籍教官一览表

时间	教官姓名
1931—1937	刘先临、王琦、张新三、李培尧、耒庆丰、何振武、王定邦、索耀华、方静波、王石仙、李台阁、王璟、杨炳震、张宗泽、马应龙
1937—1945 （全面抗战时期）	朝敬铭、吴丽川、宁其骏、吕德恭、李百堃、程文润、周馨室、黎宝志、秦铁铮、孙光祖、姚升瀛、张天骥、李鸿音、苏明山、方镇中

以下选择部分教官（7名）按姓氏笔画顺序介绍：

方镇中（1902—1958），中央陆军军官学校政治学教官。别字宝焕，别号安亚，河南唐河人。1918年7月毕业于唐河县立高等小学堂，继考入开封省立甲种工业学校。1919年春退学赴北京求学，考入北京高等师范学堂中学部，1923年春毕业。再考入北京国立法政大学，1926年肄业。1926年自费赴法国留学，先入巴黎法语学校学习法语两年，其间结识香港巨商何东之子何世礼，为挣取学费为香港《工商日报》撰“欧洲时事评述”稿，被聘任为该报驻欧通讯员，继入巴黎高级国际问题学院肄业，后考入巴黎大学政治学院外交系就读，1932 年毕业。1932 年 11 月获何东推荐任香港《工商日报》编辑部主任、总编辑。

方镇中

1935 年受傅铜聘请返回内地，任安徽大学法学院教授。后因该校停办，1935 年 10 月东渡日本，在东京东亚日语学校学习，1936 年 3 月回国，曾任第二十路军总指挥（张钫）部少校参议。抗日战争全面爆发后，任军事委员会战时党政干部训练总团第四团政治学教官，后随军校迁至西南地区。经万锡九介绍，1938 年 1 月任中央陆军军官学校第十四期第一总队政治学教官。[①] 1938 年秋随范汉杰至洛阳，任陆军第二十七军司令部额外秘书。后任驻陕西西安的军事委员会战时党政干部训练总团第四团第一总队第一大队政治指导员，1939 年 5 月任第一总队政治主任教官兼战时党政干部训练第四团政治部训育科科长。1941 年 6 月任战时党政干部训练第四团政治部副总教官，先后兼任考选委员会委员、新中国文化出版社特约编辑、毕业生通讯处政治指导员等职。1942 年 5 月奉派入重庆中央训练团党政干部训练班第十九期受训，结业后返回原职。抗日战争胜利后，任陕西省干部训练团教务处处长，兼任新中国文化出版社西安分社副社长。1946 年

① 湖南省档案馆校编：《黄埔军校同学录》，湖南人民出版社，1989 年，第 601 页。

7月退役，同年12月赵冠五、田培霖聘任其为国立河南大学教授，后任政治系主任、法学院代理院长、校务委员会主任。1949年7月率河南大学师生携眷属、校产从苏州起程，迁回开封河大原址办学。

宁其骏（1894—?），成都中央陆军军官学校步兵科战术教官。原名维汉，别字光宇，河南开封人。河南陆军小学堂、保定陆军军官学校第九期步兵科毕业。1919年考入保定陆军军官学校第九期学习，1923年8月毕业。历任国民革命军团参谋主任、教导队队长，许昌县政府军事科科长，军事委员会洛阳行营参谋处参谋。1931年任南京中央陆军军官学校第十期第一总队战术教官，南京中央陆军军官学校第十三期教育处战术教官。1935年5月20日被国民政府军事委员会铨叙厅颁令叙任陆军步兵中校。① 抗日战争全面爆发后，随军迁移西南地区，续任成都中央陆军军官学校步兵科第十五期上校战术教官、第十七期第一总队上校战术教官。后任中央陆军军官学校第七分校（西安分校）教育处上校军事教官。1944年春任军事委员会军事训练部校阅委员会第十二校阅组组长。抗日战争胜利后，续任中央陆军军官学校西安督训处上校军事教官，第二（西安）军官训练班上校军事教官。1946年7月退为备役。

刘先临（1902—1949），中央陆军军官学校第七分校军士教导第二团团长。河南唐河人。河南省立第三师范学校肄业，广州黄埔陆军军官学校第一期毕业，中央军官教育团校尉班毕业。1924年春到广州，同年6月考入黄埔陆军军官学校第一期第二队学习，1924年11月毕业。历任黄埔军校教

① 国民政府文官处印铸局印行：《国民政府公报》第93册1935年5月21日第1746号颁令，台北成文出版社有限公司，1972年，第1页。

导第一团学员队区队长、大队长。1926年1月任黄埔中央军事政治学校第四期政治科大队第二队队长。1926年7月随军参加北伐战争，任国民革命军第二方面军军官教导团第三营营长。1927年5月12日任武汉分校党员志愿兵团第二营营长。[①]后随武汉分校部分学员迁至南京。1927年6月30日任南京中央陆军军官学校第六期第一总队总队长。

刘先临

1927年8月30日任浙江补充第一师（师长严重）第六十二团（团长王禄丰）第二营营长。1932年10月至1933年6月任南京中央陆军军官学校驻赣暑期特别人员研究班学员大队大队长。1933年12月任国民政府军事委员会别动队第二大队大队长。1935年12月任军事委员会训练总监部组长。1936年12月12日被国民政府军事委员会铨叙厅颁令叙任陆军步兵中校。[②] 1938年2月13日任重新组编的陆军第九十一军（军长郜子举）第四十五师（师长刘进）副师长。1938年12月21日任中央陆军军官学校第七分校（主任胡宗南兼）军士教导第二团团长。后任军事委员会军事训练部第十一点检组组长。1939年10月中央陆军军官学校第七分校军官大队扩编为军官总队，续任军官总队少将总队长。后任重庆中央各军事学校学员登记调查处副处长。1945年10月获颁忠勤勋章。1946年5月获颁胜利勋章。1946年10月任国

① 1927年5月12日中国国民党武汉中央政治会议第二十次会议记录。

② 国民政府文官处印铸局印行：《国民政府公报》第118册1936年12月15日第2228号颁令，台北成文出版社有限公司，1972年，第1页。

民政府国防部少将附员。1949 年秋在河南唐河被捕后处决，另说 1949 年赴台湾。

苏明山（1900—?），成都中央陆军军官学校数学教官。别号鸿甫，河南唐河人。郑州高等师范学校肄业，南京中央大学数理系毕业。历任中原大学讲师，山东大学副教授，武汉中华大学教授，中国国民党湖北省党部党务指导员，中央训练团党政班教官兼数理教务组组长。抗日战争全面爆发后，随军迁移西南地区，1938 年 12 月任成都中央陆军军官学校第十五期普通学科同上校衔数学教官，1940 年续任成都中央陆军军官学校第十七期第一总队同上校衔数学教官，后任第十八期第二总队普通学科同上校衔数学教官。1944 年任中国国民党中央党务学校教务处处长，中央党部第五处处长等职。

李鸿音（1902—?），成都中央陆军军官学校普通学科总教官。别号由孚，河南南阳人。英国伦敦大学毕业。早年考入中央政治学校学习，毕业后被选送到英国留学，入伦敦大学学习并毕业。1930 年回国，历任中国国民党中央党部党务特派员，南京中央大学政治经济科教授，国民政府参谋本部上校参议，中国国民党军事委员会开封行营办公厅副主任，兼任行营特别党部书记长。抗日战争全面爆发后，任成都中央陆军军官学校第十四期普通学科代理上校总教官，第十六期普通学科同上校衔（支少将薪）总教官，第十八期普通学科同少将衔总教官。1941 年 4 月任成都中央陆军军官学校第十八期第二总队普通学科同少将衔总教官。1941 年 12 月成都中央陆军军官学校校本部设立普通学科，任第二十期普通学科少将总教官。1943 年 10 月任中国国民党中央调查局第六处处长，中央统计局“戡乱建国”第二总队总队长，兼任中央政治学校大学部教授。抗日战争胜利后，任河南省政府社会处处长。1947 年任社会部研究委员，后任国防部第五厅副厅长。1949 年秋到台湾。

吴丽川

吴丽川（1903—？），成都中央陆军军官学校办公厅主任。别字雨村，别号一程，河南固始人。广州黄埔中央军事政治学校第四期经理科、陆军大学正则班第九期毕业。1926 年 1 月考入广州黄埔中央军事政治学校第四期经理科经理大队学习，1926 年 10 月毕业。1928 年 12 月考入陆军大学正则班学习，1931 年 10 月毕业。1934 年 10 月任河南固始县保安总队部参谋长。1936 年 3 月 17 日被国民政府军事委员会铨叙厅颁令叙任陆军步兵中校。[①] 1936 年 6 月 18 日任豫皖绥靖主任公署参谋。1937 年 10 月 27 日任豫皖绥靖主任公署参谋处第一科科长。[②] 后任第十六集团军总司令部教导总队副总队长。1940 年 7 月 19 日被国民政府军事委员会铨叙厅颁令叙任陆军步兵上校。[③] 历任第十五集团军总司令（关麟征）部（参谋长姚国俊）副参谋长，第五战区司令长官部副官处处长，陆军暂编第三十师副师长。1944 年 3 月任成都中央陆军军官学校第二十期至第二十三期办公厅主任、副官处处长，兼任中央陆军军官学校特别党部常务委员、典试委员会委员。

① 国民政府文官处印铸局印行：《国民政府公报》第 105 册 1936 年 3 月 18 日第 1998 号颁令，台北成文出版社有限公司，1972 年，第 1—2 页。

② 国民政府文官处印铸局印行：《国民政府公报》第 130 册 1937 年 10 月 28 日第 2495 号颁令，台北成文出版社有限公司，1972 年，第 1 页。

③ 国民政府文官处印铸局印行：《国民政府公报》第 152 册 1940 年 7 月 20 日渝字第 276 号颁令，台北成文出版社有限公司，1972 年，第 3 页。

朝敬铭

朝敬铭（1885—？），成都中央陆军军官学校战术教官。别号持箴，河南光州（今属光山，一说潢川）人。武威右军随营学校、保定陆军速成学堂第一期骑兵科、陆军大学正则班第六期毕业。1908年12月毕业于保定陆军速成学堂。历任陕西陆军第四混成旅（旅长陈树藩）司令部参谋，骑兵团连长、营长、团附。1918年春任陕西靖国军（总司令于右任）第二路军司令（樊钟秀）部参谋主任。1919年12月考入陆军大学学习，1922年12月毕业。返回豫军樊钟秀部，任豫军第二混成旅（旅长樊钟秀）司令部参谋长，国民军第二军第六师（师长樊钟秀）司令部参谋长，兼任第一团团长等职。后随军南下广东，任驻粤豫军总司令（樊钟秀）部参谋长兼驻粤豫军军官学校校长。1924年3月任驻粤建国豫军总司令（樊钟秀）部参谋长，同年10月兼任攻鄂军（总司令程潜）预备队总指挥（樊钟秀）部参谋长。后随部北上，辗转湘鄂至豫南，仍任建国豫军总司令（樊钟秀）部参谋长。1927年6月建国豫军改编为国民革命军第四十五军（军长樊钟秀），任该军司令部参谋长，后因病辞职。1933年3月任军事委员会北平军政分会高级参谋，兼任军务处副处长。1936年3月11日被国民政府军事委员会铨叙厅颁令叙任陆军骑兵上校。[1] 抗日战争全面爆发后，任第九战区第三兵团（总司令孙连仲）第二集团军总司令（孙连仲兼）部副参谋长、代理参谋长，随

① 国民政府文官处印铸局印行：《国民政府公报》第105册1936年3月12日第1994号颁令，台北成文出版社有限公司，1972年，第2页。

部参加武汉会战诸役，后因豫南会战失利被撤职。1938 年 12 月调任成都中央陆军军官学校第十六期第二总队上校战术教官。1941 年 12 月底任第八战区司令长官部兵站司令部参谋长，兼任第十兵站主任。1946 年 7 月 31 日被国民政府军事委员会铨叙厅颁令叙任陆军少将，同时退为备役。

第四节　鲁籍教官简况

山东位于黄河下游，东临大海，西接华北平原，南接苏皖，也是我国商贸发达、开埠较早的省份之一。青岛作为最早的通商口岸闻名于世，烟台在相当长一段时期内是我国近代船政与海军军官的摇篮，威海卫更是名噪一时的北洋海军所在地，近代以来的民族悲愤集于此地。山东人具有顶天立地的豪迈气概和独闯天下的勇气。曾在黄埔军校任教的鲁籍军政名人主要有：中央陆军军官学校第三分校主任吕济，黄埔军校教导第一团连长李延年，黄埔军校第七分校总队长刘安祺等。限于篇幅，部分教官见表 5－4：

表 5－4　黄埔军校鲁籍教官一览表

时间	教官姓名
1931—1937	张新斋、杜荣臻、闻蓝田、冯其昌、崔邦伟、白汝震、周楫、薛逢源、张万杰、姜学海、韩光墀、王相毅、姜西园、周保华、张义爵、李昌龄
1937—1945（全面抗战时期）	吕济、刘安祺、傅正理、秦超武、杜显信、韩叔平、张昆、张铭西、韩叔平、汤永咸、高有为、梁辉祖、陈秉玉、李郁文、史双兴、仲跻翰、马毓龄、曲峥

以下选择部分教官（4 名）按姓氏笔画顺序介绍：

吕济（1892—1956），中央陆军军官学校第三分校主任。别号普生，山东清平人。江苏陆军小学堂、南京陆军第四预备学校、保定陆军军官学校第六期炮兵科毕业。1917 年考入保定陆军军官学校第六期学习，1919 年 3 月毕业，分发至山东陆军服务。历任山东陆军第三混成旅炮兵团排长、连长，直鲁联军北路总预备队警卫团第一营营长，独立第十五团代理团长。1926 年 4 月任国民军第八军（军长韩复榘）卫队旅第一团团长，同年 12 月任援陕军第六路军第二旅副旅长、代理旅长，率部参加北方北伐战事。1927 年 10 月起任第三十二军（军长商震）第一师师长、副军长、代理军长。1930 年 5 月率部参加中原大战，战败后所部被东北军整编，1932 年 5 月任国民革命军第三十二军（军长商震）第四十二旅旅长，率部参加对石友三部讨伐作战和长城抗战。1935 年 7 月 17 日获颁青天白日章。[①] 1935 年 7 月 30 日任陆军第三十二军（军长商震兼）第一四二师师长。1936 年 1 月 1 日被国民政府军事委员会铨叙厅颁令叙任陆军少将。1936 年 11 月 12 日获颁四等云麾勋章。[②] 抗日战争全面爆发后，任第一战区第二十集团军（总司令商震）第三十二军（军长商震兼任）副军长，兼任第一四二师师长，率部参加忻口会战、武汉会战诸役。1938 年 12 月任第三战区司令长官（顾祝同）部高参室高级参谋，兼任第三战区干部训练团高级军官班教育长。1938 年 6 月奉调江西瑞金筹备中央陆军军官学校第三分

---

① 国民政府文官处印铸局印行：《国民政府公报》第 95 册 1935 年 7 月 18 日第 1796 号颁令，台北成文出版社有限公司，1972 年，第 22 页。

② 国民政府文官处印铸局印行：《国民政府公报》第 117 册 1936 年 11 月 13 日第 2201 号颁令，台北成文出版社有限公司，1972 年，第 9 页。

校。1939 年 9 月 7 日任中央陆军军官学校第三分校（设于江西瑞金）副主任、代理主任。经过两个月的紧张筹办，第三分校于 9 月 14 日正式成立。1940 年 12 月 2 日被国民政府军事委员会铨叙厅颁令叙任陆军中将。① 后任中央陆军军官学校第三分校主任。1942 年 5 月 2 日任第三战区第二十五集团军（总司令李觉）第一〇〇军（军长刘广济）副军长、军长，率部参加济赣战役。1944 年 12 月 1 日任第三战区司令长官部军官总队总队长。抗日战争胜利后被免职。1945 年 10 月获颁忠勤勋章。1946 年 5 月获颁胜利勋章。1947 年 7 月 7 日退为备役，举家迁居杭州。

刘安祺

刘安祺（1903—1995），中央陆军军官学校第七分校学员总队总队长。别字寿如，别号安琪，山东峄县人。韩庄镇立高等小学、私立山阴中学毕业，徐州中学肄业。1924 年南下上海，投考黄埔军校初试及格，即辗转车船赴广州。黄埔军校第三期毕业后，任国民革命军第一军第二十师步兵团排长，中央教导师第三团连长。1926 年 10 月任北伐东路军直属步兵第五十八团第七连连长、副营长，随军参加北伐战争。1927 年 7 月任国民革命军第一军第二师步兵第五十八团（团长桂永清）第二营营长，同年 8 月随部参加龙潭战役，激战中左腿负重伤。1928 年春任中央警卫第二师第三团（团长冯圣法）第二营营长，曾担负国民革命军总司令部警卫事宜。1928 年 10 月国民革命军编遣，

① 国民政府文官处印铸局印行：《国民政府公报》第 156 册 1940 年 12 月 4 日渝字第 315 号颁令，台北成文出版社有限公司，1972 年，第 1 页。

任缩编后的陆军第十一师（师长曹万顺）第六十三团第一营营长。1929 年春任陆军第二师（师长顾祝同）司令部直属机关枪营营长，后任武汉要塞营营长。1930 年春任教导第一师（师长冯轶裴）直属攻城营营长（准挂陆军上校衔），率部参加中原大战归德之役。1930 年 10 月任教导第一师第三团团长，同年所部改编为国民政府警卫师（师长冯轶裴兼），仍任第三团团长。1931 年初所部再度扩编为警卫军（军长冯轶裴、顾祝同），仍任第一师第一团团长。1932 年 1 月警卫军改编为陆军正规师，任第八十七师第二六一旅（旅长宋希濂）第五二一团团长，率部参加“一·二八”淞沪抗战。1933 年 2 月任第八十七师（师长王敬久）第二六一旅（旅长宋希濂兼）副旅长，率部参加对江西中央红军及根据地的“围剿”作战。1933 年秋任第八十七师第二六一旅旅长，率部参加对“福建事变”的第十九路军讨伐战事。1934 年 7 月奉派入庐山中央训练团受训，结业后返回原部队。1935 年 5 月 7 日被国民政府军事委员会铨叙厅颁令叙任陆军步兵上校。[①] 1936 年 10 月 5 日被国民政府军事委员会铨叙厅颁令叙任陆军少将。抗日战争全面爆发后，任陆军第六十一师（师长钟松）副师长，率部赴江湾地区参加淞沪会战，战后率部转移皖浙阻击日军。1937 年 10 月 22 日被免去陆军第八十七师第二六一旅旅长职，任陆军第六十一师副师长。[②] 1938 年 1 月任陆军第四十师（师长刘培绪）副师长，率部参加兰封战役。1938 年夏经胡宗南举荐，任第十七军团（军团长胡

① 国民政府文官处印铸局印行：《国民政府公报》第 93 册 1935 年 5 月 8 日第 1735 号颁令，台北成文出版社有限公司，1972 年，第 1 页。

② 国民政府文官处印铸局印行：《国民政府公报》第 130 册 1937 年 10 月 23 日第 2491 号颁令，台北成文出版社有限公司，1972 年，第 1 页。

宗南）第一军第七十八师师长，率部防守潼关、宜川等地，其间兼任中央陆军军官学校第七分校第十五期第二学员总队总队长。1940 年 9 月奉命与韩锡侯对调职务，任第五十七军（军长丁德隆）第九十七师师长，率部驻防甘肃平凉地区。1944 年 4 月任第三十四集团军（总司令胡宗南兼）第五十七军军长，率部参加豫西战役。1944 年冬率部调防贵州南部，阻击日军北上攻势。1945 年 2 月任青年军第二〇五师师长，率部驻防贵州修文地区。1945 年 10 月获颁忠勤勋章。1946 年 1 月任青年军第六军军长，统辖第二〇二师（师长罗泽闿）、第二〇四师（师长覃异之）和第二〇五师（师长胡素）等部。1946 年 5 月获颁胜利勋章。1946 年 9 月赴沈阳筹备组建中央训练团东北分团，于 1947 年 3 月正式成立并任主任，负责东北地区党政军人员训练事宜。1947 年 9 月任东北保安司令长官部第七十一军军长，率部驻防四平地区。1948 年 1 月获颁四等云麾勋章。1948 年 2 月任东北“剿总”第七兵团司令官，兼任陆军第七十一军军长。1948 年 7 月调任山东第十一绥靖区司令官，率部驻防青岛地区，兼任青岛警备司令部司令官。1948 年 9 月 22 日被国民政府军事委员会铨叙厅颁令叙任陆军中将。1949 年 6 月率部从青岛撤退，乘船经过台湾辗转海南岛驻防，所部改编为第二十一兵团，任该兵团司令官。1949 年 8 月率陆军第五十军赴广东，兼任广州卫戍总司令（李及兰）部副总司令，1949 年 10 月率部参加防守广州战役。战败后撤退到广东粤东阳江地区，率部由白沙港乘“东华”轮及登陆舰撤退到海南岛。1950 年 1 月任海南防卫总司令（薛岳）部副总司令兼第二十三兵团司令官。1950 年春率陆军第五十军撤退到台湾。

杜显信（1898—？），成都中央陆军军官学校特科总队战术研究班主任。别字豸男，山东黄县人。山东陆军讲武堂、陆军大学正则班第十一期毕业。1932年12月考入陆军大学正则班学习，1935年12月毕业。历任国民政府军政部炮兵军事处参谋、科长。抗日战争全面爆发后，任军政部直属炮兵第十团副团长，重庆防空司令部炮兵指挥部副指挥官。1942年7月被国民政府军事委员会铨叙厅颁令叙任陆军炮兵上校。1942年12月任成都中央陆军军官学校特科总队战术研究班主任。1945年1月任陆军总司令部第一方面军司令长官部重炮兵旅旅长，炮兵指挥部指挥官。1948年任东北“剿匪”总司令部炮兵指挥部指挥官，兼任重炮兵第十二团团长，第二炮兵指挥部指挥官。1948年12月离开东北南下，任国防部附员等职。

杜显信

傅正理（1893—?），成都中央陆军军官学校炮兵科科长。别号问佛，又号温夫，又名正礼，山东巨野人。山东陆军小学堂、北京清河陆军第一预备学校、保定陆军军官学校第六期炮兵科毕业。1917年考入保定陆军军官学校第六期学习，1919年3月毕业。历任直隶陆军行营炮兵队见习，直隶陆军第二混成旅直属炮兵营排长、连长，步兵团团附。1926年12月任武汉中央军事政治学校入伍生第二大队大队长。1928年12月任中央军事政治学校武汉分校（教育长钱大钧）战术教官。1930年10月任南京中央陆军军官学校炮兵队队长。1931年5月任南京中央陆军军官学校校本部炮兵科科长。1935年5月11日被国民政府

傅正理

军事委员会铨叙厅颁令叙任陆军炮兵上校。① 1937 年 5 月 21 日被国民政府军事委员会铨叙厅颁令晋任陆军少将。② 抗日战争全面爆发后，随军校迁至成都，仍任中央陆军军官学校第十四期炮兵科科长，后任国民政府军政部总务厅（厅长项雄霄）第二处处长，军事委员会军事训练部炮兵监（刘翰东）部监员，代理副监。1942 年 12 月任中央陆军炮兵学校（校长洪士奇）教育处处长，1945 年 3 月任陆军总司令部炮兵整理处代理处长、附员。1945 年 10 月获颁忠勤勋章。1946 年 5 月获颁胜利勋章。1946 年 7 月退为备役。

第五节　辽籍教官简况

辽宁（原称奉天省，1928 年 12 月更名）地处东北平原中部辽东半岛，濒临渤海与黄海，毗邻吉林、内蒙古、河北，东南隔鸭绿江与朝鲜相望。辽宁是东三省开发最早的省份，奉天（今沈阳）更是东北重镇和最大城市。1928 年底“东北易帜”，辽宁与当时的国民政府联系日益紧密，1931 年“九一八”事变使东北沦于日军之手，这两桩重大事件都发生于东北。前者象征中国版图统一，后者使东北陷于灾难深重境地。除早期毕业于东北讲武堂进入黄埔军校任教者职务稍高外，辽宁籍人士入黄埔军校学习的多数在第九期以后，这种情况致使大部分辽籍教官级别较低。其中，著名人物有：中央陆军军官学校第七至十期校务委员张学良；中央

---

① 国民政府文官处印铸局印行：《国民政府公报》第 93 册 1935 年 5 月 12 日第 1739 号颁令，台北成文出版社有限公司，1972 年，第 1 页。

② 国民政府文官处印铸局印行：《国民政府公报》第 124 册 1937 年 5 月 22 日第 2360 号颁令，台北成文出版社有限公司，1972 年，第 40 页。

陆军军官学校第九分校主任、第八战区副司令长官盛世才；黄埔军校第十三期步兵第四队队附，后任台湾联勤总司令和三军大学校长的王多年等。限于篇幅，部分教官见表5-5。

表5-5　黄埔军校辽籍教官一览表

时间	教官姓名
1931—1937	张学良、王多年、于国汉、崔国英、郑殿起、宁绪声、李崑山
1937—1945 （全面抗战时期）	盛世才、徐鼎元、吴锡钧、丁叔颖、鲍文霈、徐凤鸣、李润滋、李振元、赵英麟、于之淦

以下选择部分教官（6名）按姓氏笔画顺序介绍：

丁叔颖

丁叔颖（1902—?），中央陆军军官学校第七分校兵器教官。别号叔颖，别号月新，奉天沈阳（今辽宁沈阳）人。东北陆军讲武堂第七期炮兵科、南京中央陆军军官学校高等教育班第二期毕业。1926年10月考入奉军第三、四方面联合军团候补军官入伍生队受训，1928年8月毕业。历任陆军第五十一军司令部直属炮兵团排长、连长，军政部直属重炮兵旅连长、营长。抗日战争全面爆发后，任中央炮兵学校教官，中央陆军军官学校第七分校第二总队兵器教官，第七分校教育处兵器教官。抗日战争胜利后，任陆军军官学校西安督训处兵器教官，徐州绥靖主任公署炮兵主任。1945年10月获颁忠勤勋章。1946年5月获颁胜利勋章。1946年7月退役。

于之淦（1912—?），成都中央陆军军官学校步兵科战术教官。别号权灏，奉天沈阳（今辽宁沈阳）人。南京中央陆军军官学校第十期第二总队步兵科、南京中央陆军军官学校战术研究班第七期毕业。1930年入东北陆军讲武堂军士教导队受训，1931年“九一八”事变后，随军撤退到关内。1933年7月15日考入南京中央陆军军官学校第十期步兵科第二总队步兵第三队学习，1936年6月毕业。抗日战争全面爆发后，任国民革命军步兵团排长、连长、营长，随军参加抗日战事。1944年1月起任成都中央陆军军官学校第二十期第二总队步兵科少校战术教官。抗日战争胜利后，任成都中央陆军军官学校第二十二、第二十三期中校战术教官，学员总队副总队长。1949年12月在四川新津被人民解放军俘虏。

于国汉（1893—？），中央陆军军官学校洛阳分校兵器教官。别号铭勋，奉天开原（今辽宁开原）人。奉天陆军小学堂、北京清河陆军第一预备学校、保定陆军军官学校第五期炮兵科毕业。1916年8月考入保定陆军军官学校第五期学习，1918年9月毕业。1926年12月任东北陆军讲武堂北京分校炮兵科兵器教官，东北陆军讲武堂北京分校炮兵队教官。1927年12月任东北陆军讲武堂北京分校学员总队（总队长林家训）骑兵辎重兵科联合第八队（队长王纯璋）中校兵器教官。[1] 1928年冬随东北军撤退到沈阳，续任东北陆军讲武堂第八期学员总队（总队长王静轩）联合第八队（队长王纯璋）兵器教官。1931年“九一八”事变后，随军撤退到关内，1931年12月

于国汉

① 《东北陆军讲武堂第七期同学录》，1928年印行。

起任中央陆军军官学校洛阳分校兵器教官、兵器主任教官。1936年3月13日被国民政府军事委员会铨叙厅颁令叙任陆军炮兵上校。[①]

王多年

王多年（1913—2004），成都中央陆军军官学校区队长。别号健体，奉天凤城（今辽宁凤城）人。南京中央陆军军官学校第十期步兵科、陆军大学正则班第十八期毕业，中央军官训练团第三期结业，台北“革命实践研究院”第二期、美国陆军指挥参谋大学毕业。1929年在沈阳参加东北陆军独立第七旅学生队，[②] 后转入东北陆军军士教导队学习与受训。1931年“九一八”事变后只身赴北平完成中学学业。1933年7月考入南京中央陆军军官学校第十期第一总队步兵第二队学习，1936年6月毕业。任南京中央陆军军官学校第十三期步兵第四队中尉区队附。抗日战争全面爆发后，随军校迁移成都，续任中央陆军军官学校第十五期上尉区队长。1939年秋任军事委员会直辖第七十一军（军长宋希濂）第八十七师（师长钟彬）司令部参谋处参谋。1941年3月考入陆军大学正则班学习，1943年8月毕业。1943年秋任昆明行营第十一集团军（总司令宋希濂）第七十一军（军长钟彬）第八十七师（师长向凤武）步兵团副团长，随部参加中国远征军入缅甸作战。抗日战争胜利

① 国民政府文官处印铸局印行：《国民政府公报》第105册1936年3月14日第1995号颁令，台北成文出版社有限公司，1972年，第1—2页。

② 高文、王水主编：《辽宁文史人物录》，《辽宁文史资料》第三十九辑，辽宁人民出版社，1993年，第381页。

后，任陆军总部第三方面军第七十一军（军长陈明仁）第八十七师（师长黄炎）第一七三团团长，率部赴东北参与接收日军投降事宜。1945 年 10 月获颁忠勤勋章。1946 年 5 月获颁胜利勋章。1947 年初任东北“剿匪”总司令部第二兵团（司令官陈明仁）第七十一军（军长刘安祺）第八十七师（师长熊新民）司令部参谋长。1947 年 4 月奉命入中央军官训练团第三期受训，1947 年 7 月结业，返回原部队。后任东北“剿总”第九兵团（司令官廖耀湘）第七十一军（军长向凤武）司令部参谋长，率部参加辽沈战役与人民解放军作战。1948 年 12 月所部在辽沈战役第二阶段辽西会战中被人民解放军全歼，军长向凤武被俘，其率余部退据鲁苏边区。后任徐州“剿总”第七兵团司令（黄伯韬）部干部训练班主任，第七兵团司令（黄伯韬）部（参谋长魏翱）副参谋长，随部参加淮海战役。所部再次被人民解放军全歼，逃脱后转赴河南信阳地区，任华中“剿总”第五绥靖区司令（张轸兼）部（参谋长朱其平兼）副参谋长，不久南下江西上饶地区，被陆军总部第二编练司令（胡琏）部任命为重建后的第十军（军长张世光）司令部参谋长，1949 年 9 月该军因兵员不足，被缩编为第十八师，后与第十八军第十四师合编为第十九军（军长刘云瀚）。1950 年 5 月中旬率部撤退台湾驻防。

郑殿起（1907—?），中央陆军军官学校第六分校教务处处长。原名殿启，[①] 后改名殿起，别号甫民，奉天沈阳（今辽宁沈阳）人。东北讲武堂第七期步兵科、南京中央陆军军官学校高等教育班第三期毕业，南京中央陆军军官学校战术研究班、中央训练团将官班结业。中学毕业后投笔从戎，

① 《东北陆军讲武堂第七期同学通讯录》。

郑殿起

1926年10月考入奉军第三、四方面联合军团候补军官入伍生队受训，1928年8月毕业。后随东北军撤退关外，任东北讲武堂第十期学员大队中尉区队长。1930年9月任东北讲武堂步兵研究班步兵教导队（队长马镇夷）上尉队附。[①] 1930年12月兼任东北讲武堂（第十期）轻机关枪训练班学员队（队长周思洪）队附，[②] 后任东北讲武堂第十一期教官。[③] 1931年“九一八”事变后，随军撤退到关内，任东北军第一二〇师步兵营副连长、上尉营附，1933年12月任中央陆军军官学校洛阳分校军士教导总队第八队（队长沈文明）区队长、教官。1936年4月任南京中央陆军军官学校特别训练班第二总队总队附，同年7月任财政部税警总团部参谋，同年10月任税警总团第二支队司令（王公亮）部少校参谋。抗日战争全面爆发后，随部参加淞沪会战。1938年任陆军第八军司令部少校参谋，随部参加中原会战。后任南京中央陆军军官学校中校战术教官。1940年任中央陆军军官学校第六分校教务处处长。1943年任陆军第六军司令部直属辎重兵团团长。1944年参加中国远征军滇西对日反攻战。1945年1月任第十一集团军总司令部副官处处长，新兵集训第二部队参谋长。[④]

① 《东北陆军讲武堂步兵研究班步兵教导队历史资料》。

② 王永涛、张璐：《东北讲武堂史略》，白山出版社，2013年，第212页。

③ 郑殿起：《东北讲武堂》，《中华文史资料文库》第八卷，中国文史出版社，出版年份不详，第735页。

④ 高文、王水主编：《辽宁文史人物录》，《辽宁文史资料》第三十九辑，辽宁人民出版社，1993年，第113页。

1945 年 10 月获颁忠勤勋章。1946 年 1 月奉派入中央训练团将官班受训，登记为少将学员，1946 年 1 月结业。1946 年 5 月获颁胜利勋章。1946 年 10 月任辽北团管区司令部司令官，1948 年 11 月 2 日在沈阳向人民解放军投诚，[①] 入中国人民解放军东北军政大学军官训练团学习，结业后任中国人民解放军东北军区步兵学校军事教员。

盛世才

盛世才（1897—1970），中央陆军军官学校第九分校（新疆分校）主任。别字晋庸，别号德三，奉天开原（今辽宁开原）人。奉天省立农林专科学校、上海中国公学专门部政治经济科毕业，日本东京明治大学肄业，云南陆军讲武堂韶关分校第一期步兵科、日本陆军大学第十六期毕业。历任东北陆军讲武堂教官，奉军第二军郭松龄部步兵连连长，东北国民军总司令（郭松龄）部参谋，随部参加郭松龄部反奉战争。1924 年由张作霖资送赴日本陆军大学留学。1925 年 11 月应郭松龄邀请返回东北军，任步兵营营长。举事失败后，返回日本续学，在孙传芳、冯玉祥资助下完成学业。1927 年回国，任国民革命军第四十军贺耀祖部参谋，随部参加北伐战争。1928 年 1 月任国民革命军总司令（蒋介石）部参谋处（处长葛敬恩）第一科（作战科）科长、参谋，参与第二期北伐战争的策划事宜。1929 年 2 月被中国国民党中央指派为东北陆军各师代表出席中国国民党第三次全国代表大会。

① 中国人民解放军历史资料丛书编审委员会：《解放战争时期国民党军起义投诚——辽吉黑热地区》，解放军出版社，1996 年，第 681 页。

1929 年新疆督办金树仁派人到南京招募军事人才，其应荐前往。1930 年 3 月 3 日被免去参谋本部第一厅第三科科长职。[①] 1930 年起任新疆边防督办公署参谋处参谋、参谋主任，兼卫队营教练。1931 年 2 月率部平定哈密事变。1932 年任新疆东路剿匪总指挥，先后击败马仲英、加尼牙孜部。后任新疆陆军第一师师长，金树仁部参谋长。1933 年 4 月 12 日发生政变，被推举为临时边防督办。1933 年 8 月 1 日任新疆督办。1936 年 11 月 12 日获颁二等云麾勋章。[②] 1936 年 12 月 16 日被国民政府军事委员会铨叙厅颁令叙任陆军中将加上将衔。[③] 1940 年 4 月 4 日任新疆省政府主席。[④] 1943 年 1 月 9 日兼任第八战区司令长官部副司令长官，兼任中国国民党新疆省党部主任委员，西北干部训练团主任，中央监察委员。1943 年 3 月参与组建中央陆军军官学校第九分校（新疆分校），后任主任。1944 年 8 月任国民政府农林部部长。抗日战争胜利后，任国民政府武汉行辕上将参议。1949 年到台湾。

第六节　桂籍教官简况

广西地处我国南部边疆，位于云贵高原东南一隅，与越

---

① 国民政府文官处印铸局印行：《国民政府公报》第 37 册 1930 年 3 月 5 日第 411 号颁令，台北成文出版社有限公司，1972 年，第 10 页。

② 国民政府文官处印铸局印行：《国民政府公报》第 117 册 1936 年 11 月 13 日第 2201 号颁令，台北成文出版社有限公司，1972 年，第 6 页。

③ 郭卿友主编：《中华民国时期军政职官志》，甘肃人民出版社，1990 年，第 1189 页。

④ 国民政府文官处印铸局印行：《国民政府公报》第 149 册 1940 年 4 月 6 日渝字第 246 号颁令，台北成文出版社有限公司，1972 年，第 1 页。

南接壤，毗邻粤、湘、云、贵等省。近现代以来，两广在军政事务诸方面联系紧密，两广人物更是交融于粤桂军政及军队当中，历史上两广多次荣辱与共，携手进退。广西与黄埔军校发生联系始于第一分校的成立，但是广西人较多加入桂系作战部队，真正进入黄埔军校校本部及分校的较少，因此历任教官至高位的也不多，但是桂系集团高级将领出任黄埔军校校本部及分校高级职务的不少。在黄埔军校任教的桂籍教官主要集中于前三期。抗日战争胜利后，广西分校被撤销，仅余黄埔军校校本部任教人员。限于篇幅，部分教官见表5-6：

表5-6　黄埔军校桂籍教官一览表

时间	教官姓名
1931—1937	李宗仁、白崇禧、李品仙、夏威、朱为鈐、覃异之、陈公侠、王化、郑沧溶、梁寿笙、韦永成、程继川、马典符、陆廷选、马威龙、刘月鉴、陆学藩、何标、胡栋成、姚秉勋、胡松林
1937—1945（全面抗战时期）	甘丽初、王景宋、李绳武、陈寿昌、冯璜、覃戈鸣、卢运从、莫若国、章泽群

以下选择部分教官（4名）按姓氏笔画顺序介绍：

甘丽初（1901—1950），中央陆军军官学校第六分校（南宁分校）主任。别号日如，广西容县人。容县县立中学毕业，广东省立农业专门学校肄业，广州黄埔陆军军官学校第一期、陆军大学正则班第十期毕业。1924年6月考入广州黄埔陆军军官学校第一期第二队学习，1924年11月30日毕业。分发至黄埔军校教导第一团见习，任排长。1925年1月随部参加第一次东征作战。1925年6月随部参加对滇、桂军

甘丽初

阀杨希闵、刘震寰部的军事行动。后任党军第一旅步兵连连长，1925年11月随部参加第二次东征。后任国民革命军第一军第一师第一旅步兵营营长。1926年7月随部参加北伐战争，因在桐庐之战立功，任国民革命军第一军第一师第三团团长。1927年5月因蚌埠战役立功，升任国民革命军第一军第一师副师长。1928年2月率部参加第二期北伐战事。1928年7月25日任缩编后的第一集团军第九师（师长蒋鼎文）第二十五旅旅长。[①] 1928年10月14日经中国国民党中央组织部提议委派陆军任第九师特别党部筹备委员。[②] 1929年2月26日被推选为中国国民党陆军第九师特别党部常务委员。1929年3月率部参加讨伐桂系军事集团战事，同年11月和12月率部参加中央军对冯玉祥部及唐生智部讨伐战事。1930年4月，率部参加中原大战，战后任陆军第九师副师长，率部参加对江西中央红军及根据地的“围剿”。1931年11月以广西省代表出席中国国民党第四次全国代表大会。1932年4月获准入陆军大学正则班第十期旁听学习，1935年4月获准以正式学员毕业。1932年9月26日任军事委员会参谋本部高级参谋。[③] 1935年5月8日任陆军第九十三师代理师长，率部参加对长征红军的“围

① 转引自刘绍唐主编：《民国人物小传》第二册，台北传记文学出版社，1977年，第117页。

② 1928年10月15日中国国民党中央执行委员会召开第159次常务会议决议。

③ 刘国铭主编：《中国国民党百年人物全书》，团结出版社，2005年，第324页。

剿”。1936年1月29日被国民政府军事委员会铨叙厅颁令叙任陆军少将。1936年10月5日被国民政府军事委员会铨叙厅颁令叙任陆军中将。抗日战争全面爆发后，仍任陆军第七十五军（军长周嵒）第九十三师师长，率部参加台儿庄会战。1938年9月1日任陆军第六军军长，率部参加武汉会战。1939年12月率部参加桂南昆仑关战役。1942年随中国远征军入缅甸作战，率部在缅甸东部毛奇、雷列姆等地抗击日军，被日军击溃后撤退到云南思茅、普洱等地，所率第六军损失惨重，其因作战失利被撤职。1943年任中央陆军军官学校第六分校（南宁分校第十九期）主任，兼军事委员会西南干部训练团副教育长。1944年9月任粤桂湘边区总指挥部总指挥，率部参加桂柳会战。1944年10月15日任陆军第九十三军军长，第十六集团军总司令部副总司令。1945年1月任陆军总司令部第二方面军司令长官（张发奎）部参谋长。抗日战争胜利后，参与广州地区日军受降及接收事宜。1945年9月任国民政府广州行辕（主任张发奎）参谋长。1945年10月获颁忠勤勋章。1946年5月获颁胜利勋章。后任广州绥靖主任（宋子文）公署参谋长。1949年5月任桂林绥靖主任公署副主任兼广西军政督导团团长。1949年8月兼任桂东军政长官及新编第十军军长。中华人民共和国成立后，率残部在广西继续顽强对抗人民解放军。1950年冬在广西大瑶山与人民解放军作战时阵亡。①

冯璜（1900—1994），中央陆军军官学校第六分校主任。别号璧如，广西容县人。广西陆军讲武堂、陆军大学乙级将官班第一期肄业。后得叔父冯天骥资助，考入广西陆军马晓

① 台北《黄埔建国文集》编纂委员会编纂：《黄埔军魂》，台北实践出版社，1985年，第588页“戡乱战役殉国英雄姓名表”。

军模范营当学兵。1918 年学习期满充当班长，凭字体端正，获调至夏威第二连任上士文书。1919 年升任广西陆军第一师第二团排长，被保送入广西陆军讲武堂学习。1921 年任步兵营副官。1923 年任上尉连长兼梧州戎墟禁烟检查所所长。1924 年夏任广西定桂讨贼联军第一路（指挥官俞作柏）第一团（团长李明瑞）步兵连连长，率部参加围剿旧桂系陆福祥部的作战，战后于 1925 年 1 月升任广西讨贼联军第一纵队（司令官俞作柏）第三团（团长李明瑞）第一营营长，率部驻军广西玉林地区，后率部入粤参加讨伐广东军阀邓本殷部的作战。1926 年任国民革命军第七军（军长李宗仁）第二旅（旅长俞作柏）第三团（团长俞作豫）第一营营长，后任第二旅司令部副官长，随部参加北伐战争。1927 年 6 月奉派赴日本留学，先入日本东京成城学校补习日文。1928 年至 1930 年在日本千叶县陆军步兵学校学习。回国后于 1931 年任中国国民党广西党政研究所军官训练大队大队长，任桂系于广西恢复的第四集团军总司令部警卫团团长。1931 年任第四集团军总司令部航空处（处长林伟成）总务科科长，参与组建桂系空军。1933 年兼任设于航空处内的“三民主义革命同志会”负责人。1934 年冬航空处并入广西航空学校（校长林伟成），冯璜任副校长。[1] 1935 年 9 月任第四集团军航空处（处长廖磊）副处长。1936 年春调任广西第四集团军第十五军（军长夏威）第四

冯　璜

① 戚厚杰、刘顺发、王楠编著：《国民革命军沿革实录》，河北人民出版社，2001 年，第 357 页。

十三师（师长韦云淞）第一二八团团长。1936 年冬任广西航空学校校长。抗日战争全面爆发后，奉命办理将广西航空学校并入中央航空学校事宜。1937 年 12 月任第九战区第十一集团军（总司令李品仙）第三十一军（军长韦云淞）第一三一师（师长覃连芳）第三九一旅旅长。1938 年 12 月奉命带职入陆军大学乙级将官班学习。1939 年 6 月任第一七五师师长。1939 年 11 月 25 日因战局紧迫奉命辍学，返回原部队任第一七五师师长。1940 年 2 月补办毕业手续。1941 年 6 月 3 日被国民政府颁令任为陆军步兵上校。① 1941 年 9 月 16 日获颁干城甲种一等奖章。② 1942 年 12 月 20 日被免去第一七五师师长职。其间兼任广西地方行政干部训练团教育长，兼任广西民团干部学校教育长。1944 年 8 月任陆军第三十一军副军长，率部参加桂南会战诸役。1944 年 10 月任中央陆军军官学校第六分校主任。1945 年 2 月 20 日被国民政府军事委员会铨叙厅颁令叙任陆军少将。抗日战争胜利后，第六分校被裁撤，该校第十九期学员并入第五分校（昆明分校），第二十期学员并入成都本校，冯璜卸任。后任湖南省长沙师管区司令部司令官，广西地方行政干部训练团教育长，1949 年 3 月该团被撤销。1949 年 6 月任广西省第三区行政督察专员，兼任该区保安司令部司令官以及办公所在地的梧州警备司令部司令官。1949 年 10 月受命组织广西“反共救国军”，任重建的第十九军军长。部队溃散后，率部辗转于粤桂边界山区，1949 年 12 月 10 日率部近千人返回家乡容县，派出代

---

① 国民政府文官处印铸局印行：《国民政府公报》第 161 册 1941 年 6 月 4 日渝字第 367 号颁令，台北成文出版社有限公司，1972 年，第 3 页。

② 国民政府文官处印铸局印行：《国民政府公报》第 163 册 1941 年 9 月 17 日渝字第 397 号颁令，台北成文出版社有限公司，1972 年，第 14 页。

表入城商议改编事宜。

李绳武

李绳武（1902—1999），中央陆军军官学校第七分校学员总队总队长。广西桂林人。广西省立第三中学、广州黄埔陆军军官学校第一期、陆军大学特别班第二期毕业。1924年6月考入广州黄埔陆军军官学校第一期第一队学习，1924年11月毕业。分发至黄埔军校教导团任第三营排长，1925年1月随军参加第一次东征。1926年1月任中央军事政治学校第四期学员总队区队长，同年7月随部参加北伐战争，任国民革命军北伐东路军总指挥部警卫连连长、少校参谋。1928年任国民政府中央警卫师第一旅中校团附。1929年2月26日被推选为中国国民党陆军第九师特别党部候补执行委员。1930年任国民政府军政部科长。1931年任宪兵旅副旅长，后该旅被裁撤，经同学举荐，任陆军第九十三师司令部副参谋长、参谋长。1934年9月入陆军大学特别班学习。1936年3月4日被国民政府军事委员会铨叙厅颁令叙任陆军步兵上校。[①] 1937年8月从陆军大学毕业。抗日战争全面爆发后，任军政部第十补充兵训练处副处长，后应胡宗南邀请赴陕西，任中央陆军军官学校第七分校（设于王曲）驻西安办事处主任，中央陆军军官学校第七分校学员总队总队长。1938年12月任陆军第九十三师副师长。1940年1月9日被国民政府军事委员会铨叙厅颁令叙任陆军少将。1942年5月任陆军新编第十二军（军长刘元瑭）副

① 国民政府文官处印铸局印行：《国民政府公报》第105册1936年3月5日第1988号颁令，台北成文出版社有限公司，1972年，第1页。

军长。1943 年 1 月任陆军新编第十师师长。1945 年 10 月获颁忠勤勋章。1946 年 5 月获颁胜利勋章。先后任军政部第十五军官总队副总队长、总队长。1948 年 12 月任陆军总司令部第三编练司令部副司令官，率部在西南地区与人民解放军作战。1949 年 12 月率部撤退到越南，1953 年去往台湾。

陆廷选

陆廷选（1904—1960），中央陆军军官学校第六分校（南宁分校）教育处处长。别字民举，别号文举，原载籍贯广西永淳，[1] 另载广西横县人。广州黄埔陆军军官学校第二期步兵科、陆军大学正则班第十二期毕业。1924 年 8 月考入广州黄埔陆军军官学校第二期步兵科步兵队学习，在校学习期间加入孙文主义学会。1925 年 2 月 1 日随军校教导团参加第一次东征，进驻广东潮州进行短期训练。1925 年 5 月 30 日随军返回广州，继返回校本部续学。1925 年 6 月随部参加对滇、桂军阀杨希闵、刘震寰部的军事行动，同年 9 月从黄埔军校毕业。分发至驻粤建国桂军服务，后应邀返回广西部队供职。1926 年任中央军事政治学校第一分校（南宁分校）第二期步兵第六队队长。1933 年秋被广西第四集团军举荐投考陆军大学，同年 11 月考入陆军大学正则班第十二期学习，1936 年 12 月毕业。抗日战争全面爆发后，任第二十一集团军总司令部参谋处参谋、科长、处长。1942 年 7 月被国民政府军事委员会铨叙厅颁令叙任陆军步兵上校。1945 年 1 月任中央陆军军官学校第六分校（南宁分校，主任冯璜）教育处处长。1945 年 10 月获颁忠勤勋

① 湖南省档案馆校编：《黄埔军校同学录》，湖南人民出版社，1989 年。

章。1946年5月获颁胜利勋章。任陆军第一七〇师司令部参谋长,[1] 率部在广西境内与人民解放军作战。1949年10月在粤桂边区被人民解放军俘虏。

第七节 滇籍教官简况

云南位于我国西南边陲，地处云贵高原西南部，西南与缅甸、老挝、越南接壤，东北部毗邻桂、黔、川、藏等省区，地形错综复杂，条件较为艰苦。早期云南实行对外开放，西方科技的引入促成滇人大批出洋留学，辛亥以来的多次革命浪潮，云南都处于风口浪尖，护国讨袁，云南更是引领风骚，给国人树立了不甘人后的形象。云南军人素以骁勇善战著称，抗日战争时期滇军临危受命，英勇奋战，滇缅公路更是用血肉筑成的抗战路。黄埔军校第一期队官就由云南讲武堂生担任，在20世纪30年代中期黄埔军校于昆明原校址设立了第五分校，云南讲武堂成为唯一与黄埔军校有沿革关系的老牌著名军校。限于篇幅，部分教官见表5-7：

表5-7 黄埔军校滇籍教官一览表

时间	教官姓名
1931—1937	朱培德、龙云、唐淮源、张鉴桂、毛福成、刘永祚、王万龄、冯春申、曾泽生、杨正隆、欧阳书、张联辉、谢崇绮、鲁元
1937—1945（全面抗战时期）	卢汉、陈又新、唐继鳞、万梦麟、周嘉彬、唐宇纵、杨德亮、周鸿恩、陈子干、胡毓英、盛藻华、张杰、戴鸿猷、张幼贤、李西开、朱伟楹、王鸿章

① 谭开先主编:《广西军事人物》，广西人民出版社，1996年，第47页。

以下选择部分教官（4名）按姓氏笔画顺序介绍：

万梦麟

万梦麟（1893—1951），成都中央陆军军官学校步兵科科长。别字瑞孔，云南昆明人。[①] 云南陆军讲武学堂第十二期步兵科、云南陆军高等军事学校第一期毕业。1917年春考入云南陆军讲武堂第十二期学习，1918年夏毕业。入滇军服务，1922年春考入云南陆军高等军事学校第一期学习，1923年春毕业。1925年7月29日任广州黄埔陆军军官学校第二期少校教官，1925年9月任广州黄埔陆军军官学校第三期教育部少校战术教官。1925年10月9日任广州黄埔陆军军官学校教导第三团第三营营长，后任广州黄埔中央军事政治学校第五期教授部战术教官。1927年任广州黄埔国民革命军陆军军官学校第六期教育长办公厅第二总队上校战术教官，第七期训练部主任（挂陆军少将衔）。1930年9月任广东东江警备司令部参谋长。1931年12月任中央陆军步兵学校教育处副处长。1935年5月4日被国民政府军事委员会铨叙厅颁令叙任陆军步兵上校。[②] 抗日战争全面爆发后，随中央陆军步兵学校迁移后方。1940年4月任成都中央陆军军官学校第十七期、第十八期步兵科科长。1942年4月任陆军步兵学校西南分校教育处处长。1945年9月18日被国民政府军事委员会铨叙厅颁令叙任陆军少将。1945年10

---

① 湖南省档案馆校编：《黄埔军校同学录》，湖南人民出版社，1989年，记载为云南开化人。

② 国民政府文官处印铸局印行：《国民政府公报》第93册1935年5月4日第1733号颁令，台北成文出版社有限公司，1972年，第6页。

月获颁忠勤勋章。1946 年 3 月退为备役。1946 年 5 月获颁胜利勋章。1948 年 5 月出任人民自卫军滇黔军区司令部参谋长。1950 年 5 月在云南开远随部接受人民解放军改编。

王万龄

王万龄（1900—1992），成都中央陆军军官学校高等教育班学员大队大队长。别号松崖，云南腾越（今腾冲）人。祖籍山西太原。乡立高等小学堂、滇军驻粤讲武学校肄业，广州黄埔陆军军官学校第一期、陆军大学函授班毕业，庐山中央军官训练团高级班结业。1924 年 6 月考入广州黄埔陆军军官学校第一期第四队学习。1924 年 10 月随军校学生军参与对广州商团事变的军事行动，同年 11 月毕业。分发至黄埔军校教导团见习，后任俄国式机关枪训练班学员，卫队排少尉排长。1925 年春任黄埔军校校本部警卫队第二排少尉排长，教导第一团机关枪连中尉副连长兼第一排排长，随部先后参加第一次东征，平定滇、桂军阀杨希闵、刘震寰部的叛乱。1925 年 7 月所部改编为国民革命军，任第一军第二师第四团机关枪连副连长，同年 10 月随部参加第二次东征。后续任第一军第三师（师长谭曙卿）第九团（团长卫立煌）第三营第九连连长。1926 年 7 月随国民革命军东路军参加北伐，攻克福建后任第三师第九团第三营营长，在福建建瓯作战时右腿中弹负伤，入福州福音医院治疗。1927 年 3 月伤愈后返回原部队，任第一军第三师（师长顾祝同）第九团（团长萧炳煌）中校副团长，负责训练新兵和骑兵事宜。1927 年 5 月国民革命军渡江北伐作战，所部团长萧炳煌阵亡，即代理团长职。1927 年 8 月龙潭大捷后，任第九军（军长顾祝同）第三师（师长顾祝同兼）

第九团团长，同年11月北伐凤阳时，第三师作战失利被问责，被免去团长职务。1927年12月攻克徐州后，任第九军（军长顾祝同）司令部上校参议。1928年夏任南京中央陆军军官学校第六期步兵科第三学员大队大队长。1929年1月28日加入励志社。① 1929年5月任南京中央陆军军官学校第七期校本部总务处处长。1929年5月13日任留学英、美、德、法等国军事监考试委员。② 1930年5月任由中央陆军军官学校学员组成的中央教导第二师（师长张治中）第二旅（旅长关麟征）第五团团长，率部参加中原大战。1930年12月1日任陆军第四师（师长徐庭瑶）第十一旅（旅长关麟征）第二十二团团长。1931年10月任陆军第四师（师长徐庭瑶）第十旅旅长，统辖第十九团（团长马励武）和第二十团（团长胡琪三）等部。1934年3月任陆军第四师（师长汤恩伯）副师长。1935年5月1日被国民政府军事委员会铨叙厅颁令叙任陆军步兵上校。③ 1935年9月任陆军第四师师长，统辖第十旅（旅长马励武）和第十二旅（旅长陈大庆）等部，率部配合傅作义部参与绥东抗日百灵庙大捷。1936年1月9日被国民政府军事委员会铨叙厅颁令叙任陆军少将。1936年5月率部入陕北“围剿”红军根据地。1936年11月12日获颁四等云麾勋章。④ 1936年12月入陆军大学函授班

---

① 《中央日报》1931年1月28日、29日连续刊登“励志社社员管理科通告”。

② 《民国日报》1929年5月14日，“南京中央陆军军官学校昨日考选留学生”。

③ 国民政府文官处印铸局印行：《国民政府公报》第93册1935年5月1日第1730号颁令，台北成文出版社有限公司，1972年，第1页。

④ 国民政府文官处印铸局印行：《国民政府公报》第117册1936年11月13日第2201号颁令，台北成文出版社有限公司，1972年，第7—9页。

学习半年，1937 年夏函授班结业。抗日战争全面爆发后，率部在察哈尔南口一线抗击日军，后转赴豫北安阳参加漳河战役。后第八十九师扩编为第十三军（军长汤恩伯），任该军副军长。1937 年 12 月任新组建成立的第八十五军（军长王仲廉）副军长。1938 年 1 月任军事委员会直辖第二十军团总司令（汤恩伯）部干部训练班（主任汤恩伯兼）副主任，随部参加武汉会战。后任成都中央陆军军官学校高等教育班第五期学员大队大队长，军政部洛阳新兵补充训练处处长。1938 年 12 月任设于咸阳的军政部第七新兵补充训练处处长。1941 年春任第三十一集团军（总司令汤恩伯）干部训练班（主任汤恩伯兼）副主任，苏鲁豫皖四省边区学院军事训练处主任。后军事训练处改为军事训练总队，继任总队长。1942 年 10 月因患严重胃病离职，由陕西宝鸡至重庆寓居休养。抗日战争胜利后，仍寓居重庆休养，1946 年 7 月退为备役，同年秋携家属赴上海定居。

周嘉彬

周嘉彬（1900—1976），中央陆军军官学校第六分校（南宁分校）副主任。别字尚文，云南昆明人。德国陆军大学毕业，中央军官训练团第三期结业。1926 年任广州黄埔中央军事政治学校第五期入伍生部学生队区队长，后随部参加北伐战争。1927 年任浙江军事训练班学员大队区队长，后赴德国留学，考入柏林陆军大学学习，毕业后回国。1931 年 12 月任陆军第五军第八十八师（师长俞济时）第二六四旅（旅长钱伦体）第五二七团（团长施觉民）第一营营长，率部参加“一·二八”淞沪抗日战事。后任南京中央陆军军官学校警宪班副主任。抗日战争全面爆发后，任军事委员会军事训练部高级参谋。1938 年 1 月任中央陆军军官学校第七分校（西安分校，主任胡宗南兼）副主任。1939 年任中央陆军军官学校南宁分校副主任，兼任第十五期第六学生总队总队长。后任中央陆军军官学校桂林分校副主任。1942 年 4 月任陆军第三十六军暂编五十二师师长。1943 年 1 月任陆军步兵上校，同年兼任西安警备司令部司令官。1945 年 1 月任陆军第八十军副军长。1945 年 6 月被国民政府军事委员会铨叙厅颁令叙任陆军少将。1946 年 1 月任新疆警备总司令（宋希濂）部新编第四师师长。1946 年 12 月任兰州警备司令部司令官。后任整编第二十三师新编第四旅旅长等职。1947 年 4 月入中央军官训练团第三期受训，同年 6 月结业。1949 年 4 月任陆军第一二〇军军长。1949 年 9 月在甘肃弃职，南下辗转赴香港。

唐继鳞（1890—1947），中央陆军军官学校第五分校校务委员会副主任。别字建侯，别号键侯，云南会泽人。① 云南陆军小学堂、北京清河陆军第一预备学校、保定陆军军官学校第六期工兵科毕业。1919 年 3 月从保定军校毕业，分发至直隶陆军服务。历任直隶陆军混成团排长、连长。1924 年 3 月返回云南，历任云南陆军讲武学堂第十五期区队长，云南陆军讲武堂第十六期工兵科学员队分队长，后任云南省长（唐继尧）公署近卫军第一团第一营营长，云南建国联军次飞军第三军（军长石青阳）近卫第二十九团团长。1925 年 9 月任云南陆军总司令（唐继尧）部近卫第二旅（旅长李永和）第三团团长，随部参加云南省境内的军阀战争。1927 年“二六政变”唐继尧下野后，率部驻军滇西地区。不久任国民革命军北伐后援军（总指挥唐继虞）第一师师长，兼任

① 据望云亭 1925 年编印《保定陆军军官学校同学录》记载为云南东川人。

滇西军警督察处处长，曾率部进攻昆明，被龙云部回师击败旋接受整编。1928 年 3 月任云南省政府（主席龙云）军事参议，云南戒严司令部司令官，国民革命军第十三路军（总指挥龙云）独立第七师师长，第三十八军（军长龙云兼）新编第七师师长，率部驻军滇西地区，后所部被撤销编制。1929 年 11 月任云南省政府（主席龙云）委员。1930 年 10 月任讨逆军第十路军总指挥（龙云）部军官教导团（第十九期，团长龙云兼）副团长。1935 年 12 月任中央陆军军官学校第五分校（昆明分校，主任龙云）副主任，主持军校教育工作。1937 年 5 月 31 日被国民政府军事委员会铨叙厅颁令叙任陆军少将。[①] 抗日战争全面爆发后，仍任中央陆军军官学校第五分校校务委员会（主任龙云）副主任、代理主任。1945 年 9 月军校被裁撤，转任云南绥靖主任（龙云、卢汉）公署总参议。1945 年 10 月获颁忠勤勋章。1946 年 5 月获颁胜利勋章。1947 年 1 月 7 日被国民政府军事委员会铨叙厅颁令叙任陆军中将。1947 年 10 月因病在昆明逝世，国民政府明令褒扬，云南省政府为其在圆通山建立纪念碑。

第八节　陕籍教官简况

陕西位于黄河中游，北部地处黄土高原中部，南部为秦巴山地，中部系渭河平原，四面与山西、内蒙古、宁夏、甘肃、四川、湖北、河南等省毗邻。因其远离民国政治中心，历史上入读黄埔军校的学生较少。与其他内陆省相比，在黄埔军校任教的陕籍教官在数量与等级上都略为逊色。尽管如

① 国民政府文官处印铸局印行：《国民政府公报》第 125 册 1937 年 6 月 3 日第 2370 号颁令，台北成文出版社有限公司，1972 年，第 1 页。

此，陕西籍教官中仍出了一些名人，如黄埔军校第七分校高级军事教官何文鼎等。限于篇幅，部分教官见表5－8：

表5－8　黄埔军校陕籍教官一览表

时间	教官姓名
1931—1937	杜聿明、张坤生、公秉藩
1937—1945（全面抗战时期）	赵国珍、赵勃然、何文鼎、杨怀英、郭景唐、徐经济、刘恩荫、刘宗宽

以下选择部分教官（4名）按姓氏笔画顺序介绍：

何文鼎

何文鼎（1903—1968），中央陆军军官学校第七分校（西安分校）教育处高级军事教官。别字靖周，别号继周，陕西周至人。周至县西乡高等小学、周至县立中学毕业，陕西陆军第一师骑兵团军士教练所肄业，广州黄埔陆军军官学校第一期、陆军大学甲级将官班第二期毕业。学业结束后，曾任陕军第一师骑兵团见习官。1924年6月考入广州黄埔陆军军官学校第一期第三队学习，1924年11月毕业。后返回北方，被分配到阎锡山晋军任连长，参加北方北伐战事。1929年在阎、冯倒蒋期间，潜赴武汉向顾祝同汇报，受到顾与何应钦、蒋中正青睐。继投效何应钦部任营长。任陆军第八十师第二三八旅步兵第四七五团团长，率部参加对江西中央红军及根据地的第一、第二次"围剿"。后任陆军第八十师第二三八旅旅长，1933年8月所部在江西吉水作战时被红军重创，其被红军游击队俘获，获释后返回部队。1935年5月任陆军第五十七师副师长。1935

年5月7日被国民政府军事委员会铨叙厅颁令叙任陆军步兵上校。[①] 1937年任西安警备司令部司令官。抗日战争全面爆发后，兼任陕西抗日义勇军第一纵队司令部司令官。1939年1月任陆军第八十军新编第二十六师师长。1939年6月6日被国民政府军事委员会铨叙厅颁令叙任陆军少将。[②] 后任中央陆军军官学校第七分校（西安分校）教育处少将高级军事教官。1943年9月任陆军第六十七军军长，率部在伊克昭盟（今鄂尔多斯市）参加抗日战事。1945年3月被保送入陆军大学甲级将官班学习，同年6月毕业。1945年10月获颁忠勤勋章。1946年1月1日获颁青天白日勋章。1946年5月获颁胜利勋章。1946年6月任陆军整编第十七师师长，率部在西北与人民解放军作战。1948年4月因在延安作战失利被撤职。1948年9月22日被国民政府军事委员会铨叙厅颁令叙任陆军中将。1949年3月任陕西秦岭中部守备区司令部司令官，同年10月任第七兵团司令（裴昌会）部副司令官。1949年12月25日率部在四川德阳起义，入中国人民解放军西南军政大学高级研究班学习。

张坤生（1898—1965），南京中央陆军军官学校学员教导总队第三团团长。别号诚厚，祖籍陕西临潼，生于陕西三原。三原县立甲级工业学校、靖国军第三路军讲武堂、四川陆军讲武堂、广州黄埔陆军军官学校第一期毕业。1924年6月考入广州黄埔陆军军官学校第一期第一队学习，在学期间加入中国国民党，1924年11月毕业。后历任黄埔军校教导

① 国民政府文官处印铸局印行：《国民政府公报》第93册1935年5月8日第1735号颁令，台北成文出版社有限公司，1972年，第1页。

② 国民政府文官处印铸局印行：《国民政府公报》第141册1939年6月7日渝字第159号颁令，台北成文出版社有限公司，1972年，第1页。

第一团排长、连长。1926 年 1 月返回陕西，任国民军第二军（军长胡景翼）党玉琨旅司令部上尉、少校参谋，国民联军第二军（军长胡景翼）预备第一师（师长岳维峻）政治训练处处长，[1] 同年秋随部参加北方北伐战事。1928 年 8 月国民革命军编遣时，所部被裁撤。1929 年到南京黄埔同学会登记，后任国民政府监察院警卫室主任。1930 年任南京中央陆军军官学校第九期入伍生团第七连中校连长。1931 年 1 月 11 日成为“励志社”第九届新社员。[2] 后任南京中央陆军军官学校训练第三大队上校大队长，军官教育团大队长，南京中央陆军军官学校第十期学员教导总队第三团团长、上校总队附。1935 年秋应胡宗南邀请返回西安，同年 10 月 29 日任陕西省政府保安处（处长王应榆）副处长。1936 年 3 月 10 日被国民政府军事委员会铨叙厅颁令叙任陆军步兵上校。[3] 1936 年 8 月 23 日任陕西省政府保安处处长。1939 年 1 月 13 日任陆军第一军（军长陶峙岳）副军长，同年 4 月 29 日改任陆军新编第一军（军长邓宝珊兼）副军长，4 月 30 日任陆军新编第二十七师师长。1939 年 9 月 8 日被免去所兼陆军新编第二十七师师长职。1939 年 9 月 8 日任陆军第四十二军（军长杨德亮）副军长，兼任甘肃天水警备司令部司令官。1939 年 6 月 17 日被

张坤生

---

① 穆西彦主编：《陕西黄埔名人》，陕西人民出版社，1991 年，第 35 页。

② 《中央日报》1931 年 1 月 12、13 日连续刊登“励志社社员管理科通告”。

③ 国民政府文官处印铸局印行：《国民政府公报》第 105 册 1936 年 3 月 11 日第 1993 号颁令，台北成文出版社有限公司，1972 年，第 1 页。

国民政府军事委员会铨叙厅颁令叙任陆军少将。① 1942 年 10 月 1 日兼任甘肃陇东师管区司令部司令官，兼任平凉警备司令部司令官。1945 年 10 月获颁忠勤勋章。1946 年 5 月获颁胜利勋章。1946 年 6 月任陕西黄龙山警备司令部司令官，兼任陕西省黄埔同学联谊会理事长。1947 年 1 月任陕西省保安司令（省政府主席祝绍周兼）部副司令官，兼任关中民兵总指挥部总指挥。1948 年 9 月任陕西省保安司令部司令官。1948 年 10 月 28 日任陕西省政府（主席董钊）委员，1949 年 7 月兼任陕西省保安司令（董钊兼）部驻宝鸡前进指挥所主任。1949 年 10 月南下广州受聘国防部参议，后赴香港，转赴台湾。

徐经济

徐经济（1897—1951），中央陆军军官学校第七分校（西安分校）高级教官。别字子材，陕西临潼人。临潼县立雨金高等小学堂、陕西省立三原工业职业学校、上海吾州体育专科学校、广州黄埔陆军军官学校第一期毕业，中央训练团党政班第三期结业，陆军大学乙级将官班第六期毕业。1924 年 5 月到广州，1924 年 6 月考入广州黄埔陆军军官学校第一期第四队学习，1924 年 11 月毕业。后留校学习空军。1925 年春奉派返回河南策应，入国民军第二军（军长胡景翼、岳维峻）部服务，任手枪营排长、连长、副营长，赵志杰旅司令部参谋主任。后因部队被击溃，返回原籍在西安省立第一中学任教。1930 年被杨虎城任

① 国民政府文官处印铸局印行：《国民政府公报》第 141 册 1939 年 6 月 21 日渝字第 163 号颁令，台北成文出版社有限公司，1972 年，第 4 页。

为省会公安局第三分局局长。1931 年任孙蔚如部兰州警察厅督察长。1934 年投效胡宗南部，任陆军第一师司令部招募处主任，陕西省国民军事训练委员会主任。抗日战争全面爆发后，与何文鼎组织抗日义勇军，任陕西抗日义勇军第一纵队司令部副司令官。1938 年任西安绥靖主任公署防空司令部副司令官，兼参谋长。1939 年 1 月任陕西省政府（主席蒋鼎文兼）委员，同年 2 月 7 日兼任省政府保安处处长。1941 年 10 月任陕西省保安司令（省政府主席熊斌兼）部副司令官，并兼任中央陆军军官学校第七分校（西安分校）高级教官，军事委员会战时干部训练第四分团学员总队总队长，三青团西安支社总干事长等职。1944 年 10 月任第三十四集团军暂编第五十四师师长。1945 年 10 月获颁忠勤勋章。1946 年 5 月获颁胜利勋章。1947 年 3 月 15 日被国民政府军事委员会铨叙厅颁令叙任陆军少将。1948 年 3 月 29 日被推选为陕西省出席（行宪）第一届国民大会代表。1948 年 12 月任陕西秦岭宝鸡守备司令部司令官。1949 年在汉中任陆军新编第五军军长，陕南行政公署主任，兼任陕南游击自卫军总司令部总司令。1949 年 12 月 30 日率部向人民解放军投诚，1950 年入中国人民解放军西北军政大学高级研究班学习。

郭景唐（1902—1968），中央陆军军官学校第七分校（西安分校）学员总队总队附。原名景唐，① 又名景，② 别字仰汾，后以景唐行世任官，陕西武功人。武功县立高级国民小学、国民中学、广州黄埔陆军军官学校第一期毕业。1924

① 《陆军军官学校第二队学生详细调查表》，《近代中国史料丛刊三编》第五十七辑，台北文海出版社，1990 年。

② 湖南省档案馆校编：《黄埔军校同学录》，湖南人民出版社，1989 年，第 15 页。

年6月考入广州黄埔陆军军官学校第一期第二队学习，在学期间任第二队第四分队副分队长，1924年11月毕业。分发至军校教导第一团见习，任排长，随部参加第一次东征。后派返北方联系策应国民军，任陕北国民军第二支队排长，国民军第三军第三师副连长，陕西陆军第三师步兵营副营长。1926年12月任国民革命军第二集团军第十军补充团第二营营长。1928年9月任第二集团军暂编第二十一师第一旅第一团中校团附。1929年7月所部改编，任陆军新编第十四师第一旅第一团中校团附，后转任该旅第三团团长。1930年3月调任陆军第七军补充第一旅第一团团长。1930年10月任陆军第七十一师第二一三旅旅长。1931年4月陆军第七十一师改番号为陆军第四十二师，升任副师长，率部参加对鄂豫皖边区红军根据地的“围剿”。1933年率部参加长城抗日战事。1936年2月1日被国民政府军事委员会铨叙厅叙任陆军少将。1937年4月任陆军第四十二师（师长柳彦彪）副师长，兼任该师第一二四旅旅长。1937年5月所部被裁撤。抗日战争全面爆发后，投效胡宗南部，获举荐任中央陆军军官学校第七分校（西安分校）学员总队少将总队附。1939年10月10日任陆军第九十八军（军长武士敏）第一六九师师长，率部参加娘子关战役。1940年中条山战役作战失利，第九十八军全军覆灭，突围后率残部赴后方整训。1942年3月30日任陆军第九十八军（军长刘希程）副军长，同年5月兼任陆军第四十二师师长。1944年12月陆军第九十八军被裁撤，免职后返回原籍在家赋闲。1945年10月获颁忠勤勋章。1946年5月获颁胜利勋章。1947年3月被国民政府军事委员会铨叙厅颁令叙任陆军少将，同时办理退役。1948年5月4日被推选为（行宪）第一届国民政府立法院立法委员。

第九节　黔籍教官简况

贵州地处我国西南边陲云贵高原东北部，四面与四川、云南、广西、湖南等省接壤。其地理位置远离民国军政中心，近代以来长期处于军阀争霸的局面。自从兴义人何应钦在黄埔军校发迹，成为贵州入主南京的军政强人开始，贵州人逐渐跻身军队与政坛。在黄埔军校中，黔籍教官与邻近各省教官相比较并不逊色，只是在数量上略少些。除何应钦以外，知名的教官有：黄埔军校第四期政治学教官谭克敏，黄埔军校第二期战术教官周学海，军校教导团第一连连长陈铁，黄埔军校第七分校副主任张卓，黄埔军校第四分校办公厅主任胡畏三，黄埔军校高等教育班高级战术教官游凤池，黄埔军校第十期高等教育班主任刘伯龙等。限于篇幅，部分教官见表 5 - 9：

表 5 - 9　黄埔军校黔籍教官一览表

时间	教官姓名
1931—1937	何应钦、王文彦、游凤池、汪荣、戴之奇、韩文焕、万徐如、萧树经
1937—1945（全面抗战时期）	张卓、刘重农、罗寅亮、熊弼、胡畏三、张汝弼、熊铭青、谭兆熊、鲁曜晟、杨正坤

以下选择部分教官（5 名）按姓氏笔画顺序介绍：

张汝弼（1906—?），中央陆军军官学校第七分校（西安分校）教官。别字述韬，贵州贵阳人。贵州陆军讲武堂步兵科、日本陆军士官学校中华学生队第二十期步兵科、陆军大学特别班第四期毕业。1927 年 4 月考入日本陆军士官学校中华学生队第二十期学习，1929 年 7 月毕业。任南京中央陆军军官学校教官，陆军整理处步兵训练组教练官、组长，陆军步兵团团长。1937 年 2 月 22 日被国民政府军事委员会铨叙厅颁令叙任陆军步兵中校。[①] 抗日战争全面爆发后，随部参加抗日战事。1938 年 3 月入陆军大学特别班学习，1940 年 4 月毕业。1940 年 4 月任中央陆军军官学校第七分校（西安分校）教官。1942 年 7 月被国民政府军事委员会铨叙厅颁令叙任陆军步兵上校。1943 年任陆军第七十六军第二十四师司令部参谋长，后任陆军第三军新编第三师副师长。抗日战争胜利后，任军政部第十五军官总队第四大队大队长。1946 年 5 月任第一战区司令长官部高级参谋兼人事科科长。1947 年 7 月任西安绥靖主任公署人事处处长。1949 年 1 月任陆军第九十军第二十四师师长，同年 12 月任西南军政长官公署高级参谋。1949 年 12 月 25 日率部在成都参加起义。

张汝弼

张卓（1891—1951），中央陆军军官学校第七分校（西安分校）副主任。又名永德，别字叔达，贵州台江人，又载贵州台拱人。陆军第一预备学校、日本陆军士官学校中华学生队第十三期步兵科毕业。1920 年 4 月考入日本陆军士官学校中华学生队第十三期学习，1922 年 7 月毕业。回国后，先入湖南加入湘军，曾任湖南讲武堂教官。后返回西南地区入滇军服务，任云南讲武堂战术教官，后任滇军初中级军职。

① 国民政府文官处印铸局印行：《国民政府公报》第 120 册 1937 年 2 月 24 日第 2287 号颁令，台北成文出版社有限公司，1972 年，第 2 页。

1924年随滇军杨希闵部赴广东。1925年10月任国民革命军第四军第十师司令部参谋长。1926年任国民革命军第六军（军长程潜）司令部参谋长，率部参加北伐战争江西战事。1927年12月任南京中央陆军军官学校步兵科监员。1928年12月4日任国民政府训练总监部步兵监上校监员。[①] 1929年10月任陆军第二十八师（师长公秉藩）副师长。1931年10月协助王俊参与步兵学校在南京建校选址筹备事宜，同年11月任陆军步兵学校筹备委员会委员。1931年12月19日中央陆军步兵学校正式成立时，任研究委员，1933年9月28日任中央陆军步兵学校教育长。1935年4月17日被国民政府军事委员会铨叙厅颁令叙任陆军少将。任第六路军总指挥部参谋长，其间得陈诚赏识，任军政部陆军整理处教育分处处长，庐山军官训练团办公厅副主任。1936年7月9日获颁国民革命军誓师十周年纪念勋章。抗日战争全面爆发后，将中央陆军步兵学校迁移至贵州遵义续办，1938年兼任遵义警备司令部司令官。后被胡宗南延揽到西北所部任官，于1938年10任中央陆军军官学校第七分校（西安分校）中将副主任。1942年4月18日任第八战区第三十四集团军第一军军长，兼任陕西渭（南）潼（关）警备司令部司令官。1944年率部参加豫中会战。1945年1月9日任第八战区第二十九集团军总司令部副总司令。1945年10月获颁忠勤勋章。1946年5月获颁胜利勋章，仍兼任中央陆军军官学校第七分校（主任胡宗南兼）副主任。1946年任西安绥靖主任公署中将高级参谋。1948年3月29日被推选为贵州省代表出席（行宪）第一届国民大会。1948年9月22日被国民政府军

① 国民政府文官处印铸局印行：《国民政府公报》第13册1927年12月6日第36号公报，台北成文出版社有限公司，1972年。

事委员会铨叙厅颁令叙任陆军中将。1949 年任贵州省“反共自卫训练团”总指挥部总指挥官。

鲁曜晟（1890—?），成都中央陆军军官学校交通教官。原名士光，别字曜晟，后以字行，贵州贵筑人。贵州陆军小学堂、北京清河陆军第一中学、保定陆军军官学校第一期步兵科毕业。1912 年秋考入保定陆军军官学校第一期学习，1914 年 11 月毕业。抗日战争全面爆发后，任成都中央陆军军官学校第十四期第六总队中校交通教官，第十五期中校交通教官，第十七期第三总队上校通信兼交通教官。1946 年 10 月任陆军步兵上校，同时退为备役。

游凤池

游凤池（1888—1960），南京中央陆军军官学校高等教育班高级战术教官。别号沛生，别字佩声，贵州贵筑（一说贵阳）人。贵州陆军讲武学堂（后改为贵州陆军小学堂）第二期、保定陆军速成学堂第一期炮兵科、陆军大学正则班第四期、兵学研究院毕业。1908 年 12 月保定陆军速成学堂毕业。1913 年 12 月考入陆军大学学习，1916 年 12 月毕业。历任黔军连长、营长，黔军混成第二旅司令部参谋。1918 年 10 月返回北京，初任陆军大学（第五期）助教，后任兵学教官，后随校迁移到南京，任陆军大学兵要地志教官，1930 年 3 月兼任南京中央陆军军官学校高等教育班兵要地志教官。1931 年 10 月任南京国民政府参谋本部第五处副处长、处长。1932 年 9 月 2 日任南京国民政府参谋本部第一厅少将处长。1935 年 4 月 22 日被国民政府军事委员会铨叙厅颁令叙任陆军少将。后入陆军大学兵学研究院学习，结业后任陆军大学参谋业务（后改为参谋系）

系主任，兼任南京中央陆军军官学校高等教育班高级战术教官。抗日战争全面爆发后，随校迁移贵州遵义续办，仍任陆军大学参谋系主任及主任教官，主讲“军制学”及“兵要地志”等课程，其间兼任军事委员会高级参谋研究班教务组组长、副教育长，峨眉山中央训练团高级教官，军事委员会调查统计局临澧训练班教官。1944 年 12 月兼任陆军大学兵学研究院研究员兼兵学教官。抗日战争胜利后，代理陆军大学校务。1948 年 9 月 22 日被国民政府军事委员会铨叙厅颁令叙任陆军中将。

谭兆熊

谭兆熊（1887—？），中央陆军军官学校第四分校（广州分校）国防军事教官。别字梦贤，贵州贵阳人。陆军大学正则班第四期毕业。1926 年任黄埔中央军事政治学校战术教官。1926 年 7 月随军参加北伐战争，1928 年春到南京后，任国民革命军总司令部军官团高级战术教官。1932 年至 1936 年任陆军大学教务处兵学教官。1936 年秋任广东绥靖主任（余汉谋）公署总办公厅上校参议，广东第四路军总司令（余汉谋）部上校参议。1937 年 1 月兼任中央陆军军官学校第四分校（广州分校）特别班国防军事教官。1937 年 3 月 31 日被国民政府军事委员会铨叙厅颁令叙任陆军步兵上校。[①] 1946 年 7 月 31 日被国民政府军事委员会铨叙厅颁令叙任陆军少将，同时退为备役。

① 国民政府文官处印铸局印行：《国民政府公报》第 122 册 1937 年 4 月 1 日第 2316 号颁令，台北成文出版社有限公司，1972 年，第 1 页。

第十节　晋籍教官简况

山西地处华北平原以西，黄土高原东部，毗邻河北、河南、陕西、内蒙古等省区。山西在民国军事史上占有独特的地位。首先，在辛亥革命后就形成了在北方独树一帜的晋绥军事集团，比其他省的地方军事集团都早得多；其次，阎锡山作为军事集团的核心长达38年之久，山西及其势力所及地区的发展和军政事务长期系于一人手中，在民国时期独一无二；再次，早在民国初期就成立了山西武备学堂（后称斌业学堂），这是阎氏把持的地方军事学校，到1926年底在国民革命大潮中才改名为北方军官学校。在国民政府时期进行的多次军校撤并改编浪潮冲击下，仍旧独立于黄埔军校之外存在，成为唯一长期留存的地方军事学校。因此，晋籍军人也多任职任教于北方军官学校，进入黄埔军校任教者仅占少数。阎锡山从黄埔军校第八期起就兼任校务委员会委员，直至第二十二期被免职；国民政府军令部部长徐永昌，曾任第十四期校务委员。除此二人，再无曾在黄埔军校任教的较为知名的将领了。限于篇幅，部分教官见表5－10：

表5－10　黄埔军校晋籍教官一览表

时间	教官姓名
1931—1937	阎锡山、睢友蔺、庞乃仲、王毓文、张呈祥
1937—1945 （全面抗战时期）	徐永昌、李涛、郭岐、田国琛、杨遇春、关倬青、郭释愚、王剑秋、王橹、崔国光、张育贤、王立哉

以下选择部分教官（5名）按姓氏笔画顺序介绍：

王毓文

王毓文（1901—1984），南京中央陆军军官学校战术教官。别字晓明，别号晓民，山西夏县人。夏县第一高等小学、山西省立第二中学、太原工业专门学校、日本秋田矿山专门学校、日本陆军士官学校中华学生队第十八期步兵科毕业。1924年赴广东参加国民革命运动，1924年10月获得广州大本营官费保送日本留学资格。1925年4月考入日本陆军士官学校中华学生队第十八期学习，1927年7月毕业。回国后，任国民革命军第六军学员总队少校队长，后任第六军（军长杨杰）步兵团营长、副团长、团长，第六军军官总队总队长。后第六军被裁撤。1928年10月任南京中央陆军军官学校第六期战术教官，南京中央陆军军官学校高级班第一队队长。高级班分编为三个军官团后，任第一军官团团长，1930年5月率部参加中原大战，战后驻防河南商丘。高级班第一军官团调回南京后，成立新兵训练处，任第一总队总队长。1932年1月任南京中央陆军军官学校第九期学员总队总队长。1933年10月任中央陆军军官学校洛阳分校教育科科长。[1] 1935年5月1日被国民政府军事委员会铨叙厅颁令叙任陆军步兵上校。[2] 1936年4月21日任陆军第四师（师长王万龄）司令部参谋长。抗日战争全面爆

① 全国政协文史资料委员会编：《文史资料存稿选编·军事派系》下册，中国文史出版社，2002年，第365页。郑殿起撰文《东北军在中央军校洛阳分校成立军士教导总队的情形》。

② 国民政府文官处印铸局印行：《国民政府公报》第93册1935年5月1日第1730号颁令，台北成文出版社有限公司，1972年，第1页。

发后，率部参加南口抗日战事。1937 年 8 月 2 日被国民政府军事委员会铨叙厅颁令叙任陆军少将。① 1937 年 10 月任陆军第四师（师长王万龄）副师长。1938 年率部参加徐州会战、台儿庄战役。1938 年 12 月 10 日任陆军第九十一师代理师长，不久实任，隶属陆军第八十五军统辖，率部参加武汉会战。1939 年 5 月率部参加随枣会战。1942 年 10 月被免去师长职，转任鲁豫皖边区挺进军总司令部总司令。1942 年 10 月 9 日任第三十一集团军（总司令汤恩伯兼）陆军第十三军（军长石觉）副军长。1943 年 1 月 10 日任陆军暂编第九军（军长方靖）副军长，隶属第十集团军统辖。1944 年 1 月 20 日任安徽省第四区行政督察专员，兼任该区保安司令部司令官，同年 9 月 23 日被免职。1944 年 2 月 3 日兼任陆军第八十五军（军长吴绍周）副军长，隶属第三十一集团军统辖。1944 年 9 月 14 日任由陆军第三十三师（师长段海洲）、暂编第六十二师（师长苗秀霖）组成的陆军暂编第一军军长，率部参加豫中会战。1945 年 3 月率部参加豫西会战、鄂北会战诸役。1945 年 6 月 1 日暂编第一军颁令改编为陆军第九十七军，6 月 4 日任陆军第九十七军军长，统辖陆军第三十三师（师长段海洲）、陆军第一一七师（师长廖运升）等部，隶属第一战区第十九集团军（总司令陈大庆）。1945 年 10 月获颁忠勤勋章。1946 年 5 月获颁胜利勋章，任陆军整编第五十二师师长，统辖陆军整编第三十三旅（旅长段海洲）、整编第八十二旅（旅长王伯勋）等部，率部在苏中地区与人民解放军作战。1946 年 12 月 30 日被免去师长职，转任国防部中将部员。1949 年到台湾。

---

① 国民政府文官处印铸局印行：《国民政府公报》第 128 册 1937 年 8 月 3 日第 2422 号颁令，台北成文出版社有限公司，1972 年，第 3 页。

李 涛

李涛（1892—?），中央陆军军官学校第七分校（西安分校）高级军事教官。别号筱山，山西平定人。山西陆军小学堂、保定陆军军官学校第八期炮兵科、陆军大学第七期毕业。1919年考入保定陆军军官学校第八期学习，1922年7月毕业，分发至山西晋军服务。1923年8月考入陆军大学学习，1927年7月毕业。历任国民革命军第二集团军总司令（阎锡山）部（总参谋长朱绶光）参谋处处长，山西太原绥靖主任（阎锡山）公署参谋处处长、高级参谋。1936年8月26日被国民政府军事委员会铨叙厅颁令叙任陆军少将。1937年5月6日被国民政府军事委员会铨叙厅颁令叙任陆军中将。抗日战争全面爆发后，任第二战区司令长官（阎锡山）部（参谋长楚溪春、郭宗汾）参谋处处长，随部参加山西历次战役。1940年12月任陆军大学西北参谋班兵学教官。抗日战争中期任中央陆军军官学校第七分校（西安分校）高级军事教官。1945年任陆军大学参谋班第十一期兵学教官。抗日战争胜利后，兼任陆军大学参谋班西北班特训第七期兵学教官等职。

郭岐（1906—1993），中央陆军军官学校第七分校（西安分校）学员总队总队长。又名歧，别字金山，山西右玉人。广州黄埔中央军事政治学校第四期政治科、陆军大学乙级将官班第三期毕业。1926年1月考入广州黄埔中央陆军军官学校第四期政治科政治大队学习，1926年10月毕业。1929年2月15日被委派为中国国民党陆军第三十四师特别党部执行委员。1935年6月24日被国民政府军事委员会铨叙厅颁令叙任陆军步兵少校。[①] 1935年12月任南京中央陆军军官学校教导总队（总队长桂永清）步兵第三团（团长张坤生兼）自动车队队长，1936年6月第三团自动车队改为教导总队辎重兵营，任营长。抗日战争全面爆发后，率部参加南京保卫战，所部兵员伤亡及辎重车辆损失严重。南京城陷后，匿居三个月，亲眼目睹了南京大屠杀惨况。后赴陕西整编，写成《陷都血泪录》。1939年任中央陆军军官学校第七分校（西安分校）学员总队总队长。1945年7月任陆军步兵上校。抗日战争胜利后，曾作为证人参与对南京大屠杀元凶谷寿夫的审判，并提供了5万字的证据。1947年2月入陆军大学乙级将官班学习，1948年4月毕业。1949年到台湾。

郭释愚（1898—?），中央陆军军官学校第七分校（西安分校）学员总队总队长。山西襄汾人。北方军官学校步兵科毕业。1935年6月17日被国民政府军事委员会铨叙厅颁令叙任陆军步兵少校。[②] 抗日战争全面爆发后，任中央陆军军官学校第七分校学员总队副总队长。1941年10月30日被国民政府颁令由陆军步兵少校晋任陆军步兵中校。[③] 1946年1月中央陆军军官学校第七分校改为西安军官督训处，续任少将高级教官等。

雎友蔺（1904—1947），南京中央陆军军官学校教导总队第一补充团团长。别字慕颇，山西天镇人。天镇县立初级中学毕业。广州黄埔陆军军官学校第三期步兵科毕业。1925

---

① 国民政府文官处印铸局印行：《国民政府公报》第94册1935年6月25日第1776号颁令，台北成文出版社有限公司，1972年，第2—3页。

② 国民政府文官处印铸局印行：《国民政府公报》第94册1935年6月18日第1770号颁令，台北成文出版社有限公司，1972年，第1页。

③ 国民政府文官处印铸局印行：《国民政府公报》第164册1941年11月1日渝字第410号颁令，台北成文出版社有限公司，1972年，第7页。

年 1 月考入广州黄埔陆军军官学校第三期步兵科学习，1926 年 1 月毕业。随军参加北伐战争，历任国民革命军初级军职。1933 年 8 月任南京中央陆军军官学校第十期第二总队步兵大队大队长，后任中央陆军军官学校教导总队军士营第三连连长，教导总队第一团第二营营长。1935 年 6 月 22 日被国民政府军事委员会铨叙厅颁令叙任陆军步兵少校。[①] 1936 年 12 月任南京中央陆军军官学校教导总队（总队长桂永清）第一补充团团长。1936 年 10 月 2 日由陆军步兵少校晋任陆军步兵中校。[②] 抗日战争全面爆发后，1937 年 10 月所部改编，续任教导总队第三旅第五团团长，后任教导总队第二旅（旅长胡启儒）副旅长，率部参加南京保卫战，所部人员装备因损失惨重，调赴后方集训整编。后参加武汉会战。1939 年任三青团中央干部训练班主任，后任军事委员会第三战时干部训练团办公厅教育处处长。1940 年 10 月任第一战区第三十四集团军总司令部总务处处长。1941 年 6 月 3 日国民政府颁令由陆军步兵中校晋任陆军步兵上校。[③] 后任西安绥靖主任公署交通处处长。抗日战争胜利后，任第一战区司令长官部兵站司令部副监。1946 年 10 月 14 日任海军总司令（桂永清）部办公室主任。1947 年 2 月 6 日因病在南京去世。[④]

---

① 国民政府文官处印铸局印行：《国民政府公报》第 94 册 1935 年 6 月 23 日第 1775 号颁令，台北成文出版社有限公司，1972 年，第 3 页。

② 国民政府文官处印铸局印行：《国民政府公报》第 115 册 1936 年 10 月 3 日第 2168 号颁令，台北成文出版社有限公司，1972 年，第 1 页。

③ 国民政府文官处印铸局印行：《国民政府公报》第 161 册 1941 年 6 月 4 日渝字第 367 号颁令，台北成文出版社有限公司，1972 年，第 3 页。

④ 戚厚杰、刘顺发、王楠编著：《国民革命军沿革实录》，河北人民出版社，2001 年，第 829 页。

第十一节　吉林、西康、黑龙江、北平、察哈尔、上海、绥远、青海、热河、安东、新疆、内蒙古、台湾等省市人士任教官简况

吉林、西康、黑龙江、北平、察哈尔、上海、绥远、青海、热河、安东、新疆、内蒙古、台湾等省市，虽然出任教官人数较少，但是仍有一些知名者出现于黄埔军校校本部与分校教官名单上。一些省区因无上校衔以上教官记载在册暂缺。限于篇幅，部分教官见表5－11：

表5－11　黄埔军校吉林等省教官一览表

省籍	1931—1937	1937—1945（全面抗战时期）
吉林	何成璞、蔡宗濂、王治澜、林家训、关之霆、杨兆民、苍德克	王赫然、刘正宪、曹进元、邓慕斌、白云峰
西康	李全福	孟体濂、陈强立
黑龙江	吴献瑞、王宇章	陶国瑞、黄为、邵文龙
北平	马傅浩、李德裕	傅全续、傅伯良、赓绍九
察哈尔	暂缺	程廷荣
上海	金祺	汪强
绥远	鄂友三	刘培裕、白桢
青海	暂缺	暂缺
热河	暂缺	王守谦
安东	暂缺	暂缺
新疆	暂缺	哈的尔
内蒙古	暂缺	暂缺
台湾	苏绍文	暂缺

以下选择部分教官（5 名）按姓氏笔画顺序介绍：

王守谦（1911—?），成都中央陆军军官学校通信兵大队大队长。别号右耳，热河滦平（今河北滦平）人。南京中央陆军军官学校第九期通信兵科、军事委员会通信兵研究班毕业。历任军政部第二厅通信处科员，中央训练团通信兵班教育副官。抗日战争全面爆发后，历任通信兵团连长、营长，重庆卫戍总司令部通信大队大队长。1944 年秋起任成都中央陆军军官学校第二十期第一总队通信兵大队大队长。抗日战争胜利后，续任成都中央陆军军官学校第二十二期校本部教育处实习工厂厂长，国防部兵工署专员。1949 年 12 月底随成都中央陆军军官学校第一总队起义。

刘正宪

刘正宪（1907—?），成都中央陆军军官学校兵器教官。别号国璋，吉林双城人。东北讲武堂第十期炮兵科、中央陆军炮兵学校第三期、中央军官训练团战防炮研究班毕业。1931 年“九一八”事变后，随军撤到关内，历任东北军炮兵第一旅排长、连长，北平城防司令部炮兵团营长，中央陆军军官学校洛阳分校炮兵大队大队长，军事委员会西北战时干部训练分团教官。抗日战争全面爆发后，任成都中央陆军军官学校第十四期上校兵器教官，第十七期炮兵科上校兵器教官。1946 年任国防部兵工署第十三兵工厂少将副厂长兼警备大队大队长。1949 年任川黔边“反共救国军”第二路副司令官。1949 年冬溃退缅甸，转赴台湾。

孟体濂（1904—?），成都中央陆军军官学校政治学教官。别号镝练，西康芦山（今四川芦山）人。美国费城彭雪莱大学毕业，获政治博士学位。历任北平中国大学、中央政治学校教授，华西大学政治系主任。1932年加入中华民族复兴社，后任特务处教官，庐山中央训练团特别政治训练班副总教官。抗日战争全面爆发后，任成都中央陆军军官学校第十六期第三总队政训室上校政治学教官，第十七期政治部第一科上校科长，兼国际形势教官。后续任成都中央陆军军官学校第十八期政治部第一科上校科长。1944年春任中国国民党中央党部派驻西康党务特派员，中国国民党西康省党部执行委员，西康省政府社会调查处处长等职。

哈的尔（1884—1958），南京中央陆军军官学校政治学教官。新疆阿图什人，维吾尔族。叙利亚伊斯兰教神学院、美国斯坦福大学社会政治系毕业。回国后，派任新疆疏附县教育局局长，后聘任川康绥靖主任公署参事。1934年应邀赴南京，聘任中央陆军军官学校政治学教官。抗日战争全面爆发后，任国民政府行政院咨议。1942年7月任第三届国民参政会参政员。抗日战争胜利后，续任第四届国民参政会参政员。1948年10月任国民政府监察院监察委员。1949年任新疆监察委员行署委员，同年秋到台湾。

蔡宗濂（1896—?），南京中央陆军军官学校辎重兵训练班副主任。别字涧飞，吉林双城人。日本陆军士官学校中华学生队第十九期辎重兵科、陆军大学参谋班毕业。1925年10月获得东北保安总司令部官费保送日本留学资格，[1] 1926年4月考入日本陆军士官学校中华学生队第十九期学习，1928年7月毕业。回国后投效奉军部队，历任东北陆军讲武

[1] 荆有岩：《奉军派遣军事留学生简介》，《辽宁文史资料选辑》第六辑，辽宁人民出版社，1981年，第84页。

堂辎重兵科教官,[①] 东北边防军警备第一师步兵营连长、营长，东北军步兵旅司令部辎重兵主任，东北陆军辎重兵训练所教育长。1930 年 5 月 26 日任军事委员会训练总监部辎重兵监监员。[②] 1931 年 12 月任南京中央陆军军官学校第七期第一总队辎重兵研究班副主任。1932 年任南京中央陆军军官学校辎重兵训练班副主任。1933 年 9 月 11 日任中央陆军辎重兵学校研究委员。1936 年 3 月 13 日被国民政府军事委员会铨叙厅颁令叙任陆军辎重兵上校。[③] 兼任中央陆军辎重兵学校教育处处长。1937 年 5 月 7 日被国民政府颁令由陆军辎重兵上校晋任陆军少将。[④] 抗日战争全面爆发后，任第十集团军总司令部军需处处长，随部参加抗日战事。1944 年 2 月 11 日任国民政府军政部参事。抗日战争胜利后，随部赴东北参与接收事宜。1946 年 2 月退役。1946 年 12 月 31 日任合江省政府（主席吴瀚涛）委员，1948 年 6 月 17 日被免职。

---

① 《东北陆军讲武堂第七期毕业生同学录》无载，现据史料记载为辎重兵科教官。

② 国民政府文官处印铸局印行：《国民政府公报》第 39 册 1930 年 5 月 28 日第 480 号颁令，台北成文出版社有限公司，1972 年，第 6 页。

③ 国民政府文官处印铸局印行：《国民政府公报》第 105 册 1936 年 3 月 14 日第 1995 号颁令，台北成文出版社有限公司，1972 年，第 2 页。

④ 国民政府文官处印铸局印行：《国民政府公报》第 123 册 1937 年 5 月 8 日第 2348 号颁令，台北成文出版社有限公司，1972 年，第 8 页。

第六章　教官的任用、种类与著述

黄埔军校教官，许多都出任高级军职或文官，有些还成为军队的高级将领。军官的培养，需要多方面的知识传授与体能训练，并随着战争需求拓展和深化军事教育内容，教官的种类也渐次多样。军事理论与训练实践相结合，使军校的教学形式多样化。

第一节　教官出任高级军职和文官情况简述

众所周知，黄埔军校前六期毕业生在民国党军政界位居要津，由此形成了“黄埔系”。其实在抗日战争全面爆发前后，非“黄埔系”军官入黄埔军校任教官的，许多也获得升迁的机会，成为军政系统中担任要职的潜在力量。他们有的从保定陆军军官学校、陆军大学或云南讲武堂等军校毕业；有的是留学外国高等学校或国内大学毕业后出道的。他们在黄埔军校任职后跻身高级军职或文官，从另一侧面说明黄埔军校的教官经历，犹如“镀金”一般，同时也反映了国民革命军加速“黄埔化”的事实。在黄埔军校任教任职的经历，使他们在官场人事关系中有了斡旋余地和保护层。例如，万耀煌、黄慕松、冯轶裴、方鼎英、王右瑜、张与仁、张任民、吴石、林薰南、赵锦雯、韩汉英等，有的是保定军校早期生，有的是后来毕业于国内陆军大学、日本陆军大学或日本陆军士官学校的高级将领，从经历上看非黄埔嫡系出身；又如，卢致德、何浩若、曾养甫、郑彦棻等，均非职业军人出身；再如，罗广文、冯璜、周嘉彬、孟吉荣、贺维珍等，毕业于国内其他军校或留学日本。上述所列人员，均有在黄埔军校任职任教的经历，都是以黄埔军校为起点而跻身高级军政职务的。

第二节　教官出任国民革命军高级将领情况简述

孙中山创办黄埔军校的初衷，就是为了建立一支“革命党领导的革命军”。史实已充分证明，中国国民党在现代中国执政地位的获得，国民革命军的组建、发展与扩张，均离不开黄埔军校教官群体的参与和奋争。黄埔军校教官群体，以总理孙中山及党代表廖仲恺为首，集聚了北伐国民革命时期乃至国民党执政时期最主要的政治家、理论家和社会活动家。他们当中有胡汉民、戴季陶、邵元冲、吴稚晖、谭延闿、陈立夫、甘乃光、陶希圣、刘健群等。国民党赖以生存的军队——国民革命军的发展与扩张，更是在黄埔军校教官群体的谋划与指挥下实现的。

据统计，抗日战争全面爆发前后，在国民革命军高级将领的核心层中，绝大多数出自黄埔军校。校长蒋介石的“八大金刚”——何应钦、陈诚、刘峙、顾祝同、钱大钧、陈继承、蒋鼎文、张治中，无一例外都是黄埔军校教官出身，而且除张治中是黄埔军校第三期教官外，其余七人均为第一期教官出身。国民革命军的雏形是黄埔军校教导第一团，“八大金刚”也无一例外都曾在教导团任职，而且在1927年第一次北伐完成时，“八大金刚”中除陈诚稍后外，其余七人都成为了军长以上的高级将领。及至十年内战和全面抗日战争时期，除陈继承还留任中央陆军军官学校教育长外，其余七人均成为军政统治核心层首脑及战区司令长官、封疆大吏。因此，黄埔军校教官群体的核心统率层，实际也是国民党及国民革命军的最高决策集团。

对国民革命军高级将领层作进一步的考量与分析可知，抗日战争时期，黄埔军校教官仍然占据重要位置，这部分人总计有224名。从1935年4月起，南京国民政府军事委员会以中央政府最高军事机关名义，正式将国民革命军各级军官军衔任命权纳入中央统辖的任免程序。此后，少尉以上军官（后期为少校以上）的任官命令均在《国民政府公报》予以颁布，具有国家认可的权威性和准确性（目前出版物中有关将校任官时间皆源于此）。根据《国民政府公报》记载，在1935年4月至1949年9月期间，总计任命少将以上将官4461名。其中任命上将（包括特级上将，一级、二级上将及上将、加上将衔）133名。据资料显示，在黄埔军校教官（校务委员）中，任上将的有44名，占获任上将总数33.1%。其中特级上将1名，即蒋介石；一级上将11名，即何应钦、陈诚、冯玉祥、阎锡山、唐生智、张学良、李宗仁、白崇禧、朱培德、刘湘、陈济棠，占晋任一级上将总数14名的79%；二级上将12名，即邓锡侯、龙云、刘峙、何键、余汉谋、张治中、徐永昌、顾祝同、商震、程潜、蒋鼎文、薛岳，占晋任二级上将总数30名的40%；上将及加上将衔18名，即方策、卢汉、刘兴、刘戡、刘士毅、刘建绪、汤恩伯、李品仙、李济深、陈铭枢、俞飞鹏、胡宗南、唐淮源、夏威、钱大钧、黄绍竑、黄慕松、廖磊，占晋任上将及加上将衔总数88名的21%；晋任中将的有166名，占晋任中将总数958名的17.3%。此外还有一大批曾在黄埔军校任职任教后任少将的军官，限于篇幅未能在此反映。

总之，在抗日战争时期曾担任黄埔军校教官的将领在军政界始终占有重要分量。非黄埔出身的军官，若能进入黄埔军校任职任教，则被视作与黄埔军校前六期毕业生一样，具有相当分量的资历。因此，无论是正儿八经“黄埔嫡系”中央军序列者，还是被蒋介石出于某种考虑或谋划，任命为“中央陆军军官学校校务委员”者，或是因偶然机遇获任黄埔军校分校其他头衔者，无一例外地被打上了“黄埔”印记。

第三节　教官的种类

军事与军事教育都是战争现象之反映，军事教育则是军事活动的组成部分，是军队建设的中心任务，是战争准备的重要内容，是为执行国家意志、建设国防和赢得战争而采取的基本政策。军事教育将军事知识与政治教育作为教育的主要内容，包括培养军人和军官群体掌握作战技术，掌握军事政治、科学技术、文化体育、作风训练等方面的知识，凡此种种，都须经教官组织实施。黄埔军校从成立到抗日战争时期，一直是中国国民党施行军事教育的规模最大的军校之一。随着抗日战争战局的发展，军事教育和军事训练的内容不断扩展和深化，形成了一整套军事教育模式与训练制度。上述目标的实施，直接表现在军校各类教官和教学科目的设置上，教官类别和教学科目随着军校发展扩张而更加丰富多样。特别是在军校迁到南京后的十年间以及抗日战争全面爆发后，为适应战争需要，军校教育更在军事教育现代化的推动下，在教学内容和形式上不断扩充，教官的种类也更加繁多。据初步统计，军事学科和术科教官有45种，普通学科（自然科学）各科教官有48种。普通学科包括自然科学及科学技术，为军校教育注入了现代科技的信息，丰富了民国时期的军事教育内容。

表6－1　黄埔军校校本部及分校军事学科（术科）和普通学科（自然科学）教官设置一览表

军事学科（术科）教官名称	备　注	普通学科（自然科学）教官名称	备　注
战术总教官	由少将军官担任	有线电教官	南京时期设置
战术教官（主任教官）	由少校至上校军官担任	外（国）文教官	南京时期设置
兵器教官（主任教官）	由少校至上校军官担任	普通学科教官	南京时期设置
重兵器教官（主任教官）	南京时期设置，由少校至上校军官担任	自然科学教官	南京时期设置
炮术教官（主任教官）	由少校至上校军官担任	化学（军用）教官	南京时期设置
地形教官（主任教官）	由少校至上校军官担任	航空学教官	南京时期设置
骑（马）术教官（主任教官）	由少校至上校军官担任	体操（育）教官	南京时期设置
工兵教官（主任教官）	由少校至上校军官担任	法学（法律）教官	南京时期设置

（续表）

军事学科（术科）教官名称	备　注	普通学科（自然科学）教官名称	备　注
辎重兵教官（主任教官）	由少校至上校军官担任	经济学教官	南京时期设置
筑城教官（主任教官）	由少校至上校军官担任	编译教官	南京时期设置
交通教官（主任教官）	由少校至上校军官担任	经理学教官	南京时期设置
筑城交通教官（主任教官）	由少校至上校军官担任	地理教官	南京时期设置
筑城交通地形教官	广州黄埔军校时期设置	历史学教官	南京时期设置
防空教官	南京时期设置	领袖言行教官	南京时期设置
旗语教官	南京时期设置	音乐教官	南京时期设置
后方勤务教官（主任教官）	抗日战争胜利后设置	数学教官	南京时期设置
汽车教官	南京时期设置	英文教官	南京时期设置
马具教官	南京时期设置	总理（国父）遗教教官	南京时期设置
劈刺（技术）教官	南京时期设置	土木工程教官	南京时期设置

(续表)

军事学科（术科）教官名称	备　注	普通学科（自然科学）教官名称	备　注
军事教官	抗日战争全面爆发后设置，一般由上校军官担任	电工常识教官	南京时期设置
高级军事教官	由少将军官担任	日文教官	南京时期设置
航空摄影教官	抗日战争全面爆发后设置	农业学教官	南京时期设置
机关枪教官	南京时期设置	国（武）术教官	南京时期设置
谍报勤务教官	抗日战争全面爆发后设置	国文教官	南京时期设置
化学兵器教官	抗日战争全面爆发后设置	史地教官	南京时期设置
通信教官（主任教官）	抗日战争全面爆发后设置，部分由专业技术人员担任	情报教官	南京时期设置
军制教官	抗日战争全面爆发后设置	抗战建国纲领教官	南京时期设置
辎重兵驮挽马术教官	抗日战争胜利后设置	国画教官	南京时期设置

（续表）

军事学科（术科）教官名称	备　注	普通学科（自然科学）教官名称	备　注
机踏车教官	抗日战争胜利后设置	防毒教官	南京时期设置
高级教官	抗日战争胜利后设置，一般由上校或少将军官担任	数理教官	南京时期设置
技术总教官	南京时期设置，一直由少将军官担任	物理教官	南京时期设置
技术教官	早期由军官担任，后期由专业技术人员担任	军用化学教官	南京时期设置
工兵科爆破教官	抗日战争胜利后设置	俄文教官	南京时期设置
输送学教官	抗日战争全面爆发后设置	电机学教官	南京时期设置
汽车工术教官	抗日战争全面爆发后设置	卫生学教官	南京时期设置
机械教官	抗日战争全面爆发后设置	世界语教官	南京时期设置
机械战术教官	抗日战争胜利后设置	科学学教官	南京时期设置

（续表）

军事学科（术科）教官名称	备　注	普通学科（自然科学）教官名称	备　注
坑道教官	抗日战争胜利后设置	海军学教官	南京时期设置
通信交通教官	抗日战争胜利后设置	瓦斯学教官	南京时期设置
训育教官	南京时期设置	交通学教官	南京时期设置
谍报教官	抗日战争全面爆发后设置	密码学教官	南京时期设置
战车教官	抗日战争胜利后设置	通信学教官	南京时期设置
情报教官	抗日战争全面爆发后设置	汽车学教官	南京时期设置
防御炮教官	抗日战争胜利后设置	政治学教官	南京时期设置
战防炮教官	抗日战争胜利后设置	法文教官	南京时期设置
		无线电通信教官	抗日战争全面爆发后设置
		回文教官	抗日战争全面爆发后设置
		蒙文教官	抗日战争全面爆发后设置

第四节 教官的综合分析

抗日战争时期，黄埔军校校本部及其各分校的军事学科、术科教官（少校以上军官），主要由保定军校、云南讲武堂、东北讲武堂、日本陆军士官学校以及国内外的其他陆军大学等军校出身的教官构成，由于黄埔军校高等教育班出身的教官，多数属军事学科教官，因此也纳入此项统计，累计有2075名，占教官总数10.88%；普通学科教官（同少校衔以上），主要是由国内外高等院校出身的教官构成，累计有772名，占教官总数4%。上述两类教官总计2847名，占教官总数的14.9%。由于黄埔军校出身的教官人数最多，与上述其他老牌军校出身的教官相比较，绝大多数黄埔出身的教官处于年资稍浅职级较低的境况，因而没能纳入上述统计范围。

对这2847名教官的构成、素质、背景进行综合分析，可以确信他们应当是抗日战争14年间黄埔军校教官群体的精英。首先，他们是抗战时期11594名教官中的出类拔萃者；其次，这部分教官所教授的科目囊括了所有的军事教育和政治训练学科，同时他们又是所有教官中职级较高者；再次，这些教官中一部分身居高位者，在相当长一段时期内主导着国家的军政事务，是推进现代军事教育的主要力量，是黄埔军校教官群体的核心层。因此，我们有理由认为，这部分黄埔军校教官是“黄埔军校的脊梁”。

第五节 教官著述

黄埔军校集中了当时我国军事教育方面一流的教育家和

理论家，因此在军事研究与学术造诣方面，也有许多突出的表现。据笔者不完全统计，抗日战争时期黄埔军校出版印行（以中央陆军军官学校、黄埔出版社或中央军校各种班别名义印行）了近3000种图书出版物，除了出版当时的军政要员、社会名流所编著的政治书籍外，黄埔军校校本部与各分校教官编著、撰写、编译的军事理论、教程、操典、战例、实战训练、政治训练等方面书籍，占了各类书籍总数的80%以上。这说明黄埔军校教官在军事学术著作出版方面，是颇有成绩的，无疑也对民国时期军事教育和军事理论的发展起到了推进作用。

从现存史料看，尚无比较系统的文字记述黄埔军校教官的著述与军校的出版状况。1934年黄埔军校建校十周年时编纂的《中央陆军军官学校史稿》，对上述问题叙述简略，未能反映全貌。笔者通过搜索有关资料，参阅《民国时期总书目》等，获得了一部分信息。经过比较与分析，笔者认为，黄埔军校无论在教官编著数量，还是在出版数量方面，都比其他军事学校丰富。因此，有理由认为，在初、中级军事教育和理论的普及与应用等方面，黄埔军校教官的编著与出版物是引领这一领域发展的重要力量。

为了便于了解这方面情况，笔者从书目中选录了一小部分作为例子，试图作些初步的考量与探索。首先应当可以肯定的是，黄埔军校的部分高级教官同时也在陆军大学任教，如果严格加以区别，黄埔军校教官的著述内容与范畴，属于军事教育和理论的基础部分，而陆军大学是高等军事学校，层次则更高些；其次，将着力点放在黄埔军校教官编著编译这一层面，而且限定是黄埔军校（或黄埔出版社）名义出版物上，这样做能如实反映当时的情况；再次，他们所编著编译的书目内容，涉及军事教育、训练、操典、教程的方方面面，从一个侧面反映出军校教育的趋向和概貌。

抗日战争时期，虽然物质条件十分艰苦，但是黄埔军校教官仍然编写出版了大量适应抗日战争需要的军事教材和普及读物。教官的著述主要有以下几方面特点：一是引进外国先进军事理论和技术，1924 年 6 月到 1927 年 7 月间，主要以苏联方面的军政和政治教育刊物为主，多刊载于军校印行的日周刊杂志上，由出版社印行的较少留存下来。到 20 世纪 30 年代，主要以引进德国的作品为主，如战术想定、兵种操典、常规军械、军事理论等方面的内容，翻译、编译了一大批德国军事图书，反映出该段时期军事模拟化的发展方向；二是注重兵种操典的规范化，将国外先进军事理论与实兵操典的教程，直接运用于教学与实践当中，为军事训练树立了标杆与典范，使受训的初级军官不仅学到知识，还进行实践训练；三是陆海空军各种教学贴近欧美现代化，从教官们编著编译的书目可看出，教学内容已经涉及军事理论、教育以及军队建设等许多方面，在抗日战争中，有效地训练和补充了一线部队的军官；四是在教官群体中出现了一些军事教育家和理论家，除了众所周知的蒋百里、杨杰等外，还涌现了周亚卫、王俊、王泽民、万耀煌、张亮清、何成璞等当时知名的军事教育家和理论家，以及杨言昌、梅铸、黄家濂、谭家骏、吴石、游凤池等著名教官，此外还有李国良、吴光杰、李浴日等。例如黄埔军校军事指导委员周亚卫，他的军事论著有十多种，涉及军事原理与国防建设等方面；著名教官杨言昌，毕生任教于黄埔军校和陆军大学，军事基础理论著述甚丰；知名教官吴光杰，主讲战术指挥与德国战术等，有关军事教育与军事理论方面的著作有 30 多种。尽管现存史载资料中有关黄埔军校教官的著述与军校的出版状况的内容并不丰富，但是仍能窥视其概貌。

结　语

黄埔军校在大革命时期是一所以培养军事、政治人才，建立革命军队为宗旨的军事政治学校，从1931年起至1945年的14年抗日战争中，黄埔军校又是由中国国民党所建立的具有培养国民革命军（包括中央嫡系、半嫡系和地方军系）初级军官，加速地方军队中央化两大功能的军事学校。该校的这一性质，要求作为其领导集团的教官们应具备一定的专长，而且这些教官必须有足够的知识水平，即相应的专业结构与知识结构。黄埔军校的教官在这两个方面都具有相当高的水平。黄埔军校教官作为当时历史条件下的特殊群体，国民大革命时期就发展、成长和上升为中国国民党与国民革命军的领导集团。因此，弄清抗日战争时期黄埔军校教官群体的综合结构，对研究近现代中国政治和军事问题，具有历史与现实两方面意义。

马克思主义唯物史观承认军事人物的历史作用。每个国家或执政党的军队，都需要有自己的统帅、将领，历史的发展也会创造出这些“引领历史潮流”的统帅和将领。唯物史观军事论者还认为，军事人物对军队的发展、战争的进程起到十分重要的作用。各国军队的历史往往都有这样的情形：

虽然具备了成功和胜利的可能性，但是如果统帅、将领没能预见这些可能性，不善于将这些可能性变为现实，军队也会走向失败。军事人物的核心——统帅与将领，如果善于正确认识与应用历史机遇，是可以取得卓越成就的，然而军事人物作用的发挥，往往受到历史条件的制约。因此，应当历史地、具体地、全面地评价军事历史人物。黄埔军校教官这一特殊领导群体，集中了当时最有影响力、最重要的军事统帅和高级将领。从国民大革命的历史发展轨迹中，我们至少可以确认，黄埔军校在20世纪20年代中后期这个历史转折时期，对中国国民党及其军队——国民革命军起到了至关重要的作用。同样，对于同时发展壮大的中国共产党而言，黄埔军校训练与培养了第一代军事领导人才，抗日战争中，党领导的人民武装部队活跃着一批黄埔军校出身的将领，这使党认识到了军校的强大效应及掌握军队的重要性与迫切性。毛泽东同志在1936年曾指出：“第一次大革命时有一个黄埔，它的学生成为当时革命的领导力量。”① 黄埔军校对先后执政的两党的发展，都产生了至关重要的历史作用，这在古今中外的军事历史中是绝无仅有的。

对于黄埔军校教官群体的评价，涉及对民国人物的评判标准问题。唯物辩证法认为，在人类历史发展的过程中，历史主体与历史客体都面临相互选择的问题。首先是历史客体顺应并选择历史主体，如果历史客体在发展中不符合、不适应历史主体的自然规律和社会需要，就会遭到历史的抛弃；历史主体对历史客体也具有选择性，一个历史主体，它必然会顽强地使历史的发展合乎自己的目的性。所以，一个人物

① 毛泽东在1936年6月1日陕北瓦窑堡出席中国人民抗日红军大学开学典礼上的讲话。

的出现乃至一个领导群体的出现，一种人物或一个统治阶层历史的特性，是选择的产物，既然出现了，就等于历史容让了、承认了，就有它相对的合理性、合法性及时效性，需要我们在特定历史条件下加以具体分析。黄埔军校教官群体这一统治集团从形成、发展、壮大到蜕化，符合上述历史社会发展的必然轨迹。黄埔军校在特殊历史条件和在抗日战争前后所起到的超乎寻常的作用与影响，都是学界应当深入研究和探讨的课题，笔者认为只有这样才能为“黄埔军校研究”注入生机与活力。

本书前六章从纵横交错的六个方面，对抗日战争时期黄埔军校教官进行了剖析和考量。黄埔军校是国、共两党实行合作的结果。综观黄埔军校教官史迹，在国民大革命的历史形势下，国、共双方都选拔优秀的教官任教，而且这些人物日后都成为国、共两党和军队的主要领导者。因此可以证实，黄埔军校的教官阵容是十分出色的，在当时无疑是进步力量的代表。这个顺应时代进步潮流、将军事与政治结合、文武俱优的教学领导班子，使黄埔军校名声显赫、影响久远、举世瞩目，至今仍被称誉为世界著名军校。在抗日战争全面爆发前，黄埔军校主要是奉行国民党一党专制政策，为国民党巩固政权、强化军队起到了十分重要的作用。在抗日战争全面爆发后，黄埔军校为前线作战部队培训、输送和补充初级军官，为抗日战争正面战场提供了源源不断的生力军，从这个意义上讲，黄埔军校对抗日战争的胜利功不可没。

抗日战争时期的黄埔军校，是培养与输送基层作战部队初级指挥及参谋人员的基地，黄埔学生在许多作战部队中发挥了中坚与主导作用，并取得了最后胜利。可以肯定地说，绝大多数黄埔军校学员经历了中华民族14年抗日战争的战火考验，他们用生命和鲜血谱写了抗日战争英雄诗篇，为了民族生存和国家兴亡所作出的巨大牺牲和突出贡献，应当得到后世的认可与称颂。

纪念是连接历史和未来的桥梁。众所周知，艰苦卓绝的抗日战争，最终是以中国人民的胜利而结束的，被永久记录在中国人民的对外抗战史册上。这场战争的罪魁祸首无疑是日本军国主义，然而，时至今日，日本史学界，甚至大部分日本人，从来没有正视过战争的原因和罪责，也从没承认日本侵华战争的失败。面对日本不承认战争罪行的恶劣行径，我们采取的行动只能是拿起自己手中的笔，不断充实抗日战争正面战场和敌后战场的史实资料，不断深入、拓宽和细化有关抗战史实书籍的种类。今天我们应当认识并牢记，抗日战争的胜利，首先是中华民族近百年来抵御外来侵略取得的第一次全面胜利，同时也是抗日战争正面和敌后两个战场相互配合之全面胜利。同样，黄埔军校及其教官史迹也作为中华民族人文文化和军事遗产，永久载入中国近现代史册。

近代以来军事、政治风云变幻，历史潮流跌宕起伏，时至今日，海内外黄埔军校各兵科学校学员，以及他们的亲属后人一直认定广州黄埔军校校本部是他们共同的母校所在地，在台湾的历期陆军军官学校学员，始终认为广州黄埔军校校本部是开宗母校。黄埔军校历经九十四年，仍承载着黄埔历期生及其家属后人深厚的认同感与归属感。综上所述，黄埔军校作为举世闻名的军校，至今仍旧是海峡两岸的共同财富与连接纽带之一。我们要从历史中获得启发和昭示，黄埔军校研究的深化是历史与社会进步的象征。我们今天进行黄埔军校研究的现实意义在于从抗战胜利和黄埔军校的成功经验中获得启发并汲取实现中华民族伟大复兴的力量！

陈予欢